Gerhard Leibold

Schulangst
Ursachen - Symptome - Behandlung

CIP-Kurztitelaufnahme der Deutschen Bibliothek

Leibold, Gerhard:
Schulangst: Ursachen · Symptome · Behandlung /
Gerhard Leibold. – Wiesbaden: Englisch, 1986. 2. Auflage 1988.
ISBN 3-88140-248-9

© by F. Englisch Verlag, Wiesbaden
Alle Rechte vorbehalten
Nachdruck, auch auszugsweise, verboten
Printed in Austria

Inhaltsverzeichnis

Vorwort	8
Wachsende Schulangst – **eine neue Kinderkrankheit greift um sich**	11
Die Schulangst – **Ursachen und Symptome der Krankheit**	15
Angst – ein lebenswichtiges Gefühl	15
„Normale" und neurotische Ängste	17
Die Wurzeln der Schulangst	20
„Was soll nur aus Dir werden?"	21
– Das Elternhaus als Quelle der Angst –	
Überbehütung in der Familie	23
Zukunftsängste der Eltern – auf die Kinder übertragen	25
Übertriebener Leistungsdruck	26
„Ich kann mich nicht konzentrieren"	29
– Lernstörungen führen zur Schulangst –	
Streß als Ursache von Lernstörungen	32
Übertriebenes Lernen	33
Fehler der Ernährung und Lebensweise	34
Krankheiten verringern das Leistungsvermögen	35
Die pubertäre Verweigerung	36
„Keiner kann mich leiden"	
– Zwischenmenschliche Konflikte als Ursachen der Schulangst –	38
Der Kampf aller gegen alle Konkurrenzdenken schon bei Schulanfängern	41
Minderwertigkeitsgefühle und Hemmungen	42
Die Persönlichkeit des Lehrers	44
„Wozu brauche ich die Unbekannte X?"	46
– Strukturen der Schule erzeugen Angst –	
Die Schule als „Bildungsanstalt"	48
Praktisches Lernen und Kreativität werden vernachlässigt	50
Wo bleibt die Erziehung der Persönlichkeit?	51
Andere Fehler des Schulsystems	53
„Ich habe Null Bock auf nichts"	
– Zukunftsangst und Verweigerung als Folgen der sozialen Verhältnisse –	55
Unsere Gesellschaft im Umbruch	58
Die „verlorene Generation" – Jugend ohne Vorbilder und Ideale?	59

Begründete und neurotische Zukunftsängste 61
Verweigerung oder Überanpassung
– beides erzeugt Angst 62

Das Krankheitsbild der Schulangst 64
Folgen für die körperliche Gesundheit 64
   Nervosität und Schlafstörungen 65
   Bettnässen 66
   Nabelkoliken und Krampfzustände 66
   Appetitmangel – Magen-Darm-Störungen 67
   Allergische Überreaktionen 68
   Bronchialasthma 69
   Andere Gesundheitsstörungen 70
Seelische Reaktionen auf die Schulangst 71
   Erscheinungsformen der Angst 71
   Depressive Verstimmungen 72
   Selbstmord – der verzweifelte Schrei nach Hilfe 74
   Hemmungen und Minderwertigkeitsgefühle 75
   Andere seelische Folgen der Schulangst 76
Auffälligkeiten im Verhalten 77
   Kontaktarmut bis zur Vereinsamung 78
   Aggressivität und offene Gewalt 79
   Der „Klassenkasper" 80
   Schwänzen des Unterrichts 81
   Alkohol- und Drogenmißbrauch 82
   Kinder- und Jugendkriminalität 85
   Andere Verhaltensstörungen 86

Hilfen bei Schulangst 87
Was können die Eltern tun? 87
   Vollwertige Ernährung und gesunde Lebensweise
   – die Grundvoraussetzungen kindlicher Entwicklung 87
   Die richtigen Erziehungsinhalte 92
      Die Persönlichkeit des Kindes entfalten 93
      Erziehung zur Selbständigkeit 96
      Die angstfreie Erziehung 98
      Strafen und Belohnungen 99
      Schulische Leistungen – keine Vorbedingung für Liebe 101
   Fachmännische Hilfe bei Erziehungsproblemen 101
      Keine Scheu vor der Erziehungsberatung 102
      Familientherapie – Hilfe für die kranke Familie 103
Leichter lernen – aber wie? 105
   Übungen für besseres Gedächtnis 108
   Konzentrationsübungen 116

„Gehirn-Jogging" trainiert die Intelligenz 122
Die Kreativität fördern 132
Psychotherapie gegen Schulangst 135
   Entspannungsübungen für Kinder 136
      Einfache Entspannungstechniken 137
      Autogenes Training mit Kindern 142
   Kameradschaft und Freundschaften fördern 151
   Die fachmännische seelische Behandlung 153
      Beratungslehrer und Schulpsychologe –
      die erste Anlaufstelle bei Schulangst 154
      Kinderpsychiatrie in schweren Fällen 155
      Einweisung ins Erziehungsheim – die letzte Chance? 157
Medizinische Behandlung der Schulangst 158
   Psychopharmaka keine bequemen Alternativen 159
   Unschädliche Bio-Heilmittel 177
      Pflanzliche Beruhigungs- und Schlafmittel 177
      Was tun gegen Bettnässen? 181
      Naturheilmittel gegen Verdauungstörungen 183
      Allergie- und Asthmabehandlung 186
      Andere biologische Arzneimittel für Kinder 189
      Natürliche Psychopharmaka unterstützen die Psychotherapie . 192

Wann kommt die „angstfreie" Schule?
– Überlegungen zur Reform des Schulsystems – 194

Sachverzeichnis 198

Vorwort

Angst vor der Schule – das gab es doch schon immer. Denken wir an unsere eigene Schulzeit zurück, dann fallen uns bestimmt genügend Anlässe ein: Angst vor der nicht richtig vorbereiteten Klassenarbeit, Angst vor den Zeugnissen, Angst auch vor den Lehrern und den Reaktionen der Eltern auf mäßige schulische Leistungen. War es für uns als Kinder nicht ganz selbstverständlich, daß Schule immer ein wenig Angst erzeugte und uns von Dingen abhielt, die viel mehr Spaß als der Unterricht machten? Hat uns das geschadet – oder wird hier nur künstlich ein ,,Mode-Problem" aufgebauscht, das überhaupt keines ist, sondern ganz einfach zur Schule gehört?

Die Praxis der Erziehungsberater, Schulpsychologen und Kinderpsychiater widerlegt diese Ansicht. Schulangst, die so stark werden kann, daß man ihr Krankheitswert beimessen muß, gehört bei ihnen heute bereits zum traurigen Alltag. Für immer mehr Kinder wird die Schule zum hohen Streßfaktor, der ihr Lern- und Leistungsvermögen behindert, ihre Gesundheit untergräbt, Ängste und Depressionen erzeugt und erschreckend viele gar in den Selbstmordversuch treibt.

Übrigens leiden inzwischen nicht allein die Schüler selbst, sondern auch Eltern und immer mehr Lehrer an der Schule.

Die Ursachen der wachsenden Schulangst lassen sich nicht getrennt von den allgemeinen sozialen Verhältnissen unserer Tage verstehen. Eine herausragende Rolle spielt dabei die Zukunftsangst, an der heute viele Menschen leiden. Wirtschaftskrise, Terror- und Kriegsgefahr, wachsende Umweltprobleme und der tiefgreifende soziale Umbruch, in dem unsere Gesellschaft sich befindet, verunsichern die meisten Eltern. Diese Unsicherheit übertragen sie ungewollt auf ihre Kinder. Das setzt deren Widerstandsfähigkeit gegen Streß und die Motivation zu schulischer Leistung erheblich herab.

Hinzu kommt der Leistungsdruck, unter dem viele Schüler heute stehen. Er geht nicht nur von der Schule aus, sondern viel mehr – und in bester Absicht – von den Eltern selbst. Gerade in Krisenzeiten, wie wir sie heute erleben, erscheint vielen eine fundierte Schulbildung und ein gutes Abschlußzeugnis als einzige ,,Versicherung" für die Zukunft. Und wenn die Kinder das nicht einsehen wollen, vielleicht auch schon groß genug sind, um zu erkennen, daß auch der beste Schulabschluß keine Gewähr für einen Arbeitsplatz mehr bietet, dann werden sie eben durch Druckmittel bis hin zum Liebesentzug dazu gezwungen.

Schließlich steht die Schulangst aber auch noch mit den Strukturen der Schule selbst in Zusammenhang. Sie hat heute eine Fülle an Lehrstoff zu vermitteln und die Erwartungen einer Gesellschaft zu erfüllen, in der trotz über 30 Jahren Demokratie noch immer der ,,pflegeleichte", gut angepaßte Mensch als höchstes Ideal gilt. Deshalb verkommen die Schulen immer mehr zu bloßen ,,Lernfabriken". Sie vermitteln enorm viel Wissen und bereiten auf die Leistung in der Arbeitswelt vor, aber die Bildung der Persönlichkeit bleibt dabei auf der Strecke. Das elementare Bedürfnis der Schüler, sich selbst ganzheitlich zu verwirklichen, wird chronisch frustriert – und dauernde Frustration erzeugt Angst, Verweigerung und Aggressivität, die sich auch gegen die eigene Person richten kann.

Unsere Gesellschaft läßt sich nicht von heute auf morgen verändern, die Schule nicht in der notwendigen kurzen Zeit reformieren und humanisieren. Es kommt vor allem auf die Eltern an, ob ihre Kinder trotz aller ungünstigen Voraussetzungen zu selbstbewußten, kritischen und freien Menschen heranwachsen oder zu mit Wissen vollgestopften, übertrieben angepaßten, menschlich verarmten Kranken entwickelt werden. Das vorliegende Buch will Eltern Hilfestellung geben, damit sie den inhumanen Strukturen der Schule eine Erziehung entgegensetzen, die ihre Kinder zu einem glücklichen, erfüllten und sinnvollen Leben befähigt.

Wachsende Schulangst – eine neue Kinderkrankheit greift um sich

Schulangst und Schulangst bedeuten nicht unbedingt dasselbe. Wir kennen die „normale" Schulangst, die wohl jeder Schüler immer wieder erlebt, weil er zum Beispiel seine Hausaufgaben nicht erledigt oder sich schlecht auf eine Klassenarbeit vorbereitet hat. Inzwischen gewinnt aber die „neurotische"Schulangst wachsende Bedeutung als neue seelische Kinderkrankheit, die man vor 20 Jahren praktisch noch nicht kannte. Heute betrifft sie bereits ungefähr 3 von 1000 Schülern – und die Tendenz weist eindeutig nach oben. Wenn man auch noch Schulstreß und andere schulische Probleme dazurechnet, die gleichfalls von Angst begleitet werden können, dann leiden zwischen 40 und 60% aller Schüler unter psychischen Schwierigkeiten, die unmittelbar oder indirekt mit der Schule in Zusammenhang stehen und durch das Elternhaus oftmals noch verstärkt werden.

Diese nüchternen Zahlen einer niederschmetternden Bilanz verdeutlichen eindringlich, wie notwendig eine Reform der Erziehung in Schule und Elternhaus geworden ist, ehe sie auch noch die restlichen Kinder in die seelische Krankheit treibt.

An einem Beispiel aus der Praxis wollen wir veranschaulichen, wie sich die Schulangst entwickelt und auswirkt.

Fall 1:
Karin kam mit ihrer Mutter in die Sprechstunde. Anlaß der Konsultation waren die zunehmenden Lernstörungen, unter denen das 11jährige Mädchen litt. Ihre Mutter, eine sehr selbstsicher wirkende Frau, hatte das Kind deshalb schon bei mehreren Ärzten vorgestellt, bisher aber vergeblich. Einige verordneten gleich Psychopharmaka, andere begnügten sich mit harmloseren Stärkungsmitteln oder rieten zu einem längeren Erholungsaufenthalt. Das alles war Karins Mutter nicht recht und sie sah jetzt nur noch einen Ausweg – die Natur. Sie erwartete ein „Wunder" und hatte auch gleich aus Zeitschriften einige Behandlungsvorschläge parat.

Da bei Karin alles darauf hinwies, daß sie unter psychischen Schulproblemen litt, wurde die Mutter nach der organischen Untersuchung des Mädchens, die ohne Befund blieb, trotz ihres Protestes zunächst aus dem Sprechzimmer hinauskomplimentiert. Danach fiel es Karin leichter, auch selbst einmal zu Wort zu kommen und stockend ihre Leidensgeschichte zu erzählen.

Angefangen hatte alles vor ungefähr einem Jahr. Damals kam Karin wohl in die Vorpubertät und zog sich von ihrer Mutter zurück. Da die Frau nach ihrer Scheidung allein mit ihrer Tochter lebte, konnte sie diese Lösung aber nur

schwer ertragen. Es gab viel Streit und manchmal auch körperliche Strafen, das vorher recht gute Verhältnis zwischen den beiden zerbrach.
Unter dem Einfluß dieser familiären Probleme ließen Karins Schulleistungen bald nach. Immer häufiger brachte sie schlechte Zensuren nach Hause – was neuen Streit verursachte –, immer schwerer fiel es ihr, sich beim Lernen und im Unterricht zu konzentrieren. Am liebsten saß sie stundenlang vor dem Fernsehapparat und ließ sich in eine Scheinwelt entführen.
Im weiteren Verlauf traten dann bald die ersten typischen körperlichen Störungen auf. Vor allem morgens verspürte Karin keinen Appetit, klagte über Übelkeit, erbrach häufig das unter dem Zwang ihrer Mutter hinuntergewürgte Frühstück und fühlte sich danach so krank, daß sie oft nicht zur Schule gehen mußte. Aber das gelang ihr nicht immer. Deshalb begann sie, die Schule zu schwänzen. Sie tat das aber nicht heimlich, wie es ,,normal" wäre, sondern ganz offen vor ihrer Mutter. Morgens verließ sie wie üblich das Haus, kehrte dann aber auf dem Schulweg um und verkroch sich in ihrem Zimmer. Keine Drohungen, Strafen oder Versprechungen der Mutter konnten sie an solchen Tagen dazu bewegen, doch noch zum Unterricht zu gehen. Um Schwierigkeiten mit den Schulbehörden zu vermeiden, schrieb die Mutter nach solchen Vorfällen immer eine Entschuldigung wegen Krankheit. Die Lehrer wußten also überhaupt nicht, daß Karin die Schule schwänzte, sondern hielten sie eben für ein besonders krankheitsanfälliges Kind.
Die häufigeren Unterrichtsausfälle verschlechterten die Zensuren natürlich noch weiter und es war bereits abzusehen, daß Karin eine Klasse wiederholen mußte. Da half auch der teure Nachhilfeunterricht nichts mehr.
Mit dem Schwänzen der Schule und der Leistungsverweigerung brachte Karin nicht allein ihren hilflosen Protest gegen die Vereinnahmung durch die Mutter zum Ausdruck. Im Gespräch mit ihr stellte sich heraus, daß sie unter ihren Mitschülern schon immer eine Außenseiterrolle einnahm. Das hing ebenfalls mit der Erziehung zusammen. Karins Mutter legte größten Wert darauf, daß ihre Tochter stets adrett gekleidet daherkam. Wenn sie sich beim Spielen einmal schmutzig gemacht hatte, gab es jedesmal ein ,,Familiendrama". Sicher, die Mutter war durch ihren Beruf stark eingespannt, ja sogar überfordert, so daß sie es als ,,Zumutung" empfand, wenn Karin ihr durch schmutzige Kleidung noch mehr Arbeit aufbürdete. Aber es gibt ja auch robustere Bekleidung für Kinder, in der sie unbeschwert spielen könnten. Die kam für Karins Mutter jedoch nicht in Frage, sie wollte ihre Tochter herausputzen und verlangte dafür auch noch, daß sie ständig auf ihre Kleidung achtgab. Dadurch wurde das Kind schließlich so verängstigt, daß es sich überhaupt nicht mehr traute, mit anderen herumzutollen. Grausam, wie Kinder sein können, hänselten ihre Mitschüler sie und ließen sie schließlich links liegen. Sie geriet immer tiefer in die soziale Isolierung und versuchte, auch diesen Problemen durch das Schulschwänzen zu entkommen.

Schließlich stellten wir im Gespräch noch eine letzte häufige Ursache der Schulangst fest: Ängste der Mutter. Äußerlich wirkte sie zwar sehr sicher und selbstbewußt, aber das war nur Fassade. Spätestens mit ihrer Scheidung, wahrscheinlich aber schon viel früher, waren bei Karins Mutter schwere Zukunftsängste aufgetreten, die sie durch ihr hohes berufliches Engagement zu überspielen versuchte. Aber das war gerade der falsche Weg, weil ihre Firma auf unsicheren Füßen stand und immer wieder Mitarbeiter entlassen mußte. Daher bangte sie ständig um ihren Arbeitsplatz und wußte auch, daß sie keine vergleichbare neue Stellung mehr finden würde. Zwar sprach sie mit Karin nicht direkt über diese Probleme, aber sie erging sich häufig in unklaren pessimistischen Andeutungen, die das Kind stark verunsicherten. Die Zukunft mußte ihm danach in den schwärzesten Farben erscheinen. Zwar betonte ihre Mutter immer wieder, daß sie nur in der Schule gut lernen müßte, um solche Gefahren zu vermeiden, aber dafür bot sie nun einmal kein gutes Beispiel, mußte sie doch trotz hervorragender Abiturnoten und Studienerfolge ständig um ihren Arbeitsplatz fürchten. Karin war alt und kritisch genug, um das zu durchschauen. ,,Wozu soll ich denn noch viel lernen, wenn es mir später dann doch so wie meiner Mutter ergeht?" Diese Überlegung trug mit dazu bei, daß sie sich in der Schule kaum noch anstrengte.
Mehrere typische Faktoren wirkten bei Karin zusammen und erzeugten ihre neurotische Schulangst. Die Schule selbst war daran nur zu einem geringen Teil schuld. Im Vordergrund stand das Unvermögen ihrer Mutter, Karin mehr Freiraum zu lassen, um sie allmählich auf ein selbständiges Leben vorzubereiten, sowie die Übertragung von Ängsten der Mutter auf das Kind. In der Leistungsverweigerung fand die daraus resultierende seelische Not des Mädchens ein Ventil. Schuld darf man der Mutter deshalb freilich nicht anlasten, sie wollte zweifellos das Beste für ihre Tochter, auch wenn sie den falschen Weg ging.
Wenn Schulangst offenkundig in so enger Beziehung zum Elternhaus steht, dann bewährt sich die Therapie der ganzen Familie oft am besten. Dabei werden die gestörten sozialen Beziehungen der Familienmitglieder zueinander bewußt gemacht, gemeinsam verarbeitet und neue Verhaltensweisen eingeübt. Allerdings fällt es oft schwer, die Eltern von dieser Therapie zu überzeugen. Viele empfinden das als einen Angriff gegen ihre Erziehungsarbeit, weil sie mehr oder minder bewußt selbst ahnen, daß sie dabei Fehler begangen haben, und nun fürchten, der Therapeut könnte sie deshalb verurteilen und ihre uneingestandenen Schuldgefühle verstärken. Aber gerade das ist nicht der Sinn einer Familientherapie. Dabei sollen keine Sündenböcke gefunden werden, denen man alle Fehlentwicklungen anlastet, das nützte ohnehin niemandem mehr. Die Familientherapie arbeitet zukunftsorientiert, das heißt, sie will in Zukunft schwerwiegende Fehler beim Umgang miteinander vermeiden, die sich oft gerade bei den Kindern als schwächsten Familienmitgliedern mit seelischen Störungen auswirken. Von der Therapie

profitiert deshalb nicht allein das seelisch belastete Kind, sondern die ganze Familie.
Auch Karins Mutter ließ sich zunächst nur schwer von der Familientherapie überzeugen, kam anfangs nur unregelmäßig in die Sprechstunde und arbeitete auch nicht richtig mit. Im Lauf der Zeit spürte sie dann aber doch die positive Wirkung der gemeinsamen Behandlung und beteiligte sich schließlich mit solcher Begeisterung daran, daß die Therapie bald erfolgreich abgeschlossen werden konnte.
Karin und ihre Mutter fanden während der Therapie ein neues zwischenmenschliches Verhältnis zueinander. Vor allem lernte die Mutter zu akzeptieren, daß ihre Tochter kein kleines Kind mehr war, das sie für sich vereinnahmen konnte, sondern daß sie mehr Freiheit für ihre ungestörte weitere Entwicklung benötigte. Das allein milderte bereits den starken seelischen Druck, den die Mutter vorher auf Karin ausgeübt hatte, um sie bei sich zu behalten. Und Karin erkannte, daß die Schule zwar keine Sicherheit vor späteren beruflichen Problemen bieten kann, daß aber ihre Form des Protestes durch Leistungsverweigerung diese befürchteten Schwierigkeiten mit großer Wahrscheinlichkeit heraufbeschwören würde. Deshalb entschloß sie sich aus Einsicht, in der Schule doch wieder mehr zu leisten – nicht unter dem Druck, den ihre Mutter vorher vergeblich ausgeübt hatte, sondern aus freier Entscheidung. Dadurch wurden die schulischen Probleme weiter abgebaut.
Leider gelingt es nicht immer so (relativ) einfach, die Schulangst zu überwinden. Die Strukturen der Schule, die dazu viel beitragen können, lassen sich in der Therapie nicht ändern, die Eltern sind nicht immer einsichtig genug, sondern halten oftmals an ihren Vorstellungen fest und unterbrechen eher die Behandlung, als sich selbst in Frage stellen zu lassen. Dann gelingt es meist nicht, die Schulangst ursächlich zu behandeln. Man muß sich auf die Linderung der Symptome beschränken und hoffen, daß sich das Kind allmählich selbst gegen die Schwierigkeiten durchsetzen wird.
Die Zunahme der Schulangst und anderer seelischer Probleme bei Kindern ist ein Warnzeichen, das man nicht ernst genug nehmen kann. Es zeigt an, daß Kinder heute immer häufiger unter Belastungen stehen, denen sie kaum mehr gewachsen sind. Lösen lassen sie sich nur dann, wenn die großen sozialen Probleme unserer Zeit, die in Schule und Elternhaus als Störfaktoren hineinwirken, gemildert und schließlich sinnvoll bewältigt werden. Die Angst unserer Kinder behindert ihre freie Entwicklung zu selbstbewußten, kreativen Menschen, die unsere Gesellschaft heute und in Zukunft mehr denn je benötigt. Vielleicht hängt gar das Überleben der Menschheit mit davon ab, wie dieser wichtigste Auftrag der Erziehungsarbeit bewältigt wird.

Die Schulangst –
Ursachen und Symptome der Krankheit

Die Schulangst entsteht aus verschiedenen Ursachen und ihr Symptomenbild ist nicht einheitlich. Um den betroffenen Kindern richtig helfen zu können, gilt es zunächst, die Angstzustände genauer zu analysieren und zu verstehen, was in ihnen vorgeht. Dabei darf die Angst aber nicht pauschal als negativ betrachtet werden, denn sie gehört im Grunde zu den Überlebenstechniken, mit denen uns die Natur ausgestattet hat.
Die wichtigsten und häufigsten Ursachen und Symptome der Schulangst behandeln die folgenden Kapitel. Um die Krankheit besser zu veranschaulichen, werden die verschiedenen Faktoren anhand konkreter Einzelfälle dargestellt. Es war allerdings nicht möglich, alle Aspekte der Schulangst zu behandeln, dazu gibt es zu viele individuelle Einflüsse, die im Einzelfall zu den Hauptursachen hinzukommen. Eltern und Erzieher dürfen sich deshalb nicht darauf beschränken, nach den hier beschriebenen Faktoren zu forschen. Erst die individuelle, ganzheitliche Diagnose des Einzelfalls macht verständlich, weshalb ein Kind unter Schulangst leidet, und ermöglicht dann auch die wirksame Hilfe.

Angst – ein lebenswichtiges Gefühl

Es gibt wohl keinen Menschen, der die Angst nicht aus eigener Erfahrung kennt. Sie ist, um mit den Worten des bekannten deutschen Philosophen Martin Heidegger zu sprechen, eine „Grundbefindlichkeit menschlicher Existenz". Letztlich läßt sie sich wahrscheinlich immer auf die unbewußte Angst vor dem Tod zurückführen, der dem Menschen als einzigem Lebewesen auf Erden bewußt ist.
Der Begriff Angst wurde von Sigmund Freud 1894 in die Psychologie eingeführt und steht mit dem griechischen Wort für Enge in Beziehung. Im Gegensatz zur konkreten Furcht, die sich auch von Außenstehenden nachvollziehen und verstehen läßt – zum Beispiel die Furcht vor Strafe, wenn man ein Unrecht oder einen Fehler begangen hat –, erscheint die Furcht gegenstandslos, ein quälendes Gefühl, das jeder individuell erlebt und das sich nicht auf Anhieb aus äußeren Umständen erklärt.
Menschen litten zu allen Zeiten unter Ängsten. Sie werden auch mit vom Zeitgeist geprägt. Im Mittelalter trat die Angst vor allem in religiöser Färbung als Angst vor der Höllenstrafe und ewiger Verdammnis auf. Da die Religion heute in den Industrienationen viel an Bedeutung verloren hat, spielen derartige Ängste heute nur noch eine untergeordnete Rolle. An ihre Stelle trat vor allem

die Angst vor der Zukunft, vor der Sinnlosigkeit der Existenz und dem Nichts, das nach dem Tod beginnt.

Der seelisch stabile, gesunde Mensch kann mit solchen Ängsten leben, läßt sich nicht von ihnen überwältigen. Das setzt aber voraus, daß nicht versucht wird, die Angst einfach so schnell wie möglich aus dem Bewußtsein zu verdrängen. Dadurch kann man sie zwar scheinbar vergessen, muß sich nicht mehr mit ihr befassen, aber beseitigt werden die Ursachen der Angst dadurch nicht. Bald kehrt sie entweder verstärkt zurück oder tritt verschleiert mit anderen Symptomen auf, denen man sich besonders hilflos ausgeliefert fühlt, weil ihre Ursachen nicht mehr bekannt sind.

Im Grunde müssen wir für die Angst sogar dankbar sein, denn sie kann uns unter Umständen das Leben retten. In gefährlichen Situationen läßt sie uns die Gefahren frühzeitig erkennen und schaltet die Funktionen von Körper, Geist und Seelenleben so um, daß sinnvolle Reaktionen möglich sind. Daran ist hauptsächlich das ,,Streßhormon'' Adrenalin aus den Nebennieren und das vegetative Nervensystem beteiligt.

Zum Problem wird die Angst erst, wenn sie bereits bei nichtigen Anlässen, zu stark oder andauernd besteht und das ganze Leben beherrscht, wie man es auch bei der Schulangst erlebt. Die Ursachen solcher überschießenden Angstreaktionen lassen sich immer nur im konkreten Einzelfall, zum Teil überhaupt nicht sicher aufklären. Es scheint, daß manche Menschen bereits überempfindlich und deshalb auch angstanfälliger als andere zur Welt kommen, sie haben also eine Art ,,Angstanlage'' geerbt. Entscheidend sind aber meist die frühkindlichen Einflüsse, vor allem eine Erziehungsform, die vorwiegend aus entmutigender Kritik und Strafe besteht oder bei der die Eltern und andere Bezugspersonen des Kindes selbst zu Angst, übertriebener Vorsicht und kindlicher Überbehütung neigen. Solche ungünstigen frühkindlichen Einflüsse lassen sich später nur schwer überwinden, selbst wenn man als Erwachsener erkennt, daß sie sinnlos sind.

Nicht vergessen werden darf, daß Angst auch mit körperlichen Erkrankungen in Zusammenhang stehen kann. So trägt zum Beispiel der Mangel an Vitamin B_1 oft mit zu Angstzuständen bei, die dann oftmals noch von Depressionen begleitet werden. Weitere körperliche Ursachen der Angst sind Herzkrankheiten, Störungen des Blutzuckerspiegels, Bronchialasthma und hormonelle Veränderungen bei Frauen in den Tagen der Monatsblutung. Bei der Schulangst spielen in der Regel aber nur Vitamin-B_1-Mangel und Asthma eine Rolle, die anderen möglichen krankhaften Ursachen treten vorwiegend bei Erwachsenen auf.

Umgekehrt führt Angst unabhängig von ihren Ursachen auch zu körperlichen Symptomen, vor allem Herzklopfen, Atemnot, Schweißausbruch, Übelkeit, Erbrechen und Durchfall. Der Volksmund kennt solche Zusammenhänge schon lange und spricht zum Beispiel davon, daß jemandem die

Angst den Atem raubt, das Herz in die Hosentasche fällt oder man sich vor Angst in die Hosen macht.
Die Ängste enden keineswegs immer mit dem Einschlafen, sondern setzen sich zum Teil bis in den Traumschlaf fort. Ängstliche Menschen leiden oft unter Alpträumen, die ihre Erholung im Schlaf erheblich beeinträchtigen und bis zum nächtlichen Aufschrecken aus dem Schlaf führen können.
Zusammenfassend bleibt also festzustellen, daß ein gewisses Maß an Angst ganz selbstverständlich zum menschlichen Leben gehört und auch verkraftet werden kann, sofern es angenommen und verarbeitet, nicht einfach ins Unbewußte verdrängt wird. Andernfalls entstehen neurotische Ängste, aus denen man ohne fachliche Hilfe nur schwer wieder herausfindet. Im Extremfall kann sich die Angst so weit steigern, daß man bereits unter Angst vor der anfallsweise verstärkt auftretenden Angst leidet; dieser Zustand wird als Phobophobie bezeichnet.

„Normale" und neurotische Angst

Ängste gehören also ganz natürlich zum menschlichen Leben, das gilt auch für die Angst vor der Schule, die wir alle kennen. Solche „normalen" Ängste können aus verschiedenen Ursachen entstehen, die in der Persönlichkeit der Betroffenen und ihrer Lebenssituation begründet liegen. Im Gegensatz zu den neurotischen Ängsten bestehen sie nicht ständig und können nicht das gesamte Leben empfindlich stören. Meist erfüllen sie als Schutz vor Risiken sogar eine wichtige Funktion. Man kann mit solchen Ängsten leben, ohne daß die Lebensfreude dadurch nachhaltig beeinträchtigt wird.
Davon zu unterscheiden sind neurotische Ängste, die keinen Zweck mehr erfüllen, sondern das Leben nur unnötig stören und zerstören. Typisch für derartige Ängste ist oft, daß sie überhaupt nicht mehr bewußt wahrgenommen werden. Sie äußern sich also nicht eindeutig als Angstgefühle, sondern führen zu zahlreichen unklaren körperlichen und/oder geistig-seelischen Störungen. Außenstehende können die Symptome kaum als Folge von Ängsten erkennen, aber auch die Betroffenen wissen oft nicht mehr, daß sich hinter ihren Beschwerden in Wahrheit Angstzustände verbergen.
Für die neurotische Schulangst ist beispielsweise typisch, daß die Kinder die Schule nicht heimlich schwänzen. Sie machen sich zwar auf den Weg zur Schule, kehren dann aber unterwegs um, weil sie sich nicht in der Lage fühlen, den Unterricht zu besuchen. Und anstatt sich, wie es „normal" wäre, bis zum Ende des Unterrichts irgendwo zu unterhalten und dann zur üblichen Zeit nach Hause zurückzukehren, damit die Eltern nichts davon merken, kommen sie sofort heim und geben das Schulschwänzen offen zu, selbst wenn sie genau wissen, daß sie dafür getadelt und bestraft werden.

„Normale" und neurotische Angst

Neurotische Störungen allgemein, nicht nur die neurotische Angst, nehmen seit geraumer Zeit derart zu, daß man sie als eine Art „seelische Zivilisationsseuche" bezeichnen muß. Sie stehen vor allem mit dem tiefgreifenden sozialen Wandel in den Industriegesellschaften in Zusammenhang, der bereits im 19. Jahrhundert begann, sich dann aber nach dem Zweiten Weltkrieg erheblich verstärkte. Viele Menschen verkraften diese Veränderungen seelisch nicht und reagieren darauf mit Angst, Depressionen, Verhaltensstörungen und anderen psychischen Symptomen.

Der Begriff Neurose wurde bereits im Jahre 1776 von dem schottischen Arzt W. Cullen geprägt. Ihre genauere Untersuchung und erste wichtige Therapieansätze (Psychoanalyse) verdanken wir vor allem Sigmund Freud. Vereinfacht ausgedrückt versteht man unter Neurose eine Form der abnormen Reaktion auf Lebenserfahrungen, die zur seelischen Fehlentwicklung führt.

Am Beginn einer Neurose stehen häufig ungünstige Einflüsse in der frühen Kindheit, die nicht richtig verarbeitet wurden, vor allem Enttäuschungen (Frustrationen) und Konflikte. Durch Verdrängung geraten sie zwar in Vergessenheit, aber damit sind sie nicht bewältigt. Vielmehr wirken sie von nun an als dauernder Störfaktor aus dem Unbewußten heraus fort und führen zu individuell unterschiedlichen Symptomen, von deren Ursachen die Betroffenen bewußt keine Ahnung mehr haben. Teils führen die Neurosen zu seelischen Beschwerden, wie Angst, Depressionen und Verhaltensstörungen, teils auch zu körperlichen (psychosomatischen) Funktionsstörungen, für die sich aber keine organischen Erkrankungen als Ursachen feststellen lassen; häufig sind auch die Mischformen mit seelischen und körperlichen Beschwerden.

Heute unterscheidet man vor allem die folgenden Formen der Neurose:
- Charakter-(Kern-)neurose, die den Kern der Persönlichkeit betrifft und sie schwerwiegend stört;
- Schichtneurose, die nur eine Schicht des Seelenlebens betrifft und sich meist aus verdrängten, enttäuschten Gefühlen erklärt;
- Randneurose mit seelischen Fehlhaltungen, die in jedem Alter nach einem psychischen Schock auftreten kann und oft zur Konversionsneurose führt;
- Konversionsneurose, bei der die seelischen Störungen in körperliche Symptome umgewandelt werden; dazu gehören auch die Organneurosen, die ein bestimmtes Organ (oft Herz oder Magen) besonders stark oder ausschließlich betreffen;
- Fremdneurose, die sich hauptsächlich aus ungünstigen äußeren Einflüssen (Elternhaus, Schule und andere) ergibt;
- Angstneurose, bei der mehr oder minder stark ausgeprägte Ängste im Vordergrund der Symptomatik stehen, die aber nicht immer bewußt als

Angst empfunden werden, sondern auch in verschleierter Form mit anderen seelischen und/oder körperlichen Symptomen auftreten können, so daß man überhaupt nicht an Angst denkt;
- depressive Neurose, die durch unterschiedlich schwere depressive Verstimmung gekennzeichnet wird; auch sie kann in verschleierter Form mit anderen Beschwerden einhergehen und wird oft auch noch von Angstzuständen begleitet.

Die verschiedenen Formen der Neurose lassen sich häufig nicht klar gegeneinander abgrenzen, sondern treten als Mischformen auf. So gibt es gerade bei der neurotischen Schulangst oft die Kombination von Fremd-, Angst- und depressiver Neurose mit Konversion.

Neurosen können im Lauf der Zeit von alleine ausheilen, weil sich die Persönlichkeit entwickelt und reift. Dabei überwinden dann die Selbstheilungskräfte der Seele die Ursachen der Neurose. Die Weiterentwicklung kann aber auch empfindlich gestört werden; dann dauert die Neurose unvermindert an oder verschlimmert sich sogar noch. Manche Menschen schaffen es auch, eine Art inneres Gleichgewicht herzustellen, also mit ihrer Neurose zu leben, ohne übermäßig darunter zu leiden. Dieses Gleichgewicht droht jedoch bei jeder neuen Belastung zusammenzubrechen.

Fachleute schätzen, daß heute 60-90% aller Bewohner der Industrienationen zeitweise oder dauernd unter neurotischen Störungen leiden. Bei Schulkindern liegt die Zahl der neurotisch Kranken bereits zwischen 40 und 60%. Besonders weit verbreitet sind die neurotischen psychosomatischen Störungen, bei denen körperliche Funktionsstörungen aus seelischer Ursache auftreten. Man geht davon aus, daß 40-75% aller Menschen, die wegen körperlicher Beschwerden einen Arzt aufsuchen, unter solchen funktionellen Symptomen leiden. Diese Zahlen beweisen einmal mehr, daß neurotische Fehlentwicklungen in enger Beziehung zu den gesellschaftlichen Veränderungen – bei Schulkindern außerdem zu den Strukturen der Schule – stehen müssen.

Die Therapie neurotischer Störungen dauert oft monate- bis jahrelang und führt keineswegs immer zur Heilung. Im Verlauf der Behandlung wird versucht, die verdrängten Ursachen der Neurosen wieder bewußt zu machen und nachträglich sinnvoll zu verarbeiten. Das stößt aber auf den erheblichen inneren Widerstand der Betroffenen, die sich unwillkürlich gegen die schmerzhafte Erinnerung wehren.

Ein anderer Therapieansatz geht davon aus, daß Neurosen auf falschen Lernprozessen beruhen und deshalb ohne langwierige Analyse der verdrängten Ursachen auch wieder verlernt und durch neu erlernte Verhaltensweisen ersetzt werden können. Auf diese Weise erzielt man oft bessere, vor allem aber raschere therapeutische Ergebnisse als bei der klassischen Freud'schen Psychoanalyse.

Heute erfolgt die Behandlung neurotischer Störungen aber häufig durch chemische Psychopharmaka, das sind Arzneimittel, die durch biochemische Veränderungen im Körper (vor allem im Gehirnstoffwechsel) das Seelenleben, Nervensystem und Verhalten beeinflussen. Dadurch werden allerdings immer nur die Symptome beeinflußt, aber nicht die Ursachen der seelischen Störungen. Bei vorübergehender Einnahme können die Psychopharmaka zur seelischen Entlastung führen, so daß die seelischen Selbstheilungskräfte dann die neurotischen Krankheitsfaktoren aus eigener Kraft überwinden, aber das gelingt keineswegs immer. Dann besteht die Gefahr, daß die Arzneimittel über längere Zeit als „Lebenskrücken" mißbraucht werden, bis es schließlich zur suchtartigen Abhängigkeit kommt. Davon abgesehen drohen auch noch erhebliche Nebenwirkungen und die zur erfolgreichen Psychotherapie notwendige Bereitschaft zur aktiven Mitarbeit bei der Behandlung wird immer weiter herabgesetzt; wozu soll man sich auch noch einer derart unbequemen Therapie unterziehen, wenn man die Symptome auch mit Hilfe von Arzneimitteln auf einfache Weise unterdrücken kann. Deshalb ist gegenüber solchen Medikamenten größte Skepsis angebracht, das gilt vor allem dann, wenn sie schon Kindern mit Schulstörungen verabreicht werden sollen.

Als Alternativen zu den chemischen Medikamenten gibt es biologische, teils pflanzliche, teils homöopathische Psychopharmaka, die auch bei Langzeitgebrauch keine unerwünschten Nebenwirkungen provozieren. Sie genügen natürlich ebenfalls nicht immer zur Behandlung, können aber auf unschädliche Weise die innere Bereitschaft zur Psychotherapie fördern. Wegen ihrer Unschädlichkeit eignen sie sich auch für Kinder mit Schulangst sehr gut.

(Auf die medikamentöse Behandlung seelischer Störungen kommen wir später noch ausführlich zu sprechen.)

Die Wurzeln der Schulangst

Ungeachtet der Vielzahl individueller Faktoren, die mit zur Schulangst beitragen können, unterscheidet man hauptsächlich die folgenden Ursachen:
- Ungünstige Einflüsse aus dem Elternhaus, die oft noch mit übertriebenem Leistungsdruck einhergehen;
- Konzentrations- und andere Lernstörungen, die teils mit Streß und anderen seelischen Ursachen in Zusammenhang stehen, teils aus Fehlern der Ernährung und Lebensweise oder Krankheiten zu erklären sind;
- soziale Konflikte in der Klasse mit anderen Schülern und/oder Lehrern, die viele Leistungsstörungen und Ängste verursachen können;
- Strukturen der Schule und des Unterrichts, weil der Schüler dabei nicht mehr als Mensch in seiner Ganzheit gefordert und gefördert wird, son-

dern nur immer mehr Wissen vermittelt bekommt, während Kreativität, Phantasie und andere wesentliche Eigenschaften seiner Persönlichkeit vernachlässigt werden;
- gesellschaftliche Verhältnisse in den modernen Industriestaaten, die sich im krisenhaften Umbruch befinden und die Zukunftsangst fördern, die wiederum übertriebene Anpassung oder Leistungsverweigerung begünstigt.

Einer oder (meist) mehrere dieser Faktoren spielen bei der Schulangst immer eine Rolle. In den folgenden Kapiteln wollen wir jetzt diese zentralen Ursachen genauer untersuchen und an Beispielen aus der Praxis veranschaulichen.

„Was soll nur aus Dir werden?"
- Das Elternhaus als Quelle der Angst -

In einer intakten Kleinfamilie mit ein oder zwei geplanten Wunschkindern, wie es heute üblich ist, sollte es eigentlich nicht schwerfallen, den Kindern all die Liebe, Zuwendung und Förderung zukommen zu lassen, die für eine ungestörte Entwicklung erforderlich sind. In der Praxis stimmt diese Annahme jedoch allzuoft nicht. Eltern sind schließlich auch nur Menschen, die Fehler begehen, sich schlecht benehmen, ungerecht werden, die Nerven verlieren und ihren Kindern ein schlechtes Vorbild bieten. Sie stehen unter Streß, leiden unter seelischen Konflikten und Problemen, stehen nicht zuletzt auch unter dem Einfluß ihrer eigenen Erziehung, deren Fehler sie oft selbst dann wiederholen, wenn sie verstandesmäßig erkannt haben, was bei ihnen in der Kindheit und Jugend alles falsch gelaufen ist. So versteht es sich von selbst, daß es kein ideales Elternhaus gibt, sondern immer nur eine mehr oder weniger gute Erziehung durch die Eltern. Das wird auch am folgenden Fall aus der Praxis deutlich.

Fall 2:
„Mein Gott, Junge, was soll aus Dir bloß einmal werden?" seufzte Norberts Mutter oft, wenn er mittags aus der Schule heimkam, die Tasche öffnete, wortlos wieder einmal ein Heft mit einer schlechten Zensur auf den Tisch knallte und sich dann in sein Zimmer zurückzog, wo er den Tag bei heißer Musik verbrachte.
Am Abend, wenn sein Vater von der Arbeit nach Hause kam und die Mutter ihm die schlechte Note beim Essen beibrachte, wiederholte sich die Szene vom Mittag. Nur beschränkte sich sein Vater nicht darauf, nur zu seufzen, sondern malte ihm seine Zukunft in den schwärzesten Farben aus. Meist endete das dann mit Stubenarrest und Taschengeldentzug, was Norbert scheinbar ungerührt hinnahm. Nützlich waren solche Sanktionen nicht, eher im Gegenteil. Der 12jährige Junge schien es sogar zu genießen, wenn er

nicht gedrängt wurde, mit Gleichaltrigen zu spielen. Viel lieber ließ er sich allein in seinem Zimmer mit Musik berieseln, die auch dann in voller Lautstärke lief, wenn er rasch seine Hausaufgaben hinschmierte. Von seinen Mitschülern hielt er ohnehin wenig und zog es vor, mit ihnen nicht zu verkehren oder sich allenfalls einmal mit der Faust Respekt zu verschaffen, wenn sie ihn ab und zu ärgerten.
Norberts Eltern konnten sein Verhalten nicht verstehen. An ihrer Erziehung, so meinten sie, lag es nicht, denn sein 3 Jahre älterer Bruder machte ihnen überhaupt keine Schwierigkeiten. Oft kam es wegen des ,,schwarzen Schafs" Norbert sogar zum Streit zwischen den Eltern, weil sie sich gegenseitig beschuldigten, an seiner Fehlentwicklung schuldig zu sein. ,,Was kann aus Deiner Familie auch schon Gescheites kommen", warf der Vater seiner Frau vor. Und diese konterte mit dem Hinweis darauf, daß es in seiner Familie ja gleich ,,mehrere Säufer" gab. Schließlich einigten sich die Eltern aber darauf, daß Norbert krank sein müsse. Dadurch stellte man vorübergehend den Familienfrieden wieder her. Aber mehrere Ärzte, die konsultiert wurden, konnten keine organische Krankheit nachweisen. So erschienen die Eltern mit Norbert schließlich in meiner Praxis und hofften, daß ich die ,,mysteriöse" Erkrankung diagnostizieren und ihnen helfen könnte.
Natürlich war die Vorstellung, Norbert sei krank, nicht ganz falsch. Aber es handelte sich um keine körperliche Krankheit, sondern um krankhafte Schulangst, die seine Verhaltensstörungen erklärte. Um das sicher herauszufinden, mußte Norbert zunächst einige Wochen lang regelmäßig allein in die Praxis kommen, denn in Gegenwart seiner Eltern ging er nicht aus sich heraus.
Unsere Gespräche ergaben bald, daß hinter Norberts Verhalten eine tief verwurzelte, nach außen mühsam verschleierte Angst stand. Sie ließ sich aus zwei Einflüssen seiner Eltern erklären:
— Für seine Mutter bestand das ganze Leben aus Gefahren, vor denen sie besonders Norbert als den Jüngeren ihrer Söhne ständig zu beschützen versuchte. Wenn er aus dem Haus ging, begleiteten ihn ihre Warnungen, kam er nicht pünktlich zurück, befürchtete sie gleich das Schlimmste und empfing ihn in Tränen aufgelöst mit Vorwürfen. Da Norbert an seiner Mutter hing und ihr keine Sorgen bereiten wollte, ging er schließlich nur noch selten fort und kam dann lieber eine halbe Stunde früher als 5 Minuten zu spät nach Hause. Im Lauf der Zeit übernahm er auch teilweise ihre Ängste, wurde unsicher und hatte deshalb auch schon zwei Unfälle, die seine Angst verstärkten und die Mutter veranlaßten, die Fürsorge noch mehr zu übertreiben.
— Im Grunde war auch Norberts Vater ein ängstlicher Mensch. Aber seine Angst hatte nichts mit der seiner Frau gemeinsam. Für ihn bedeutete das Leben vor allem ständigen beruflichen Kampf, dem er sich im Grunde nicht gewachsen fühlte. Aus einfachen Verhältnissen stammend hatte er sich mit ungeheurem Fleiß in eine mittlere Laufbahn emporgearbeitet und damit viel

mehr erreicht, als er je zu erhoffen gewagt hätte. Weiter konnte er nicht mehr aufsteigen, das wußte er selbst und es machte ihm auch nichts aus. Aber schon in seiner jetzigen Stellung fürchtete er ständig, durch irgendein unvorhersehbares Ereignis alles wieder zu verlieren. So wurde er zum ängstlichen Pedanten, der seinem Sohn durch eine gediegene höhere Schulbildung die gleichen beruflichen Ängste und Kämpfe ersparen wollte. Wenn dieser ihn durch schlechte Zensuren enttäuschte, brachen im Zorn alle diese Ängste aus ihm hervor. Dann beschrieb er Norbert drastisch, daß er „in der Gosse enden" würde, und brachte damit nur seine eigenen Befürchtungen zum Ausdruck. Und obwohl der Junge sich gegen den Leistungsanspruch des Vaters wehrte, konnte er doch nicht verhindern, daß er gerade wegen seiner Leistungsverweigerung dessen Ängste übernahm.
Die Schule war im Grunde das Schlachtfeld, auf dem Norbert und seine Eltern ihre Kämpfe austrugen. Die Ängste der Mutter behinderten vor allem die sozialen Kontakte zu den Mitschülern, weil der Junge sich kaum noch aus dem Haus traute und bald als „Muttersöhnchen" gehänselt wurde. Somit fehlte ihm die Geborgenheit in der Gruppe, die einen wichtigen Schutz vor Angst bilden kann. Die Zukunftsängste und düsteren Prophezeiungen seines Vaters verstärkten die Angst, denn Norbert erkannte durchaus, daß auch Fleiß im Leben keinen Schutz bietet – sein Vater mit seinen dauernden Ängsten erschien ihm als der beste Beweis dafür.
Natürlich meinten Norberts Eltern es nur gut mit ihrem Sohn. Sie vergaßen dabei aber, daß sie ihre eigenen Ängste, denen sie selbst kaum gewachsen waren, auf ihn konzentrierten und ihn dadurch ebenso wie durch den übersteigerten Leistungsanspruch hoffnungslos überforderten.
Als Norbert im Verlauf der Therapie das erkannte, fühlte er sich spontan erleichtert. Die weitere Behandlung seiner Schulangst schritt danach rasch voran. Er erlernte neues, zweckmäßigeres Verhalten in der Schule und gegenüber seinen Eltern und begann auch wieder, aktiv am Unterricht teilzunehmen. Dadurch besserten sich seine Zensuren und die familiäre Atmosphäre wurde entspannter.
Obwohl auch in diesem Fall eine Familientherapie angezeigt gewesen wäre, mußten wir uns auf die Einzeltherapie beschränken. Norberts Eltern waren nämlich beide nach dem Vorgespräch und einigen gemeinsamen Therapieversuchen nicht mehr bereit, daran teilzunehmen. Zum Glück behinderte das den Behandlungserfolg aber nicht.
Die drei typischen familiären Einflüsse, die in Norberts Fall eine Rolle spielten, wollen wir jetzt noch näher beleuchten.

Überbehütung in der Familie

Es gehört zu den Aufgaben einer intakten Familie, allen Mitgliedern das Gefühl der Geborgenheit und gefühlsmäßigen Annahme zu vermitteln. Eltern und Kinder wissen in einer solchen Gemeinschaft, daß sie einander

mit positiven Gefühlen annehmen und diese Gefühlsbeziehung nicht auf Dauer gestört werden kann.
Der Versuch, diese Geborgenheit auf die Gefahren des Alltags auszudehnen, sie möglichst alle von den Kindern fernzuhalten, ist dagegen von vornherein zum Scheitern verurteilt, es sei denn, man sperrte die Kinder unter einer Glasglocke ein. Kinder müssen Erfahrungen sammeln und die Risiken des Lebens kennenlernen, sonst können sie später kein selbständiges Leben führen. Die Behütung der Eltern kann sich nur auf den Versuch beschränken, sie zu warnen und vor den schlimmsten Gefahren zu bewahren.
Wenn dieser natürliche Auftrag der Erziehung übertrieben wird, spricht man von Überbehütung. Sie wirkt sich auf die kindliche Entwicklung ebenso nachteilig wie die Verwahrlosung aus. Zu klären ist in solchen Fällen immer, welche Motive hinter dieser Überbehütung stehen. Eigene Ängste der Eltern spielen dabei oft eine sehr wichtige Rolle, lassen sich relativ einfach erkennen und verstehen. Daneben gibt es aber noch eine Reihe anderer, individuell sehr unterschiedlicher Motive. Die wichtigsten wollen wir noch kurz darstellen.
Nicht selten steht hinter der Überbehütung der Wunsch, das Kind besonders fest an sich zu binden und abhängig zu machen. Das kommt insbesondere bei alleinstehenden Elternteilen, aber auch in Familien mit nur einem Kind und in gestörten Partnerbeziehungen vor, wenn ein Teil seine chronischen Frustrationen zu überwinden sucht, indem er alle seine Gefühle auf das Kind konzentriert. Im Grunde geht es also nicht darum, das Kind zu beschützen, sondern es aus eigenen Bedürfnissen festzuhalten. Das gelingt leider oft, weil sich bei Überbehütung keine Selbständigkeit entwickeln kann. Das Kind bleibt dann bis zum Tod der Eltern von ihnen abhängig. Daß danach schwere Probleme auftreten können, versteht sich von selbst.
Zum Glück schaffen es aber viele Kinder mit gesundem Instinkt, diese Überbeschützung irgendwann abzustreifen und sich trotzdem, wenn auch häufig mit einiger Verzögerung, unabhängig zu machen. Falls das mißlingt, können Angst und Depressionen als Folgen entstehen, deren eigentliche Ursachen verdrängt wurden.
Ein anderes, recht verbreitetes Motiv der Überbehütung von Kindern läßt sich nur schwer verstehen, weil das äußere Verhalten dazu im krassen Widerspruch zu stehen scheint. Im Grunde wird das Kind nämlich von einem oder beiden Elternteilen abgelehnt, im Extremfall sogar gehaßt. Diese Abneigung gestehen sich die Eltern jedoch nicht ein, weil sie die Verurteilung durch ihr Gewissen fürchten müßten. Sie wird ins Unbewußte verdrängt und erzeugt unklare Schuldgefühle gegenüber dem Kind. Diese werden überspielt, indem man versucht, das Kind übermäßig zu behüten, zu verhätscheln und maßlos zu verwöhnen, damit ihm nur ja nichts geschehen kann und nichts fehlt. Außerdem soll durch die Überbehütung nach außen demon-

striert werden, wie sehr man das Kind liebt und umsorgt. Das alles hilft, die Schuldgefühle zu besänftigen.
Überbehütung durch ein oder zwei Elternteile entspringt also immer einer krankhaften psychosozialen Störung. Das Kind wird dadurch in seiner Entwicklung – abhängig von der Widerstandskraft seiner Persönlichkeit – unterschiedlich stark gehemmt. Manchmal „erstickt" es schier darunter; deshalb treten bei überbehüteten Kindern auch häufig asthmatische Krankheiten auf.
Die Angst des Kindes entsteht als Reaktion auf die normale Erziehung, von der es instinktiv spürt, daß sie ihm nicht bei der Entfaltung seiner Persönlichkeit hilft. Und diese Angst wird häufig auf die Schule übertragen, obwohl sie dazu überhaupt nichts beigetragen hat.

Zukunftsängste der Eltern – auf die Kinder übertragen

Ein wenig Angst vor der Zukunft ist normal. Sie erklärt sich daraus, daß wir nicht wissen, was auf uns zukommen wird. Heute leiden aber viele Menschen unter übersteigerter Zukunftsangst, die in engem Zusammenhang mit der Krise der modernen Industriegesellschaft steht. Wirtschaftliche Schwierigkeiten, Terror-, Kriegsgefahr und nicht zuletzt die wachsende Umweltgefährdung gehören zu den wichtigsten Ursachen dieser Angst und lassen vielen Menschen die Zukunft im düsteren Licht erscheinen.
Besonders hart müssen sich solche negativen Vorstellungen natürlich auf jene auswirken, die in dieser Zukunft zu leben haben, also auf Kinder und Jugendliche. Mangels eigener Lebenserfahrung können sie sich von ihrer Zukunft noch keine rechten Vorstellungen bilden. Deshalb sind sie zunächst auf das Bild angewiesen, das ihnen die Erwachsenen vermitteln und übernehmen deren Zukunftsängste viel zu kritiklos.
Derartige negative Einflüsse in der Kindheit und Jugend wirken oftmals selbst dann noch fort, wenn man sie als Erwachsener verstandesmäßig als falsch erkannt hat. Unter Umständen überschatten sie das ganze weitere Leben und neigen dazu, sich unabhängig von den tatsächlichen Lebensumständen zu verwirklichen, weil Vorstellungen unser Leben sehr viel stärker beeinflussen, als uns gewöhnlich bewußt wird. Und je häufiger solche negativen Erwartungen im Alltag in Erfüllung gehen, desto stärker wird der Einfluß, den auch die anderen ausüben. So kommt der Teufelskreis der sich selbst erfüllenden Erwartungen und Vorstellungen in Gang, dem man aus eigener Kraft nur schwer wieder entrinnen kann.
Die Schule bereitet auf die Zukunft vor. Wenn diese Zukunft durch Ängste, die von den Eltern auf das Kind übertragen werden, von vornherein ziemlich hoffnungslos erscheint, wirkt sich das auf die kindlichen Einstellungen zur Schule aus. Irgendwann wird sich jedes Kind fragen, ob es sich denn überhaupt lohnt, sich in der Schule anzustrengen, wenn die Eltern die Zukunft ohnehin so düster sehen. Als Konsequenz kommt es oft zu nachlassenden

schulischen Leistungen, die zusammen mit den übernommenen Ängsten der Eltern zur Schulangst führen können. Auch hier ist also die Schule nicht die Ursache der seelischen Störungen, sondern nur eine Art Brennspiegel, in dem sich alle Ängste konzentrieren. Allerdings darf man dabei nicht vergessen, daß die Schule mit ihrer einseitigen Wissensvermittlung gleichfalls chronisch frustriert, weil die Kinder instinktiv richtig spüren, daß sie hier nicht ganzheitlich angenommen werden. Das kann erst die Voraussetzungen dafür schaffen, daß sich die Ängste auf die Schule richten oder sie zumindest verschlimmern.

Natürlich sollten Eltern ihren Kindern kein falsches, allzu rosiges Bild von der Zukunft malen, sonst fallen sie irgendwann aus allen Wolken. Aber so schwarz, wie nicht wenige heute die Zukunft sehen, muß sie wohl trotz aller drängenden Probleme nicht werden. Die Menschheit hat es bisher immer wieder geschafft, auch schwierigste Fragen kurz vor Zwölf noch zu lösen. Deshalb darf den Kindern nicht nur ein Bündel negativer Erwartungen, sondern gleichzeitig Hoffnung eingeprägt werden. Davon kann es sogar abhängen, ob die Schwierigkeiten der modernen Industrienationen wirklich gelöst werden. Wenn Jugendliche voller negativer Erwartungen und Ängste ins Leben entlassen werden, können wir von ihnen nicht verlangen, daß sie viel zur Überwindung der Krise beitragen – und dann gehen die negativen Erwartungen mit großer Wahrscheinlichkeit in Erfüllung. Auch hier treffen wir wieder auf den Teufelskreis der sich selbst erfüllenden Vorstellungen und Erwartungen, die uns derart negativ programmieren, daß Lösungen überhaupt nicht mehr erkannt werden. Also keine Schönfärberei für die Kinder, aber auch keine Schwarzmalerei, die sich selbst verwirklichen kann.

Übertriebener Leistungsdruck

Die Angst der Eltern vor der Zukunft, vielleicht noch ergänzt durch die eigenen Lebenserfahrungen und Wertvorstellungen, führt recht oft dazu, daß an die Kinder sehr hohe Anforderungen gestellt werden. Typisches Beispiel dafür sind die vielen Eltern, die ihre Kinder ins Gymnasium zwingen, obwohl deren Begabungen vielleicht auf einem ganz anderen Gebiet liegen. Früher, als die akademische Bildung noch gleichbedeutend mit sicherem Arbeitsplatz, hohem Einkommen und sozialem Ansehen war, konnte man diesen Leistungsdruck noch eher verstehen (obwohl er natürlich auch damals schon falsch war). Inzwischen sollte es sich aber allgemein herumgesprochen haben, daß selbst ein guter Studienabschluß noch lange keine Gewähr für eine sichere Zukunft bietet. Die Zahl der arbeitslosen Akademiker, die sich ihren Lebensunterhalt durch Taxifahren, Nachhilfestunden und ähnliche Jobs verdienen müssen oder gar von der Sozialhilfe leben, wächst ständig; das gilt nicht nur für Lehrer, inzwischen gibt es zum Beispiel auch Tausende arbeitsloser Ärzte.

Daraus ergibt sich, daß zu hoher Leistungsdruck der Eltern sinnlos ist. Wenn ein Kind gerne aufs Gymnasium geht, dann wird es auch ohne solchen Druck der Eltern versuchen, dort sein Bestes zu geben. Wird es dagegen in die falsche Schule gezwungen, nützt auch der stärkste Leistungsdruck auf Dauer wenig. Im ,,günstigsten'' Fall wird das Kind in der ungeeigneten Schule trotz des Drucks bald versagen und muß wieder in eine andere Schule überwechseln, die seinen Begabungen und Fähigkeiten besser entspricht. Schlimmstenfalls schafft es die falsche Schule und das Studium aber (wenn auch oft nur mit massiver Nachhilfe) und muß dann lebenslang in einem Beruf arbeiten, der ihm überhaupt nicht liegt. Das führt oft zu ernsten seelischen Störungen und überschattet das ganze Leben.

Schulangst steht häufig mit zu hohem Leistungsdruck des Elternhauses in Zusammenhang, das beklagen inzwischen auch immer mehr Lehrer. Unter dem hohen Druck, den die Eltern ausüben, wird jeder Schultag für das Kind zu einer harten Bewährungsprobe. Solange es die Schule wenigstens gerne besucht, kann es diesen Druck ertragen, sich daran sogar selbst beweisen und sein Leistungsvermögen steigern. Wenn aber falsche Schule und überhöhter Leistungsdruck zusammentreffen, wird der Streß übermächtig. Gerade das kommt sehr häufig vor, weil man auf ein ausreichend zum Lernen motiviertes, nicht überfordertes Kind keinen zu hohen Leistungsdruck ausüben muß, um so mehr aber, wenn ein Kind an der falschen Schule nicht die notwendige Leistung erbringen kann.

Es ist leicht nachvollziehbar, weshalb sich aus übertriebenem Leistungsanspruch der Eltern die Schulangst entwickelt, obwohl die Schule daran überhaupt nicht beteiligt ist.

Natürlich kann man bei Kindern im allgemeinen nicht vollständig auf einen gewissen Leistungsdruck verzichten. Er schadet nicht, sondern nützt sogar der Vorbereitung auf das Leben, das uns alle ja immer wieder unter Druck setzt. Nur muß sich dieser Leistungsdruck stets am individuellen Leistungsvermögen und den Fähigkeiten orientieren, damit Erfolgserlebnisse möglich sind, die stärker als jeder Druck zur Leistung motivieren können. Bleiben sie aus, führt der Druck zur Entmutigung und Angst, die dann die Leistungsfähigkeit und -bereitschaft noch weiter herabsetzt. Etwas höher, als es dem augenblicklichen Leistungsstand des Kindes entspricht, dürfen die Ansprüche schon liegen, damit es ein Ziel vor sich sieht, aber niemals so hoch angesetzt werden, daß sie nie zu erreichen sind. Unter diesen Voraussetzungen ist mäßiger Leistungsdruck sinnvoll und zur Entwicklung der Persönlichkeit notwendig.

Unter keinen Umständen darf die Zuneigung der Eltern von den Leistungen abhängig gemacht werden. Ein Kind muß sich gefühlsmäßig immer geborgen fühlen, auch – oder gerade – dann, wenn es einmal versagt hat. Sonst wird jede Leistung für ein Kind zur existenziellen Bedrohung, weil vom Erfolg oder Mißerfolg die Zuwendung der Eltern abhängt. Daraus kann sich starke

Übertriebener Leistungsdruck

Angst entwickeln, denn vor Mißerfolgen kann sich niemand sicher fühlen. Für einige Zeit können hoher Leistungsstreß und Angst sogar zum gewünschten Ergebnis führen, also die schulischen Leistungen verbessern. Auf Dauer wirken sie aber immer lähmend und setzen sowohl die Bereitschaft als auch die Fähigkeit zu guten Leistungen stark herab.

Die richtige „Dosierung" des Leistungsdrucks, der auf Kinder ausgeübt werden kann, erfordert sehr viel Einfühlungsvermögen und Fingerspitzengefühl. Man kann dabei nicht viel falsch machen, wenn man dem Kind immer die gefühlsmäßige Geborgenheit als Grundlage jeder Erziehung vermittelt, die auch dann nicht in Frage gestellt werden darf, wenn die Leistungen schlechter ausfallen. Der notwendige Leistungsdruck wird stets dem kindlichen Leistungsvermögen angepaßt. Es empfiehlt sich, gemeinsam mit dem Kind Leistungsziele zu setzen, die in möglichst kleine, überschaubare Schritte aufgeteilt werden, damit sich bald die ersten Erfolgserlebnisse einstellen. Jeder erfolgreich bewältigte Schritt wird gelobt (aber Vorsicht vor überschwenglichem Lob, das durchschauen Kinder instinktiv meist bald), jedes Versagen gemeinsam mit dem Kind aufgearbeitet, ohne daß dabei Strafen oder gar Liebesentzug eingesetzt werden. In einem solchen, von positiven Gefühlen getragenen Familienklima wird jedes Kind seine individuellen Fähigkeiten optimal entfalten. Wenn Eltern ihren Kindern Leistungsziele setzen, sollten sie auch noch überlegen, ob diese tatsächlich den Anlagen und Fähigkeiten ihres Kindes entsprechen. Allzuoft versuchen Eltern nämlich, in ihren Kindern zu verwirklichen, was sie selbst im Lauf des Lebens nicht erreicht haben. Typisches Beispiel ist der Vater, der lebenslang darunter leidet, daß er nie das Abitur ablegen konnte. Wenn er seine Kinder auf die höhere Schule schickt, kann dahinter die Absicht stehen, durch sie stellvertretend das zu verwirklichen, was er selbst nicht schaffte. Bewußt wird ihm dieses Motiv freilich nicht, vielmehr ist er davon überzeugt, daß er nur das Beste für seine Kinder erreichen will; sie sollen es einmal besser haben als er.

Natürlich muß es nicht unbedingt falsch sein, wenn Eltern sich so verhalten. Falls der Besuch des Gymnasiums und das anschließende Studium im Einklang mit den kindlichen Fähigkeiten und Anlagen steht, spielt es keine Rolle, ob der Vater dadurch im Grunde nur seine eigenen Absichten und Wünsche stellvertretend verwirklichen läßt. Zum Krankheitsfaktor wird dieses Verhalten erst dann, wenn die Anlagen des Kindes auf anderem Gebiet liegen und es sich unter dem Leistungszwang des Vaters durch Gymnasium und Studium quälen muß.

Da die Motive solcher Erziehungsfehler unbewußt bleiben, lassen sie sich auch nur schwer vermeiden. Aber wenn man sorgfältig die Anlagen und Fähigkeiten eines Kindes beobachtet, seine schulischen Leistungen und Probleme berücksichtigt und in Zweifelsfällen auch psychologische Tests oder zumindest das Gespräch mit dem Beratungslehrer oder Schulpsycho-

logen nicht scheut, um die am besten geeignete Schulform zu erkennen, lassen sich derartige Leistungszwänge vermeiden.
Für Eltern, deren Kinder unter Schulproblemen leiden, muß es natürlich ein schwacher Trost bleiben, wenn man sie darauf hinweist, daß sogar ausgezeichnete schulische Leistungen noch keinen Lebenserfolg garantieren. Es gibt genügend Beispiele berühmter Männer und Frauen, die in der Schule versagten – und es gibt noch mehr Beispiele für glänzende Schüler, die scheinbar alle Voraussetzungen für ein erfolgreiches Leben mitbrachten, in der Bewährungsprobe des Alltags dann aber kläglich scheiterten. Zu viel Bedeutung darf man dem Schulerfolg jedenfalls nicht beimessen. Er sagt nichts darüber aus, wie ein Kind später einmal das Leben bewältigen wird – und er darf vor allem niemals zum Maßstab für seinen menschlichen Wert hochgespielt werden.

„Ich kann mich nicht konzentrieren"
– Lernstörungen führen zur Schulangst –
Erfolgreiches Lernen erfordert neben ausreichender Motivation und Leistungsfähigkeit vor allem Konzentrationsvermögen, damit der Lehrstoff bewältigt werden kann. Vereinfacht ausgedrückt versteht man unter Konzentration die bewußte, willentliche Einschränkung der Aufmerksamkeit auf eine ganz bestimmte Tätigkeit. Je besser man sich konzentrieren kann, desto besser und rascher gelingt auch das Lernen.
Zahlreiche Einflüsse können das Konzentrationsvermögen erheblich stören. Eine wichtige Rolle spielen heute Lärm, Hektik und Reizüberflutung unseres Alltags, die schon an Kindern nicht mehr spurlos vorübergehen. Sie beanspruchen die Sinnesorgane derart, daß keine Einschränkung der Aufmerksamkeit im notwendigen Maße mehr möglich ist.
Darüber hinaus können Fehler der allgemeinen Lebensweise und falsche Ernährung, die zum Mangel an wichtigen Vitalstoffen führt und heute weit verbreitet ist, viel mit zur Störung des Konzentrationsvermögens beitragen. Schließlich darf man nicht vergessen, daß auch körperliche Krankheiten die Konzentrations- und Leistungsfähigkeit deutlich herabsetzen können.
Normal und meist bedeutungslos sind vorübergehende Störungen der Lern- und Konzentrationsfähigkeit während der Pubertät. Sie erklären sich aus den tiefgreifenden körperlichen und seelisch-geistigen Veränderungen während dieser biologischen Krisenzeit. Der Jugendliche hat in dieser Phase so viel mit sich selbst zu tun, daß das Lernen zu kurz kommt. Probleme entstehen in der Regel aber erst dann, wenn die Eltern solche Lernstörungen dramatisieren. Dann droht nämlich neben der Schulangst auch noch die trotzige Leistungsverweigerung.
Als Folge abnormer Störungen des Konzentrationsvermögens wird das Lernen zum übermäßigen Streß. Wenn unvernünftige Eltern angesichts der Miß-

erfolge in der Schule ihr Kind dann auch noch zum übertriebenen Lernen zwingen, wird der Teufelskreis perfekt.

Da Kinder mit Konzentrationsstörungen in der Schule häufiger als andere Mißerfolge erleben müssen, reagieren sie darauf oft mit Angstzuständen. Diese Ängste richten sich gegen die Schule und den Unterricht und werden oft durch die Angst vor den Lehrern und verständnislosen Eltern verschlimmert.

Beim folgenden Fall kamen gleich mehrere Ursachen solcher Konzentrations- und Lernstörungen zusammen und führten zur ausgeprägten Schul- und Lebensangst. Er veranschaulicht besonders deutlich die Zusammenhänge zwischen Konzentrationsstörungen und falscher Lebensweise, ungesunder Ernährung und unangemessenen Reaktionen der Eltern.

Fall 3:

Dem 13jährigen Andreas konnte man gewiß nicht nachsagen, daß er zu wenig leistungsmotiviert gewesen wäre, eher traf das Gegenteil auf ihn zu. Um gute schulische Leistungen zu erzielen, lernte er sogar viel mehr als notwendig. Aber trotzdem schaffte er es nicht, ein glänzender Schüler zu werden, sondern blieb stets im unteren Drittel seiner Klasse. Das setzte ihm sehr zu, denn er war – getreu dem Vorbild seines Vaters – übertrieben ehrgeizig. In die Praxis kam der Junge allein, weil er sich in letzter Zeit immer nervöser und bedrückter fühlte. Vorher war er bereits beim Hausarzt gewesen, aber der hatte ihn mit guten Worten und einem chemischen Arzneimittel zur Beruhigung abgespeist, das ihn am Tag viel zu müde machte.

Zunächst erzählte Andreas nichts von seinen Ängsten. Man hatte ihm im Elternhaus ja auch lange genug eingeprägt, daß ,,ein so großer Junge doch keine Angst mehr haben darf''. Er bat nur um ein Medikament, das ihm rasch seine Nervosität und die damit verstärkt auftretenden Konzentrationsstörungen nehmen konnte, ohne ihn übermäßig zu ermüden. Zur Beruhigung erhielt er Baldrian, zur besseren Konzentration beim Lernen zusätzlich Ginseng. Diese Kombination hat sich in solchen Fällen meist sehr gut bewährt und führt zu keinen Nebenwirkungen.

Als Andreas aber nach 14 Tagen wieder in die Sprechstunde kam, hatte sich sein Zustand nicht gebessert. Jetzt war es Zeit für ein längeres psychodiagnostisches Gespräch mit ihm, das die Ursachen seiner Probleme aufdeckte. Er litt unter heftigen Angstzuständen, wenn er nur an die Schule dachte, schaffte es aber mit schier übermenschlicher Selbstbeherrschung, diese Angst so zu unterdrücken, daß man ihm äußerlich überhaupt nichts anmerkte. Zwar ging er gern zur Schule, aber er fühlte sich den Ansprüchen des Unterrichts und vor allem den viel zu hohen Ansprüchen, die er an sich selbst stellte, einfach nicht gewachsen. Seine Lern- und Konzentrationsfähigkeit ließ seit geraumer Zeit immer mehr nach, er fand in der Schule nicht mehr die Erfolgserlebnisse, die seinen Ehrgeiz befriedigt hätten. Je mehr er sich anstrengte, desto schwerer fiel es ihm, den Lehrstoff aufzunehmen und zu verarbeiten.

Sein Vater, selbst ein strebsamer, sehr ehrgeiziger und erfolgreicher Mann, nahm die mäßigen schulischen Leistungen seines Sohnes ebensowenig tragisch wie die Mutter. Überhaupt fanden beide nur wenig Zeit, sich um ihr Kind zu kümmern. Die Stellung, die der Vater sich erarbeitet hatte, war mit zahlreichen gesellschaftlichen Verpflichtungen verbunden. So wuchs Andreas zwar sehr frei heran, lernte aber nie die Geborgenheit einer intakten Familie kennen. Und wenn seine Eltern von seinen Zensuren überhaupt einmal Kenntnis nahmen, dann ließ der Vater dazu allenfalls einige ironische Bemerkungen vom Stapel und die Mutter amüsierte sich noch darüber.

Abgesehen von dieser Gleichgültigkeit seiner Eltern, die Andreas stark belastete, kamen auch noch Fehler der Ernährung und Lebensführung hinzu, die seine Konzentrations- und Lernfähigkeit in Mitleidenschaft zogen. Am Morgen fühlte sich der Junge immer so schlecht, daß er überhaupt keinen Appetit auf das Frühstück verspürte. Das hing nicht allein mit seiner Angst vor dem bevorstehenden Schulunterricht zusammen, sondern vor allem mit der Tatsache, daß seine Eltern nach ihren nächtlichen Feiern so früh am Morgen noch nicht wach waren. Er hätte also alleine frühstücken müssen – und das wollte er nicht, obwohl ihm seine Mutter meist schon am Abend vorher das Frühstück richtete. Anfangs sorgte sie sich noch, weil er es nie anrührte, und redete ihm gut zu. Das genoß Andreas sogar, denn es war für ihn der einzig sichtbare Ausdruck von Zuwendung. Allmählich kümmerte sich seine Mutter aber immer seltener darum, sondern ließ ihn einfach gewähren. Das bedeutete natürlich eine weitere Enttäuschung.

Da Andreas sehr oft alleine war und mit seinen Klassenkameraden nicht zurechtkam, verbrachte er seine durch das übertriebene Lernen ohnehin stark verkürzte Freizeit am liebsten vor dem Fernsehgerät. Stundenlang, oft bis tief in die Nacht hinein, saß er davor und ließ sich vom Programm in eine Traumwelt entführen. Nicht selten schlief er sogar vor dem Fernsehapparat ein und erwachte nach Programmschluß mitten in der Nacht, weil die Stille ihn erschreckte. Die vielen für sein Alter ungeeigneten Sendungen, die Andreas im Nachtprogramm „konsumierte", verfolgten ihn bis in seine Träume, die unruhig und angstbeladen waren. Am Morgen erwachte er aus viel zu kurzem Schlaf kaum erholt. Der chronische Schlafmangel wirkte sich natürlich ebenfalls auf seine Lern- und Konzentrationsfähigkeit aus.

Nachdem mir Andreas seine ganze Leidensgeschichte erzählt hatte, gingen wir daran, einen Therapieplan auszuarbeiten. Zunächst machte ich ihm klar, daß er morgens nicht ohne Frühstück aus dem Haus gehen und nicht die halbe Nacht vor dem Fernsehgerät verbringen durfte. Das sah er auch rasch ein und versprach, seine Gewohnheiten zukünftig zu ändern. Er hielt dieses

Versprechen auch wirklich konsequent ein. Damit waren zwei Ursachen der Schulprobleme bereits beseitigt.

Ungleich schwerer fiel es aber, Andreas die Motive seines übersteigerten Ehrgeizes bewußt zu machen. Dazu waren lange therapeutische Gespräche notwendig. In ihrem Verlauf erkannte er allmählich, daß er sich im Grunde immer mit seinem bewunderten, zugleich aber gefürchteten Vater messen und der Mutter imponieren wollte. Diese Einsicht, die ihm sehr schwer fiel, wurde im weiteren Verlauf der Psychotherapie so verarbeitet, daß sich sein Erfolgsstreben normalisieren konnte. Damit ließ dann auch der Streß des übertriebenen Lernens nach.

Schon nach kurzer Zeit berichtete Andreas, daß ihm das Lernen plötzlich wieder viel leichter fiel. Seine Zensuren besserten sich, obwohl er weniger als zuvor arbeitete. Zwar schaffte er es immer noch nicht, zu den Klassenbesten vorzustoßen, aber das war ihm jetzt auch nicht mehr wichtig. Nicht den Eltern mußte er sich beweisen, nur er selbst wollte von nun an noch mit seinen Leistungen zufrieden sein.

Trotz dieser Erfolge verschwand die Angst aber immer noch nicht ganz; selbst das zusätzlich verordnete homöopathische Psychopharmakon half uns nicht weiter. Schließlich fanden wir gemeinsam heraus, daß hinter der Angst die Gleichgültigkeit seiner Eltern stand. Einerseits war Andreas zwar froh über die Freiheiten, die er im Vergleich zu seinen Altersgenossen deshalb hatte, andererseits litt er aber unter der Angst, daß seine Eltern ihn im Grunde ablehnten.

Leider kam kein gemeinsames Gespräch mit den Eltern zustande, weil es ihnen dazu – wie sie durch Andreas mitteilen ließen – ,,an Zeit mangelte''. So mußten wir versuchen, die Ablehnung ohne ihre Mitarbeit zu verarbeiten und Andreas vor allem unabhängiger von ihrer Zuwendung zu machen. Zum Teil gelang das auch, aber ein Rest an Angst blieb bestehen. Vorläufig kann der Junge damit leben, ob er es aber schafft, endgültig damit fertig zu werden, läßt sich heute noch nicht vorhersagen.

Falsche Ernährung und Lebensführung, gestörte Eltern-Kind-Beziehungen und nicht zuletzt der zu hohe Streß des übermäßigen Lernens und ehrgeizigen Strebens sind häufige Ursachen der Schulangst. Wir wollen uns deshalb noch etwas genauer mit ihnen befassen. Oft lassen sich solche Faktoren recht einfach ausschalten, wenn man sie nur erst einmal erkannt hat.

Streß als Ursache von Lernstörungen

Der Streß steht heute in dem schlechten Ruf, ein wichtiger Krankheitsfaktor zu sein. Zweifellos trifft das zu, aber man darf darüber auch nicht vergessen, daß Streß ganz selbstverständlich zu unserem Leben gehört. Er ist sogar lebensnotwendig, denn Streßmangel wirkt sich selbst als starker, schädlicher Streßfaktor aus. Deshalb darf man den Streß nicht nur verteufeln, er gibt unserem Leben erst seine Würze und kann uns zu Höchstleistungen

anspornen. Das hängt entscheidend davon ab, um welche Art von Streß es sich handelt, wie lange er andauert und wie er verarbeitet wird. Negativer Streß von zu langer Dauer kann zu zahlreichen körperlichen und seelisch-geistigen Störungen führen. Bei Schulkindern führt er unter anderem zur verminderten Konzentrations- und Leistungsfähigkeit.
Es läßt sich nie pauschal beurteilen, wann Streß sich negativ auswirkt, das fällt individuell sehr verschieden aus. Manche Kinder ertragen selbst hohen Streß ohne nennenswerte Störungen, während andere bereits unter leichten Belastungen zusammenbrechen.
Zu den häufigsten negativen Streßfaktoren der Kindheit und Jugend gehören familiäre Konflikte, soziale Probleme in der Klasse und/oder mit den Lehrern, Überforderung durch den Unterricht in einer falschen Schule, zu hoher Leistungsdruck des Elternhauses und/oder persönlicher übertriebener Ehrgeiz, aber auch schon der Wechsel der Schule zum Beispiel durch einen Umzug. Solche und andere Streßfaktoren führen natürlich nicht allein zu Störungen der Konzentrations- und Lernfähigkeit, sondern können auch noch zahlreiche andere Symptome verursachen. Unter anderem gehören dazu Angstzustände, depressive Verstimmungen und seelisch verursachte körperliche (psychosomatische) Funktionsstörungen, die vor allem die Verdauungsorgane und das Herz-Kreislauf-System betreffen.
Streß läßt sich zwar nicht vermeiden, aber entschärfen. Dazu müssen alle unnötigen Streßfaktoren ausgeschaltet werden, damit genügend Kraft bleibt, um mit dem unausweichlichen Streß fertig zu werden. Die Widerstandsfähigkeit gegen Streß läßt sich gezielt trainieren, indem man Kinder schon zu Entspannungsübungen (vor allem autogenes Training) anleitet, körperlich durch ausreichend Bewegung an der frischen Luft abhärtet und auf vollwertige Ernährung und gesunde Lebensweise achtet. Darüber hinaus wirkt sich bei Kindern das Gefühl der emotionalen Geborgenheit und Zuwendung in der Familie als wichtiger Anti-Streß-Faktor aus. Solange sie sich bei ihren Eltern angenommen und geborgen fühlen, ertragen sie auch hohen Streß viel besser und länger.
Die Schule könnte ebenfalls mit dazu beitragen, die Widerstandsfähigkeit der Schüler gegen Streß zu erhöhen und unnötigen Streß zu vermeiden. Leider nimmt sie diese Aufgabe bisher aber kaum wahr, denn ihre überholten Strukturen lassen dafür nicht genügend Raum. Immerhin kann aber wenigstens der einzelne Lehrer dazu beitragen, den Schulstreß zu vermindern, indem er sich die Zeit nimmt, auf den einzelnen Schüler mehr einzugehen und ihn ganzheitlich zu fördern. Das verlangt mehr Engagement, schenkt ihm aber auch mehr Befriedigung in seinem Beruf.

Übertriebenes Lernen

Überforderung durch eine falsche Schulform und/oder zu hohen Leistungsdruck, manchmal aber auch der übersteigerte Ehrgeiz eines Schülers, können dazu führen, daß beim Lernen übertrieben wird. Lernen bedeutet immer eine Art Streß, erfordert also auch eine ausreichend lange Phase der Entspannung und Erholung. In dieser Zeit können sich die durch Lernen beanspruchten geistig-seelischen Funktionen wieder regenerieren, zugleich wird auch das Gelernte verfestigt.

Wird die notwendige Erholungsphase durch übertriebenes Lernen ständig verkürzt, dann treten unweigerlich trotz allen Fleißes Lernstörungen auf. Insbesondere die Konzentrationsfähigkeit läßt deutlich nach und das Gelernte wird nicht mehr richtig weiterverarbeitet, so daß die ganze Mühe fast umsonst war.

Viele Kinder, die sich beim Lernen überfordert haben, müssen bald erleben, wie ihre schulischen Leistungen immer weiter nachlassen. Anstatt das einzig richtige dagegen zu tun, nämlich eine längere Lernpause einzulegen, versuchen sie häufig, die Probleme durch noch mehr Lernen zu bewältigen. Darin werden sie oft auch noch von ihren Eltern bestärkt, vielleicht sogar dazu gezwungen. Besonders häufig beobachtet man das übertriebene Lernen naturgemäß bei Kindern, die von einer falschen Schule überfordert werden. Während ausreichend Begabte den Lehrstoff bewältigen können, müssen sie versuchen, mangelnde Begabung durch mehr Fleiß beim Lernen auszugleichen. Das kann gelingen, endet aber oft mit der völligen Erschöpfung. Der Streß des übertriebenen Lernens, verstärkt durch die daraus resultierenden Lern- und Konzentrationsstörungen und die schlechteren Zensuren, kann zahlreiche körperliche und geistig-seelische Störungen provozieren. Dazu gehört unter anderem auch die Schulangst.

Eindringlich zu warnen ist vor dem Versuch, die Konzentrations- und Lernfähigkeit der überforderten Schulkinder durch chemische Arzneimittel künstlich zu steigern. Das gelingt nur scheinbar vorübergehend, am Ende steht dann die Erschöpfung. Allenfalls biologische Stärkungsmittel können ohne Gefahr verabreicht werden, um Phasen besonders hoher Lernbelastungen oder akuter Konzentrations- und Lernstörungen besser zu überstehen. Die ausreichend lange Erholung wird dadurch jedoch nie überflüssig.

Die Einnahme von Medikamenten gegen Lernstörungen, überhaupt gegen Schulprobleme, birgt noch eine andere Gefahr in sich, an die oft nicht gedacht wird. Kinder lernen auf diese Weise schon sehr früh, daß es gegen alle Schwierigkeiten des Lebens eine bequeme Pille gibt. Als Erwachsene sind sie dann erfahrungsgemäß besonders anfällig für Tablettenmißbrauch. Deshalb sollte nach Möglichkeit auf Medikamente verzichtet werden.

Fehler der Ernährung und Lebensweise

Das Lern- und Leistungsvermögen hängt immer mit davon ab, ob der Organismus vollwertig ernährt wird und die Lebensführung genügend Erholung und Entspannung für Körper, Geist und Seelenleben läßt. Wenn diese Grundvoraussetzungen der Gesundheit (die natürlich in jedem Lebensalter gelten) nicht geschaffen werden, kommt es bei Kindern unweigerlich zu Entwicklungstörungen, die auch ihre Konzentrations- und Lernfähigkeit in Mitleidenschaft ziehen und dadurch indirekt mit zur Schulangst beitragen.

Zu den häufigsten Fehlern der heute üblichen Ernährung gehört der übermäßige Verzehr von Fleischprodukten und denaturierten Kohlehydraten (Back-, Teigwaren aus Weißmehl, Süßigkeiten), die fast nur noch leere Kalorien, aber fast keine lebenswichtigen Vitalstoffe mehr enthalten. Dadurch kann es bei Kindern schon bald zu Mangelkrankheiten kommen. Das gilt übrigens auch dann, wenn ein Kind äußerlich „gut genährt" wirkt oder sogar unter Übergewicht leidet, denn daraus kann man keine Rückschlüsse auf die Vitalstoffversorgung ziehen.

Unter den Fehlern der allgemeinen Lebensführung stehen Bewegungsmangel und zu wenig Schlaf schon bei Kindern im Vordergrund. Das Beispiel von Andreas (Fall 3), das eingangs beschrieben wurde, war sicher extrem, die wenigsten Eltern werden ihre Kinder derart vernachlässigen, daß sie bis tief in die Nacht hinein vor dem Fernsehgerät sitzen können. Aber es kommt doch recht häufig vor, daß Kinder viel zu lange fernsehen dürfen, ohne daß sie ihre dabei aufgenommenen Eindrücke dann wenigstens im Gespräch mit den Eltern verarbeiten könnten. Dadurch kommen andere, wesentlich gesündere und sinnvollere Formen der Entspannung, vor allem das Spielen an der frischen Luft und sogar der ausreichende Schlaf, viel zu kurz.

Die Beseitigung solche Störfaktoren liegt stets bei den Eltern, von den Kindern darf man kaum genügend Einsicht erwarten. Wegen der Bedeutung gesunder Ernährung und Lebensweise zur Vorbeugung von Schulschwierigkeiten gehen wir später darauf nochmals ausführlicher ein.

Krankheiten verringern das Leistungsvermögen

Jeder kranke Mensch hat Anspruch auf besondere Fürsorge und Zuwendung, dafür aber auch die Pflicht, im Rahmen seiner Möglichkeiten alles zu tun, um so rasch wie möglich wieder gesund zu werden. Dieses Grundprinzip einer humanen Gesellschaft scheint heute für manche Kinder nur noch eingeschränkt zu gelten. Aus Angst vor schlechten Zensuren und ungünstigen Zukunftsaussichten werden sie von ihren Eltern gezwungen, trotz Krankheit noch die Schule zu besuchen. Und wenn sich das Krankenlager nicht vermeiden läßt, müssen nicht selten jeden Nachmittag Mitschüler kommen und die Hausarbeiten vorbeibringen, damit nur ja kein Lehrstoff versäumt wird.

Natürlich muß man Kinder nicht bei jeder kleinen Unpäßlichkeit gleich zu Hause behalten. Aber was nützt es, wenn ein wirklich krankes Kind in die Schule geht, wo es dem Unterricht nur schwer folgen kann, vielleicht gar bei einer Klassenarbeit versagt und auch noch die Mitschüler ansteckt? Wir wissen ja alle aus eigener Erfahrung, daß jede Krankheit, und sei es auch nur eine banale Erkältung, die Leistungsfähigkeit vermindert. Deshalb kann ein

krankes Kind nicht so gut lernen und seine Konzentration wird ebenfalls eingeschränkt – das Lernen wird zur Qual.
Bei akuten, rasch vorübergehenden Kinderkrankheiten, wie sie wohl jedes Kind immer wieder erlebt, läßt sich der Unterrichtsausfall in der Regel nach der Genesung bald wieder aufholen. Problematischer wird es bei chronischen Krankheiten, die eine längere Therapie notwendig machen. Wenn das Kind nicht zum Schulbesuch in der Lage ist, kann es sinnvoll sein, ihm ein ganzes Schuljahr lang Erholung zu gönnen, damit es dann im nächsten Schuljahr gesund und leistungsfähig die eine Klasse wiederholen kann. Falls der Schulbesuch möglich ist, muß man sich darauf einstellen, daß die Zensuren während der Krankheit schlechter ausfallen, weil die Leistungsfähigkeit vermindert ist. Darauf sollte das Kind vorbereitet werden, damit es nicht durch Mißerfolge in die Schulangst getrieben wird. Und natürlich muß auch der Klassenlehrer von der Krankheit unterrichtet werden, damit er das Kind gezielt fördert.
Die Behandlung von Kinderkrankheiten überläßt man am besten dem biologisch orientierten Therapeuten, um unnötige Belastungen durch chemische Arzneimittel zu vermeiden. Die praktische Erfahrung lehrt, daß Kinder auf naturgemäße Heilmittel meist besonders gut ansprechen; die Dauer der Krankheit wird abgekürzt, Komplikationen vorgebeugt und – was besonders wichtig, durch chemische Medikamente aber oft nicht zu erreichen ist – die Krankheitsursachen werden vollständig ausgeheilt. Nach einer solchen schonenden Naturheilbehandlung geht das Kind gestärkt aus seiner Krankheit hervor, während chemische Mittel vor allem Symptome unterdrücken und die Widerstands- und Abwehrkraft gegen neue Krankheiten oft noch weiter schwächen.
Die Biomedizin kennt auch eine Reihe bewährter Heilmittel, die das Konzentrations- und Lernvermögen während und nach einer Krankheit verbessern können, ohne aufputschend zu wirken. Darauf kommen wir später noch einmal zu sprechen.

Die pubertäre Verweigerung
Die Zeit der Geschlechtsreife (Pubertät) bedeutet immer eine Krisenzeit in der menschlichen Entwicklung. Sie ist aber notwendig, damit die Reifung zum Erwachsenen gelingt.
Zu den typischen „normalen" Verhaltensstörungen, die während der Pubertät auftreten können, gehört die Ablehnung der Welt der Erwachsenen. Körperlich gehören die Pubertierenden zwar schon dazu, geistig-seelisch stehen sie aber noch in einem Zwischenstadium. Sie sitzen gleichsam zwischen zwei Stühlen – und dieser unangenehme Zustand führt zur tiefen Verunsicherung, die sich im 2. Trotzalter (Flegelalter) ausdrückt. Normalerweise verschwinden diese Verhaltensstörungen aber mit der weiteren Reifung der Persönlichkeit von selbst wieder.

Häufig geht das 2. Trotzalter auch mit einer Ablehnung der Schule und Leistungsverweigerung einher. Daher verschlechtern sich während der Pubertät oft für einige Zeit die Zensuren. Die neuen Körpererfahrungen und die seelisch-geistigen Veränderungen beschäftigen die jungen Menschen so stark, daß sie sich vorübergehend nicht mehr richtig auf den Lehrstoff konzentrieren können und dazu auch nicht mehr ausreichend motiviert sind. Aber sie kommen über diese Phase bald hinweg, wenn Schule und Elternhaus ihnen dabei helfen.

Völlig verfehlt wäre es, auf die pubertären Schulprobleme mit Strafen zu reagieren. Dadurch treibt man die Jugendlichen nur noch tiefer in die Trotzhaltung hinein, verursacht vielleicht sogar den ,,Ausstieg" aus der Schule und bleibende seelische Schäden. Verständnisvolle, von Gefühlswärme getragene Gespräche über die Probleme zwischen Eltern und Kind bilden die beste Voraussetzung für die baldige Überwindung der pubertären Krise. Natürlich fällt das den Eltern nicht immer leicht, weil die Jugendlichen zu Provokationen neigen, um sich selbst in der Rolle des Heranwachsenden zu erproben. Wenn man dieses flegelhafte Verhalten auf sich selbst bezieht und mit Strenge darauf reagiert, kommt es oft zu tiefen Zerwürfnissen, die das Vertrauensverhältnis zwischen Eltern und Kind oft auf Dauer zerstören. Gelassenheit, auch wenn sie schwerfällt, ist die einzig richtige Reaktion auf pubertäres Trotzverhalten. Daran prallen die Provokationen ab, der Jugendliche sieht ein, daß er damit nichts erreicht und wird sein Verhalten bald ändern.

Die Schule könnte ebenfalls mit zur raschen Überwindung der pubertären Probleme beitragen, aber das lassen ihre Strukturen kaum zu. Wünschenswert wäre es vor allem, während der kritischen Zeit der Pubertät auf Zensuren zu verzichten, weil sie ja ohnehin nicht dem tatsächlichen Leistungsstand der Jugendlichen gerecht werden, sondern infolge ihrer pubertären Probleme schlechter ausfallen. Bisher bestehen aber noch nicht einmal ansatzweise Schulmodelle, um pubertierende Jugendliche zu entlasten, obwohl ihre Schwierigkeiten hinreichend lange bekannt sind. Hier zeigt sich also einmal mehr, daß die Schule ihrem Erziehungsauftrag nicht nachkommt, sondern hauptsächlich Wissen vermittelt.

Im Einzelfall können Gespräche der Eltern mit dem Lehrer die Situation entschärfen, aber hauptsächlich bleibt die Last der Erziehung während der Pubertät eben bei den Eltern.

Die Pubertät allein kann schon zu Angstzuständen und depressiven Verstimmungen führen. Wenn als Folge der Lernstörungen dann auch noch Schulprobleme auftreten, Eltern und Lehrer vielleicht falsch darauf reagieren, dann konzentrieren sich diese Ängste häufig auf die Schule. Unter Umständen entwickelt sich daraus eine Pubertätsneurose. Sie stört die gesamte weitere Entwicklung und führt vor allem auch zu sexuellen Störungen. In derart

schweren Fällen hilft dann meist nur noch die fachmännische psychotherapeutische Behandlung.
Die Pubertät stellt Jugendliche, Eltern und Lehrer auf eine harte Probe. Von der richtigen Bewältigung dieser Krise kann das ganze weitere Leben abhängen. Deshalb kommt es in dieser Phase ganz besonders auf die richtige Erziehung an. Dann wird die Krise zur Chance für eine ungestörte Weiterentwicklung zum Erwachsenen und ist bald überstanden.

„Keiner kann mich leiden"
– Zwischenmenschliche Konflikte als Ursachen der Schulangst –

Die Schule ist nicht nur ein Ort, wo Kinder Wissen erwerben. Die Schüler bilden zusammen mit den Lehrern eine soziale Gruppe, in der auf das spätere soziale Verhalten in unserer Gesellschaft vorbereitet wird. Zwar versteht sich die Schule – wie schon mehrfach erwähnt – heute immer noch in erster Linie als „Bildungsanstalt", die dem Auftrag zur Erziehung der gesamten Persönlichkeit nur unzulänglich gerecht wird. Trotzdem wird in der Klasse automatisch soziales Verhalten geprägt, auch wenn die Anleitung der Lehrer dazu fehlt.
Wie in jeder sozialen Gruppe treten auch in der Schulklasse unweigerlich soziale Konflikte auf. Sie entstehen zum Teil aus den natürlichen Problemen, die immer dann auftauchen, wenn mehrere Menschen miteinander auskommen und dafür einen Teil ihrer Freiheit aufgeben müssen. Dann sind solche Klassenkonflikte sogar nützlich, weil sie auf das Leben in unserer Industriegesellschaft mit all ihren unvermeidlichen Zwängen und Frustrationen vorbereiten. Im Einzelfall stehen die Konflikte auch mit persönlichen Fehlentwicklungen des Schülers oder außergewöhnlichen Schwierigkeiten mit manchen Lehrern in Zusammenhang. Immer häufiger treten heute aber auch Gruppenkonflikte in der Schule auf, die sich aus dem krassen Konkurrenzdenken unter den Schülern erklären, das man heute sogar schon in den untersten Klassen beobachten muß. Es erklärt sich hauptsächlich aus der Zukunftsangst, die von besorgten Eltern früh auf die Kinder übertragen wird und zum hohen Leistungsdruck führt. So werden Kinder zu Konkurrenten erzogen, die im Mitschüler nur noch den Mitbewerber um einen Ausbildungs- oder Studienplatz, aber nicht mehr den Kameraden und Freund sehen können. Wenn jeder gegen jeden „kämpft", bleiben menschliche Kontakte zwangsläufig auf der Strecke.
Ehe wir den einzelnen Ursachen zwischenmenschlicher Konflikte in der Schule nachgehen, soll zunächst wieder ein Fall aus der Praxis die Problematik veranschaulichen.
Fall 4:
„Das Kind zieht sich immer weiter zurück, spielt nicht mehr mit seinen Freundinnen und gibt nur noch patzige Antworten." Frau T. war in großer Sorge um Rita, ihre 10jährige Tochter, die sie aber nicht in die Praxis mitgebracht

hatte. Die Kleine weigerte sich einfach, ihre Mutter zu begleiten, und diese schaffte es nicht, sich durchzusetzen. Deshalb erkundigte sie sich auch gleich, ob ein Hausbesuch möglich wäre. Da die Frau ziemlich verzweifelt wirkte und ihre Tochter Hilfe offenbar dringend benötigte, ließ ich mich auf das vorgeschlagene ,,Spiel" ein und erschien in den nächsten Tagen unter einem Vorwand, um mit Rita einen ersten Kontakt aufzunehmen. Worum es dabei tatsächlich ging, durfte sie aber noch nicht wissen, sonst hätte sie sich nur wieder in ihrem Zimmer eingeschlossen.
Als ich beobachtete, wie das Kind mit seiner Mutter umsprang, wurde mir zumindest eine der Ursachen ihrer Probleme bald klar. Rita war zeitlebens verhätschelt und verzogen worden und mußte als Einzelkind niemals lernen, sich anzupassen und auf andere Rücksicht zu nehmen. Solange ihr Vater noch lebte, konnte wenigstens er diesen Erziehungsfehler der Mutter noch etwas ausgleichen. Nachdem er aber an einem Unfall starb, konzentrierte die junge Witwe alle Gefühle auf das Kind, so daß es sich schließlich als etwas Besonderes fühlte. In den Kindergarten durfte Rita nicht, die Mutter wollte sie ständig um sich haben, und mit den Nachbarskindern spielte sie auch nicht, die waren ihr ,,zu frech, dumm und schmutzig."
Die Schwierigkeiten begannen, als das Kind eingeschult werden sollte. Ihre Mutter hatte Angst vor dieser ,,Trennung". Obwohl sie einsichtig genug war, das Rita nicht direkt zu sagen, spürte diese doch instinktiv den Widerstand der Mutter gegen die Einschulung. Und da sie selbst auch nicht sonderlich erpicht darauf war, in die Schule zu gehen, nützte sie das weidlich aus. Irgendwie schafften die beiden es, daß Rita noch ein Jahr von der Schule zurückgestellt wurde.
Danach ließ sich die Einschulung aber nicht mehr umgehen, das sah auch die Mutter ein. Rita mußte sich in ihr Schicksal fügen und bemühte sich anfangs, beim Unterricht eifrig mitzuarbeiten. Aber mit ihren Klassenkameraden kam sie von Anfang an nicht zurecht. Sie war von zu Hause her gewöhnt, stets im Mittelpunkt zu stehen, fast vergöttert zu werden. Ihre Mitschüler und Lehrer dachten aber nicht daran, ihr eine solche Vorrangstellung einzuräumen.
In den ersten beiden Klassen wollte sie diese Stellung erkämpfen, indem sie sich im Unterricht besonders anstrengte. Aber das brachte ihr natürlich keine Freunde ein, sondern nur den schlechten Ruf einer Streberin, die man links liegen ließ. Einige soziale Kontakte gab es zwar, aber dabei handelte es sich nicht um Mitschüler, die Rita als Mensch angenommen hätten; sie wollten nur von ihren guten Leistungen profitieren.
Nachdem sie das erkannte, war es in der 3. Klasse mit ihrer Leistungsmotivation vorbei. Sie weigerte sich, ihre Hausaufgaben korrekt zu erledigen, arbeitete beim Unterricht nicht mehr mit, sondern störte nur noch die anderen, spielte oft krank, wenn eine Klassenarbeit auf dem Programm

stand, hin und wieder schwänzte sie auch einfach die Schule, ohne das vor ihrer Mutter zu verbergen.
Es fiel nicht weiter schwer, hinter diesen Verhaltensstörungen des Kindes die ausgeprägten Angstzustände zu erkennen. Sie spürte, daß man sie in der Klassengemeinschaft nicht aufnahm, fühlte sich isoliert, nicht anerkannt und auch noch von ihrer Mutter verlassen, die ihr bei diesen Problemen natürlich nicht helfen konnte. Die ganze Welt bestand für das kleine Mädchen nur noch aus Feinden, denen sie sich nicht gewachsen fühlte. Deshalb wurde sie patzig gegen ihre Mutter und die Lehrer und aggressiv gegen ihre Mitschüler, was die sozialen Probleme weiter verschlimmerte.
„Keiner hat mich lieb", so überlegte sie, „warum soll ich dann zu den anderen freundlich sein? Wenn sie mich schon nicht mögen, dann sollen sie sich wenigstens kräftig über mich ärgern."
Die Therapie bestand in diesem Fall zunächst darin, Rita von dem „Sockel" herunterzuholen, auf den ihre Mutter sie gestellt hatte. Vorher war sie überhaupt nicht in der Lage, zu anderen Kindern normale soziale Beziehungen aufzubauen, die ihre Schulangst überwinden konnten. Zuvor mußte aber zunächst einmal ihr Vertrauen gewonnen werden. Das fiel erwartungsgemäß nicht leicht, denn Rita fühlte sich durch den kleinen Trick, den wir anfangs anwenden mußten, um überhaupt Kontakt zu ihr zu finden, hintergangen und enttäuscht. Zum Glück sah sie jedoch bald ein, daß man ihr damit nichts Böses antun, sondern ihr nur helfen wollte. Und daß sie Hilfe brauchte, das hatte sie inzwischen längst instinktiv erkannt. Deshalb überwanden wir ihr Mißtrauen bald und konnten dann damit beginnen, neue Einstellungen zur Umwelt einzuüben. Daran nahm auch ihre Mutter teil.
Es dauerte nicht lange, bis Rita einsah, daß sie von den anderen niemals die gleiche Zuwendung wie von ihrer Mutter erwarten durfte. Und sie erkannte auch sehr schnell, daß diese übertriebene Zuwendung ihr überhaupt nichts nützte, sondern sie nur beengte. Damit war der Knoten geplatzt, der das Kind bisher von seinen Klassenkameraden isoliert hatte. Zaghaft zwar, aber doch sehr zielstrebig ging sie daran, sich Freunde zu suchen und ließ sich auch von der anfänglichen Ablehnung nicht beirren. So schaffte sie es schließlich, wieder in die Klassengemeinschaft aufgenommen zu werden. In der Geborgenheit dieser Gruppe, unterstützt durch den Kontakt mit wenigen guten Freundinnen, verlor sie ihre Schulangst und konnte ohne Strebertum Erfolgserlebnisse sammeln.
Für die Mutter war diese Entwicklung einerseits zwar erfreulich, warf andererseits aber erhebliche Probleme auf. Ihre Tochter war für sie ja zum einzigen Lebensinhalt geworden, für den sie sich geradezu aufopferte. Diese Einstellung konnte sie jetzt nicht mehr länger aufrecht erhalten. Sie fühlte sich überflüssig und wurde psychosomatisch krank. Eine Behandlung lehnte sie jedoch strikt ab. Wahrscheinlich machte sie insgeheim mich für ihre Beschwerden verantwortlich, weil ich ihr die Tochter „entfremdet" hatte. (Von

Entfremdung konnte natürlich keine Rede sein, durch die Therapie wurde lediglich das Verhältnis der beiden normalisiert, aber das konnte die Mutter nicht einsehen.) Daher fehlte es ihr auch an Vertrauen in die Behandlung, ja sie bestritt sogar den Nutzen jeglicher Psychotherapie, obwohl sie doch gerade eben erlebt hatte, wie sie ihrer Tochter half. Aber da diese Hilfe nicht so ausgefallen war, wie sie es sich vorgestellt hatte, überzeugte sie das natürlich nicht.

Es läßt sich nicht ausschließen, daß die Mutter es wieder schafft, ihre Tochter zu vereinnahmen, wenn sie allein keinen anderen Lebensinhalt mehr findet. Aber vielleicht wurde Rita durch die Therapie, die auf Drängen ihrer Mutter leider vorzeitig abgebrochen werden mußte, doch so weit stabilisiert, daß kein Rückfall in die alten Verhaltensmuster mehr auftritt.

Der Kampf aller gegen alle – Konkurrenzdenken schon bei Schulanfängern

Schule bedeutet immer Konkurrenz zwischen den Schülern. Das war schon immer so und ist notwendig, um die Leistungen zu verbessern und auf das spätere Leben vorzubereiten. Von gesunder Konkurrenz nimmt kein Kind körperlichen oder seelischen Schaden.

Seit geraumer Zeit beobachtet man jedoch eine Verschärfung dieses Konkurrenzdrucks in den Klassenzimmern. Das steht unmittelbar mit den wirtschaftlichen Problemen der Industrienationen und den Zukunftsängsten in Beziehung, wird aber begünstigt durch die Strukturen der Schule und Erziehungsfehler der Eltern. Viele Schüler, sogar schon Abc-Schützen, betrachten ihre Mitschüler heute nicht mehr in erster Linie als Kameraden und Freunde, sondern als Konkurrenten im Rennen um die besten Ausbildungs- und Studienplätze.

Natürlich kommen Schulanfänger zu solchen Einstellungen noch nicht aus eigener Überlegung, sie denken kaum so früh an ihre berufliche Zukunft. Aber sie erleben mit, wie ihre Eltern sich in der Krise zu behaupten versuchen, spüren instinktiv deren Zukunftsängste, werden oft genug darauf vorprogrammiert, die Schule als eine Art Schlachtfeld zu betrachten, auf dem sie entweder die anderen ausstechen oder später im Leben scheitern. Noch schlimmer wird der Konkurrenzkampf in den Klassenzimmern, wenn der Schulabschluß näherrückt. In den höheren Klassen, vor allem kurz vor dem Abitur, tobt praktisch der gleiche mörderische Konkurrenzkampf wie in den Betrieben. Die Schulen leisten dem noch Vorschub, indem sie keine ganzheitliche Bildung mehr anstreben, sondern den Schülern frühzeitig die Möglichkeit zur Spezialisierung auf wenige Prüfungsfächer ermöglichen. Ursprünglich wollte man dadurch erreichen, daß sich die Schüler für Fächer entscheiden können, die ihren Anlagen und Neigungen besonders gut entsprechen. Inzwischen spielt bei der Auswahl der Fächer aber meist die Frage eine Rolle, welche am besten auf einen zukunftssicheren Beruf vorbereiten.

Die Wahl der Fächer wird also bereits zu einer Vorentscheidung für den späteren Beruf, die jedoch viel zu früh erfolgt. Wenn diese Entscheidung erst einmal gefallen ist, strengt sich der Schüler dann natürlich auch an, um möglichst bessere Leistungen als die anderen zu erbringen und dadurch seine Berufschancen zu verbessern.
Der Kampf aller gegen alle in den Klassenzimmern steht positiven sozialen Beziehungen innerhalb der Klassengemeinschaft im Wege, fördert Isolierung und Vereinsamung, begünstigt übertriebenen Ehrgeiz und Falschheit, stört die ganzheitliche Entwicklung der Persönlichkeit und führt häufig zur Angst. Das Gefühl emotionaler Geborgenheit kann sich nicht mehr einstellen, der Schulstreß wird gemeinsam nicht mehr besser bewältigt, sondern von jedem Schüler als „Einzelkämpfer".
Auch wenn das übertriebene Konkurrenzdenken nicht unbedingt zur Schulangst führen muß, wirkt es sich doch meist negativ auf Seelenleben und Verhalten aus. Depressionen bis hin zum Selbstmordversuch, unkontrollierbare Aggressivität, chronische Nervosität, Schlafstörungen und zahlreiche psychosomatische Krankheiten können als Folgen auftreten.
Eltern können zwar die ungünstige Lage auf dem Arbeitsmarkt für Schulabgänger nicht verändern, aber sie sollten es wenigstens vermeiden, ihre Ängste auf die Kinder zu übertragen und diese durch übertriebenen Leistungsdruck in übersteigertes Konkurrenzdenken zu treiben. Schüler müssen einander wieder als Menschen, nicht nur als Mitbewerber begegnen können. Wenn das nicht bald gelingt, wird die Schule am Ende alle Kinder seelisch krank gemacht haben. Und von solchen ängstlich-verunsicherten, depressiven oder rücksichtslos-aggressiven Menschen darf man wohl kaum erwarten, daß sie die anstehenden großen Probleme der modernen Industriegesellschaft zu lösen verstehen.

Minderwertigkeitsgefühle und Hemmungen

Soziale Probleme eines Schülers in der Klasse können auch mit individuellen Fehlentwicklungen in Beziehung stehen, die mit der Schule nichts zu tun haben müssen. Dazu gehören vor allem Hemmungen und Minderwertigkeitsgefühle. Sie behindern die Aufnahme und Pflege sozialer Beziehungen und begünstigen Schulangst.
Hemmungen im richtigen Maß sind natürlich und unentbehrlich. Menschliches Zusammenleben wäre ohne sie kaum möglich, weil sonst jeder seine Triebe, anderen Bedürfnisse, Absichten und Ziele ohne Rücksicht auf die Mitmenschen durchzusetzen versuchte. In übersteigerter Form behindern die Hemmungen den Menschen aber stark in der Entfaltung seiner Persönlichkeit und in seinem sozialen Leben. Dadurch kann sein gesamtes Leben ge- und zerstört werden.
Die meisten falschen Hemmungen erklären sich aus Fehlentwicklungen, die lebensgeschichtlich zu verstehen sind. Vor allem Erziehungsfehler und die

zahllosen Enttäuschungen, Entmutigungen und Versagungen, die das Leben für uns bereithält, können dazu führen. Umgekehrt ist es aber auch möglich, durch Erfolgserlebnisse und Ermutigung bestehende Hemmungen wieder abzubauen. Auch ein gezieltes Training gegen Hemmungen ist möglich. In schweren Fällen, die mit hohem Leidensdruck verbunden sind, hilft vor allem die Lerntherapie unter fachmännischer Anleitung gut. Dabei wird, ohne lange nach den Ursachen der Hemmungen zu forschen, neues Verhalten eingeübt.

Hemmungen entstehen zum Teil auch durch Angst, können aber auch erst zur Angst führen oder sie verschlimmern. Für die Schulangst gilt, daß sie oft mit durch Hemmungen verursacht wird, die wiederum mit schulischen Mißerfolgen, Verhältnis zu den Klassenkameraden und Persönlichkeit des Lehrers in Zusammenhang stehen. Am Anfang solcher übersteigerten Hemmungen findet man aber häufig eine entmutigende Erziehung durch das Elternhaus, die erst die Grundvoraussetzungen der späteren Hemmungen schafft.

Auch Minderwertigkeitsgefühle erleben die meisten Menschen ab und zu, denn niemand kann von sich behaupten, daß er stets allen Anforderungen und Erwartungen der Umwelt und den Ansprüchen, die er an sich selbst stellt, gewachsen ist. Aber der seelisch stabile Mensch wird damit problemlos fertig und faßt bald neuen Mut.

Anders sieht es aus, wenn ungünstige Einflüsse keine Erfolgserlebnisse zulassen und/oder die Ansprüche der Umwelt und an sich selbst zu hoch angesetzt werden. Dazu kommt es durch falsche Erziehung und/oder die aktuelle Lebenssituation, wenn sie zum Beispiel mit dauernder Ungerechtigkeit, Demütigung, mangelndem Lob oder häufigen Mißerfolgen verbunden ist.

Vielfach sind Minderwertigkeitsgefühle völlig unbegründet, aber auch wenn sie zutreffen, werden sie von den Betroffenen meist übersteigert gesehen. Sie beziehen sich auf körperliche, geistige, seelische oder soziale Mängel und Schwächen.

Im Lauf der Zeit beherrschen Minderwertigkeitsgefühle das ganze Leben und führen schließlich zu neurotischen Fehlhaltungen. Dann finden die Betroffenen nur schwer aus eigener Kraft heraus; sie sollten sich so bald wie möglich einer psychotherapeutischen Behandlung unterziehen.

Die Folgen der Minderwertigkeitsgefühle treten individuell in sehr unterschiedlicher Form auf. Häufig behindern sie das Leistungsvermögen insgesamt, also auch in Bereichen, wo überhaupt keine Minderwertigkeitsgefühle bestehen. Ängste können hinzukommen, weil man sich den Anforderungen des Alltags nicht gewachsen fühlt, Depressionen erklären sich aus dem Gefühl des Versagens und werden oft noch durch quälende Schuldgefühle verschlimmert. Schließlich gehören auch noch soziale Probleme zu den häufigsten Symptomen, denn wenn man sich minderwertig fühlt, kann man nur schwer positive zwischenmenschliche Beziehungen zu anderen unterhalten, von denen man von vornherein annimmt, sie seien überlegen.

Falsche Hemmungen und Minderwertigkeitsgefühle bei Schülern dürfen nie auf die leichte Schulter genommen werden, sonst kommt eine Fehlentwicklung in Gang, die im späteren Leben vielleicht nie mehr zu korrigieren ist. Eltern sollten den betroffenen Kindern durch Ermutigung und emotionale Geborgenheit helfen, Lehrer sie besonders fördern, vor Mißerfolgen bewahren und versuchen, sie in die Klassengemeinschaft zu integrieren. Dann lassen sich solche Zustände oft aus eigener Kraft überwinden. Hilft das alles nicht, bleibt nur die baldige fachmännische Psychotherapie als Ausweg.

Die Persönlichkeit des Lehrers

In der Klasse spielt der Lehrer die Rolle des „Alpha-(Leit-)tiers"; er führt sie, bestimmt das Klima und die sozialen Verhältnisse in der Gruppe mit. Auf diese zur Erziehung sehr wichtige Aufgabe werden Lehrer allerdings nur unzulänglich vorbereitet. Auch ihre Ausbildung beruht auf der Vorstellung, daß die Schule in erster Linie Wissen zu vermitteln hat, während die Erziehung der Persönlichkeit hauptsächlich bei den Eltern liegt.

Natürlich ist es für den Lehrer auch einfacher und bequemer, wenn er seinen Auftrag derart begrenzt versteht. Die Wissensvermittlung wird bald zur Routine, um persönliche Probleme der Schüler sollen die Eltern sich kümmern. Engagierte Pädagogen werden sich damit aber nicht abfinden wollen. Ihnen geht es darum, die anvertrauten Schüler ganzheitlich zu erziehen. Aber sie scheitern häufig an den Strukturen der Schule, die dazu viel zu wenig Zeit läßt, und passen sich schließlich resignierend an.

Die Einstellungen des Lehrers zu seiner Arbeit bestimmen auch die Art seines Unterrichts mit. Hinzu kommt, daß jeder Lehrer seine Persönlichkeit einbringt. Da gibt es zum Beispiel den pflichtbewußten, gerechten und strengen Pädagogen, der bei seinen Schülern viel Respekt genießt, aber nicht geliebt wird, und sein Gegenstück, den „guten Kumpel" der Schüler, der aber trotz seines guten Verhältnisses zu den Kindern keineswegs immer die besten Erfolge erzielt. Mancher Lehrer spult seinen Unterricht nur noch automatisch herunter und kümmert sich kaum darum, ob er damit auch ankommt, andere lassen gar ihre persönlichen Probleme an den Schülern aus oder entmutigen sie durch Demütigungen, Ironie und Zynismus. Es versteht sich von selbst, daß manche dieser individuellen Eigenarten des Lehrers starken Einfluß auf einzelne Schüler oder ganze Klassen nehmen können. Unter Umständen entwickelt sich daraus die Schulangst, weil der Pädagoge es nicht versteht, zu seinen Schülern ein tragfähiges Vertrauensverhältnis herzustellen.

Eltern haben zwar keinen direkten Einfluß darauf, welche Lehrer ihre Kinder unterrichten, aber sie können sich gegen einen Pädagogen, der ihre Kinder

„verdirbt", doch zur Wehr setzen. Am Anfang sollte das vertrauliche Gespräch mit ihm stehen, bei dem sich vielleicht gar ergibt, daß er von den Problemen der Schüler mit seiner Persönlichkeit überhaupt nichts ahnte. Vermutlich wird er sich dann bemühen, wenigstens die gröbsten Fehler abzustellen und den ungewollt angerichteten Schaden wieder gutzumachen.

Ob der betroffene Schüler an einem solchen Gespräch teilnehmen soll, läßt sich immer nur im Einzelfall entscheiden. Wenn er seinen Eltern vertraut, sich bei ihnen geborgen fühlt, spricht im Prinzip nichts dagegen; daraus kann sogar ein Erfolgserlebnis und mehr Selbstsicherheit beim zukünftigen Umgang mit dem Lehrer entstehen.

Genügt ein solches Gespräch nicht, können sich die Eltern – am besten mehrere betroffene gemeinsam – mit einer formalen Beschwerde an den Rektor wenden, vielleicht auch den Lehrer beim nächsten Elternabend öffentlich auf sein Verhalten ansprechen. Als letzter Ausweg bleibt schließlich noch die Eingabe an die übergeordneten Schulbehörden.

Viele Eltern fürchten, daß sie ihren Kindern durch solche Maßnahmen mehr schaden. Das läßt sich nicht ganz von der Hand weisen. Ein Lehrer verfügt immer über Druckmittel, mit denen er einen Schüler ganz legal „fertigmachen" kann. Ob er sie einsetzt, hängt von seiner Persönlichkeit ab – mit dem Erziehungsauftrag ließen sich solche verschleierten Sanktionen gewiß nicht vereinbaren. Im Alltag erweist sich das vertrauliche Gespräch, bei dem der Lehrer sein Gesicht wahren kann, oft als der beste Weg, um Kindern zu helfen, die unter der Persönlichkeit eines Lehrers leiden.

Zuweilen kann es aber sinnvoll sein, ein Kind an eine andere Schule zu schicken (sofern das möglich ist). Danach blühen manche förmlich auf, weil sie dem ständigen Streß eines Lehrers entzogen wurden.

Man sollte annehmen, daß Lehrer dank ihrer Fachausbildung in der Lage sind, ihr Verhalten in der Klasse wenigstens soweit zu kontrollieren, daß sie den Schülern keine Angst einflößen. Leider trifft das nicht zu, weil Lehrer auch nur Menschen sind, die ihren Beruf mehr oder weniger gern und gut ausüben, ihren Stimmungen unterliegen, unter persönlichen Problemen leiden, vielleicht sogar selbst (das kommt heute immer häufiger vor) Angst vor ihren Schülern verspüren, die sie dann durch übertriebene Strenge, Gefühlskälte oder Zynismus zu überspielen versuchen. Das soll keine Entschuldigung sein, denn sie setzte beim Lehrer Schuld voraus, die man ihm meist nicht geben kann. Nur sollte er eben im Interesse seiner Schüler die notwendigen Konsequenzen ziehen, wenn er seiner Aufgabe nicht gewachsen ist. Das mag in Zeiten hoher Lehrerarbeitslosigkeit sehr hart klingen, aber unser aller Zukunft hängt nicht zuletzt davon ab, wie die Schule unsere Kinder auf das Leben vorbereitet.

„Wozu brauche ich die Unbekannte X?"
- Strukturen der Schule erzeugen Angst -

In den vorangegangenen Kapiteln wurden viele Ursachen der Schulangst beschrieben, an denen die Schule nicht oder nur zum geringeren Teil beteiligt ist. Das mag den Eindruck erwecken, die Schuld an der Misere sollte den Eltern aufgeladen werden. Aber dem ist keineswegs so. Wenn zunächst das Elternhaus als Angstfaktor ausführlicher dargestellt wurde, dann nur deshalb, weil die Eltern mit der Schulangst ihrer Kinder leben müssen, viel stärker und häufiger als die Lehrer mit ihr konfrontiert werden und eine Menge dazu beitragen können, sie zu vermeiden oder abzuschwächen.

Im folgenden Kapitel wollen wir nun untersuchen, wie die Strukturen der Schule, insbesondere die Lehrpläne, mit zur Schulangst führen können. In erster Linie erklärt sich das daraus, daß die Schule sich heute immer mehr der bloßen Vermittlung von Wissen widmet und darüber die Bildung der Persönlichkeit und so wichtiger Fähigkeiten wie Kreativität und praktischer Intelligenz viel zu wenig Bedeutung beimißt.

Zunächst aber wieder ein Beispiel aus der Praxis, das die Zusammenhänge besser veranschaulicht.

Fall 5:

„Ich habe keine Lust mehr, noch jahrelang die Schulbank zu drücken, das bringt doch nichts. Wenn ihr mich nicht vom Gymnasium nehmt, brenne ich eines Tages einfach durch." Solche Drohungen hörten die Eltern von Christian in letzter Zeit immer häufiger. Der 15jährige Junge war weder durch gutes Zureden noch durch Androhung von Strafen dazu zu bewegen, bis zum Abitur durchzuhalten.

Das allein war natürlich noch kein Anlaß, mich zu konsultieren. Der Vater kam mit Christian in meine Praxis, weil der Junge in letzter Zeit fast jeden Morgen unter Übelkeit, Brechreiz und Magenschmerzen litt, nicht mehr richtig schlafen konnte und zeitweise einen viel zu hohen Blutdruck aufwies. Der Hausarzt, den man vorher aufgesucht hatte, konnte allerdings keine organische Krankheit feststellen und erklärte alles aus der Pubertät und dem Schulstreß.

Sicher spielten diese beiden Faktoren bei Christians Problemen auch eine nicht zu unterschätzende Rolle, aber mir erschien diese Diagnose doch zu einfach. Gerade weil Christian unter keinen Umständen mehr weiter zur Schule gehen wollte und seine morgendlichen Beschwerden typisch für verdrängte Schulangst waren, beschloß ich, der Sache durch mehrere psychodiagnostische Gespräche auf den Grund zu kommen. Damit war der Vater zwar nicht so recht einverstanden, meinte sogar, man müsse den Jungen nur einmal „kräftig zusammenstauchen" (was wohl ich für ihn übernehmen sollte), schließlich stimmte er dann aus Sorge um Christian doch zu.

Ich versuchte erst gar nicht, den Jungen davon zu überzeugen, daß er das Abitur ablegen sollte. Das hörte er zu Hause oft genug, es hätte ihn nur noch verschlossener gemacht. Dieses Problem klammerten wir aus unseren Gesprächen zunächst vollkommen aus. Stattdessen versuchte ich, hinter Christians Zukunftsabsichten zu schauen, um seine Abneigung gegen die Schule besser zu verstehen. Darüber gab er bereitwillig Auskunft.

„Wozu soll ich mich mit der dämlichen Unbekannten X und dem ganzen anderen unnötigen Kram herumplagen, den ich später doch nie mehr brauche", platzte er während einer Therapiesitzung heraus. Dem war nicht zu widersprechen. Wohl jeder von uns erinnert sich noch an den vielen Ballast, den er im Unterricht lernen und dann allenfalls noch bei einer Klassenarbeit einmal verwenden, dann aber so rasch wie möglich wieder vergessen konnte. Christians Abneigung richtete sich vor allem gegen die höhere Mathematik, zu der er überhaupt keinen Zugang fand. Ihm genügte es, wenn er die Grundrechenarten beherrschte, denn er wollte keinen Beruf ergreifen, bei dem man mathematische Kenntnisse benötigt. Seine Anlagen und Fähigkeiten lagen mehr auf praktischem Gebiet, die Mathematik erschien ihm viel zu theoretisch und „weltfremd". Allerdings wußte er noch nicht genau, was er denn nun einmal werden wollte. „Am liebsten etwas Handwerkliches, wo man mit Holz arbeiten und gestalten kann; und dazu brauche ich keine Mathematik und kein Abitur, da ist jeder weitere Tag auf dem Gymnasium verlorene Zeit."

Bei Christian trafen zwei ungünstige Faktoren zusammen: Zwang der Eltern, eine Schule zu besuchen, die er als nutzlos betrachtete, weil seine Fähigkeiten und Berufswünsche in eine andere Richtung gingen, und die Schule selbst, die seine speziellen praktischen Fähigkeiten nicht fördern konnte. Im Werkunterricht erzielte der Junge hervorragende Ergebnisse und auch im Zeichenunterricht glänzte er mit überdurchschnittlich guten Noten. Aber ausgerechnet diese beiden Fächer, die er liebte, fielen an seiner Schule oft aus oder wurden sogar verwendet, um Wissenslücken in anderen Fächern aufzufüllen, weil man heute an den Schulen immer noch den Lernfächern größere Bedeutung beimißt.

So kamen Christians praktische Intelligenz und Kreativität im Unterricht viel zu kurz. Stattdessen mußte er sich mit Mathematik, Naturwissenschaften und Sprachen herumplagen, die ihn weniger oder überhaupt nicht interessierten. Dank seiner Intelligenz erzielte er hier immerhin noch mittelmäßige Zensuren, nur in Mathematik gehörte er zu den Schlechtesten der Klasse. Anstatt daraus die richtigen Konsequenzen zu ziehen, versuchten seine Eltern aber, ihm durch Nachhilfestunden zu „helfen". Dadurch blieb ihm viel zu wenig Zeit, um wenigstens außerhalb der ungeliebten Schule seine Interessen und Fähigkeiten zu pflegen.

„Der Junge macht das Abitur, dann hat er wenigstens eine solide Grundlage und kann uns später keine Vorwürfe machen", beharrte sein Vater im

Gespräch über diese Probleme. „Was er danach tut, ist seine Sache." Es war unmöglich, gegen diese Sturheit anzukommen, die sich wohl hauptsächlich daraus erklärte, daß der Vater selbst gerne die höhere Schule absolviert hätte, aber von seinen Eltern daran gehindert wurde. Und wir konnten natürlich auch nicht an den Strukturen des Unterrichts etwas ändern, die Christians praktisch-kreative Begabung vernachlässigten. (Übrigens bestehen solche Probleme keineswegs nur an den Gymnasien, sondern auch an den Haupt- und Realschulen, aber dort wäre Christian jetzt entlassen worden und hätte sich einen Ausbildungsplatz in einem Beruf suchen können, der ihm lag.)
So blieb uns nur eine Behandlung der Symptome, unter denen er litt, und der Versuch, ihm die restliche Schulzeit so weit wie möglich zu erleichtern. Christian lernte, sich selbst positiv zu beeinflussen und schaffte es dadurch wirklich, seine Schulangst, die Lernschwierigkeiten und sogar die körperlichen Folgen zu bessern. Am Ende fand er sich damit ab, daß er mit seiner Rebellion gegen die falsche Schule keinen Erfolg haben konnte, und überwand diese Frustration bald.
Da er dank der Autosuggestionstherapie, die er regelmäßig durchführt, wieder besser und schneller lernt, bleibt ihm mehr Zeit, seine praktischen Begabungen zu pflegen. Er hat es sogar erreicht, bei einem Kunsttischler in der Nähe nebenbei eine Art Volontariat zu absolvieren. Jeden Tag verbringt er in der Werkstatt des alten Mannes einige Stunden und lernt. Die beiden verstehen sich ausgezeichnet, wenn nichts dazwischen kommt, kann Christian hier nach Abschluß des Gymnasiums eine Lehre absolvieren und später vielleicht sogar die Werkstatt ganz übernehmen. Das ist zwar noch Zukunftsmusik, aber die Hoffnung darauf hilft ihm, die ungeliebte Schule vollends durchzustehen. Es wurmt ihn nur immer noch, daß er so viel Zeit versäumen muß.
Sicher kann man in dem beschriebenen Fall auch auf dem Standpunkt stehen, daß hier nicht die Schule versagt, sondern das Elternhaus, weil Christian gegen seinen Willen das Abitur ablegen muß. Aber das ist ja nicht Christians Hauptproblem. Im Grunde wäre er froh über eine umfassende höhere Schulbildung, wenn er sich dabei nur nicht mit Fächern abmühen müßte, die für seinen weiteren Lebensweg ohne jede Bedeutung bleiben werden. Ja, er könnte sich sogar schon mit seinem Gymnasium „aussöhnen", wenn wenigstens seine Leistungen im Werken und Zeichnen gebührend beim Abitur berücksichtigt werden könnten, aber das ist an seiner Schule unmöglich. So lernt er also noch einige Jahre lang nicht für sein späteres Leben, sondern fast nur noch für die Schule.

Die Schule als „Bildungsanstalt"
Erziehung hat im Grunde zwei wesentliche Aufgaben zu erfüllen. Zunächst soll sie den Menschen vorbereiten auf das Leben in unserer Gesellschaft,

deren berechtigten Ansprüchen er sich anzupassen hat und deren unberechtigte Erwartungen er selbstbewußt zurückweisen soll. Die zweite Hauptaufgabe besteht darin, die individuellen Anlagen und Fähigkeiten des Kindes und Jugendlichen zu erkennen und zu fördern, damit sie später so weit wie möglich verwirklicht werden können. Diese Selbstverwirklichung ist notwendig für ein erfülltes Leben im Einklang mit sich selbst.

Beide Aufgaben überläßt die Schule heute zu einem großen Teil dem Elternhaus, obwohl sie mit zu ihrem Erziehungsauftrag gehören.

Soziale Verhaltensweisen üben die Schüler in der Klassengemeinschaft zwar zwangsweise ein, aber sie werden im allgemeinen nicht gezielt und bewußt durch den Lehrer beeinflußt. Darauf wurde er auch nicht ausreichend vorbereitet und hat ohnehin genug damit zu tun, den umfangreichen Lehrplan zu erfüllen. Wenn er einmal in das soziale System der Klasse eingreifen muß, dann neigt er meist dazu, die sozialen Konflikte in der Klassengemeinschaft autoritär zu lösen. So erzieht man aber keinen selbstbewußten, mündigen Menschen, sondern fördert Untertanengeist, der in einer Demokratie eigentlich endgültig überwunden sein sollte.

Hinzu kommen Leistungsdruck, übersteigertes Konkurrenzdenken und Zukunftsängste der Schüler, die zum Teil auch mit den Strukturen der Schule in Zusammenhang stehen. Sie behindern ebenfalls die Entwicklung sozialer Fähigkeiten in der Klassengemeinschaft, die für das spätere Leben wünschenswert und notwendig wären. Eher kommt es zum Duckmäusertum mit übertriebener Anpassung, mangelnder Eigeninitiative und drohender Vereinsamung.

Als Sozialwesen werden die Schüler heute in den Klassen chronisch frustriert, spüren instinktiv, daß etwas Wesentliches fehlt. Daraus kann sich Schulangst entwickeln, die aber nicht selten hinter Aggressivität verborgen wird. Im schlimmsten Fall beginnt damit eine Entwicklung in die Asozialität mit Arzneimittel-, Drogensucht und Kriminalität.

Auch die individuelle Förderung der einzelnen Schüler wird von der Schule nur unzulänglich wahrgenommen. Die Lehrpläne sind heute so randvoll mit Stoff, der am Ende des Jahres durchgearbeitet sein muß, daß man keine Rücksicht darauf nehmen kann, ob er dem einzelnen Schüler überhaupt liegt. Das mag in den unteren Klassen noch zu rechtfertigen sein, denn Lesen, Schreiben und Rechnen gehören zu den selbstverständlichen Fertigkeiten, die in unserer Gesellschaft jeder durchschnittlich Begabte beherrscht und im täglichen Leben ständig benötigt. Später aber, wenn diese Fähigkeiten „sitzen", versäumt die Schule es, ausreichend auf die individuellen Begabungen und Anlagen der einzelnen Schüler einzugehen. Es ist ja auch schon schwierig genug, den Lehrplan zu erfüllen, da bleibt keine Zeit mehr für die gezielte Einzelförderung. Zwar versuchte man vor geraumer Zeit, den unterschiedlichen Begabungen entgegenzukommen, indem man Wahlfächer einführte, aber das änderte wenig an der Situation. Nicht jeder Schüler findet tatsächlich die Fächer, die ihm persönlich zusagen; außerdem erfolgt die Wahl heute häufig nicht nach den tatsächlichen Neigungen, sondern nach dem späteren beruflichen Nutzen. Somit verpuffte auch dieser Reformansatz wieder.

Schulangst kann sich aus den Zwängen der starren Lehrpläne entwickeln, weil der einzelne Schüler spürt, daß dabei wesentliche Teile seiner Person zu kurz kommen. Und sie kann sich außerdem entwickeln oder verstärken, wenn es in den Fächern, die den individuellen Begabungen und Fähigkeiten nicht entsprechen, zu häufigen Mißerfolgen kommt.

Im Augenblick ist noch keine Schulreform in Sicht, die diese Misere beseitigen könnte. Sie darf auch kaum erwartet werden, solange die Schule den Schwerpunkt der Erziehung auf „Bildung" im Sinne möglichst umfangreicher Wissensvermittlung legt, anstatt die Kinder individuell ganzheitlich zu fördern. Das ließe sich nur nach einer Reform der Lehrpläne und der Lehrerausbildung erreichen und erforderte auch – trotz sinkender Schülerzahlen – mehr Pädagogen. In Zeiten leerer Kassen muß das wohl noch lange ein Traum bleiben, der nur an wenigen Privatschulen realisiert wird. Diese bleiben einer verschwindenden Minderheit vorbehalten und bilden Eliten heran, deren Kinder meist ebenfalls an solchen Schulen zu Eliten herangezogen werden. Mit der Chancengleichheit, auf die Bildungspolitiker immer wieder gerne hinweisen, hat das nichts zu tun.

Praktisches Lernen und Kreativität werden vernachlässigt

Wir leben in einer Gesellschaft, die maßgeblich geprägt wird durch den naturwissenschaftlich-technischen Fortschritt. Das Wissen auf diesen Gebieten wird immer umfangreicher und unüberschaubarer.

Diese Entwicklung, von der man vor 30 Jahren noch nicht einmal zu träumen gewagt hätte, konnte auch an den Schulen nicht spurlos vorübergehen. Während die Lehrpläne früher viel mehr Zeit ließen, um das geringere Wissen zu erarbeiten und zu festigen, so daß daneben auch noch Raum für die ganzheitliche Erziehung blieb, sind sie heute randvoll angefüllt mit theoretischem Wissen, das innerhalb eines Schuljahrs kaum noch zu bewältigen ist. Viele Schüler halten das Tempo nicht durch und schaffen das Klassenziel allenfalls mit Hilfe von Nachhilfestunden. Man schätzt, daß heute mehr als die Hälfte aller Schüler irgendwann einmal für unterschiedlich lange Zeit Nachhilfeunterricht benötigt; drastischer läßt sich das Versagen der Schule wohl kaum mehr darstellen.

Während die naturwissenschaftlich-theoretischen Fächer immer mehr Raum im Unterricht erfordern, obwohl sie den Anlagen, Begabungen, Fähigkeiten und Neigungen vieler Schüler überhaupt nicht entsprechen, kommt die praktische Intelligenz, vor allem aber auch die Kreativität und Phantasie viel zu kurz. Für solche Fähigkeiten bietet der Unterricht kaum noch Entfaltungsmöglichkeiten. Fächer wie Werken und bildhaftes Gestalten, in denen

entsprechend begabte Schüler sich entwickeln und Erfolgserlebnisse erzielen könnten, stehen nicht sehr hoch im Kurs, weil sie in unserer vorwiegend durch die Naturwissenschaften geprägten Industriekultur wenig gefragt sind. Nicht selten fallen die Unterrichtsstunden dafür zwischendurch aus oder werden zweckentfremdet, um den Lehrplan der anderen Fächer zu erfüllen.
Das liegt freilich nicht allein an den Lehrern und Lehrplänen, auch Schüler und Eltern messen der praktischen Intelligenz und Kreativität viel zu wenig Bedeutung bei. Die Eltern erwarten von der Schule hauptsächlich, daß sie ihre Kinder optimal auf die Anforderungen des späteren Berufslebens vorbereitet, die Schüler stehen unter dem Einfluß ihrer in Zukunftsangst befangenen Eltern und spüren zwar, daß die naturwissenschaftlich-theoretische Ausbildung ihnen nicht in ihrer Ganzheit gerecht wird, beugen sich aber den Zwängen, gegen die Widerstand ohnehin zwecklos wäre.
Offensichtlich bedenken jene, die für die Lehrpläne verantwortlich sind, zu wenig, daß eben nicht jeder Schüler zum Wissenschaftler oder Techniker geboren ist, daß wir überhaupt nicht so viele dieser Fachleute benötigen, wie durch den Unterricht vorbereitet werden. Und sie bedenken wohl noch viel weniger, daß jeder Fortschritt, auch der wissenschaftlich-technische, nicht allein von fundierter Fachausbildung abhängig ist, sondern mindestens ebenso stark von der Kreativität, die uns überhaupt erst befähigt, neue Probleme zu erkennen, unter neuen Aspekten zu betrachten und dann neue Lösungen zu erarbeiten.
Jeder Schüler verfügt – wenn auch in individuell unterschiedlicher Ausprägung – über Kreativität und praktische Intelligenz. Manchen Schülern entspricht der übliche Unterricht weitgehend, sie leiden nicht sonderlich darunter, wenn ihre ohnehin unterentwickelten anderen Fähigkeiten nicht gefördert werden. Für viele bedeutet der einseitige Unterricht aber eine chronische Frustration, weil ausgerechnet ihre Stärken dabei kaum gefragt sind. Sie quälen sich mit theoretischem Lehrstoff, während ihre hohe praktische Intelligenz und Kreativität brachliegen bleibt. Daraus entstehen Schulprobleme, die sich unter anderem durch Angst vor der Schule bemerkbar machen können.
Aber auch zu diesem Problemkreis gibt es bislang keine Schulmodelle, die allen Schülern mehr gerecht werden könnten. Vielleicht verschließen die verantwortlichen Bildungspolitiker ganz einfach die Augen vor der Problematik, deren Lösung eine umfassendere Schulreform erforderte? Vielleicht sind sie aber über dem Glauben an den naturwissenschaftlich-technischen Fortschritt dafür auch blind geworden?

Wo bleibt die Erziehung der Persönlichkeit?

Man könnte es aus den heute gerne gebrauchten ,,Sachzwängen'' erklären, wenn sich die Schule vorwiegend als Bildungsanstalt versteht, die praktisches Lernen und Kreativität vernachlässigt. Dafür ließe sich wohl außerhalb der Schule noch ein Ausgleich schaffen. Aber daß auch die Persönlichkeitsbildung nicht hinreichend gefördert wird, ist ein unverzeihlicher Fehler. Da sitzen Kinder und Jugendliche den halben Tag lang in ihrer Klasse und werden von pädagogisch geschulten Fachleuten mit Wissen „gemästet", von dem sie später oft nur einen kleinen Teil verwerten können. Ihre Persönlichkeit jedoch, deren Ausprägung in dieser Zeit besonders wichtig wäre und die Weichen für das ganze weitere Leben stellen kann, wird sträflich mißachtet. Dabei sollten sich gerade geschulte Pädagogen darum kümmern, weil sie oft besser als die zur Erziehung nicht ausgebildeten Eltern gezielte Förderung bieten und Fehler des Elternhauses ausgleichen könnten. Stattdessen bringen die Schulen vielfach mit Wissensballast vollgestopfte, aber in ihrer Persönlichkeitsentwicklung verkümmerte junge Menschen hervor, die dem Leben kaum gewachsen sind. Die steigende Zahl seelisch kranker Erwachsener erklärt sich nicht zuletzt aus dem Versagen der Schule bei dieser zentralen Erziehungsaufgabe.

Der Mensch kommt zunächst als Individuum zur Welt und entwickelt sich weiter zur Person. Diese zeichnet sich durch ihre Einheit und einmalige Prägung, ihr Ich-Bewußtsein und das Wissen um ihre Stärken und Schwächen gegenüber dem bloßen Individuum aus. Die höchste Entwicklungsstufe, die keineswegs jeder Mensch erreicht, bildet die Persönlichkeit.

Der Begriff der Persönlichkeit läßt sich nicht allgemeinverbindlich definieren. Am besten wird man ihr gerecht, wenn man sie als eine sehr beständige Organisation körperlicher, geistiger und seelischer Merkmale versteht, die Denken, Fühlen und Verhalten eines Menschen bestimmt. Hinzu kommt noch die Art, wie eine Persönlichkeit ihre Rollen in der Gesellschaft spielt und dadurch bei anderen Eindrücke hinterläßt. Nicht verwechseln darf man Persönlichkeit mit dem Charakter; diesen hat man von Geburt an, zur Persönlichkeit muß man erst heranreifen.

Natürlich kann die Erziehung aus Kindern und Jugendlichen noch keine fertigen Persönlichkeiten schaffen, dazu wäre es in der Regel noch viel zu früh. (Es gibt heute allerdings eine wachsende Zahl junger Menschen, die schon vorzeitig ihre Entwicklung abschließen, ihr ganzes weiteres Leben detailliert geplant und abgesichert haben und sich kaum noch verändern; als Persönlichkeiten kann man sie freilich nicht betrachten, ihre zu frühe übermäßige Anpassung bedeutet Stillstand auf einer tieferen Stufe.) Die Erziehung kann und muß aber versuchen, den Grundstein für die Entwicklung zur Persönlichkeit zu legen und sie in die richtigen, den individuellen Anlagen entsprechenden Bahnen zu lenken. Das geschieht an den Schulen in der Regel nicht. Sicher prägt der Unterricht neben der bloßen Wissensvermittlung zwangsläufig auch die Persönlichkeit mit, aber das erfolgt eher nebenbei, nicht individuell auf den einzelnen Schüler zugeschnitten, weil dafür überhaupt keine Zeit bleibt. So liegt die Last der gezielten Persönlichkeitsentwicklung fast ausschließlich bei den Eltern, die dadurch oft genug überfordert werden. Auch für dieses Schulproblem, das mit zur Schulangst beitragen kann, sind bisher noch keine praktikablen Lösungsvorschläge in Sicht. Die Angst, die dadurch entstehen kann, erklärt sich aus dem instinktiven Gefühl des Schülers, daß er von der Schule nicht als Ganzheit angenommen wird. Das verunsichert, begünstigt Hemmungen, Minderwertigkeitsgefühle, Ängste und Depressionen. Im Grunde ist es ja auch verständlich, daß die Schule nicht gerade danach strebt, den Schüler als Individuum zu fördern. Der gut an die eingefahrenen Strukturen angepaßte Schüler ist viel ,,pflegeleichter'' als der eigenwillige, der sich selbst zu verwirklichen sucht und dabei zwangsläufig aneckt und ,,stört''. Aber nach bald 40 Jahren Demokratie sollten derartige Überlegungen eigentlich der Vergangenheit angehören.

Andere Fehler des Schulsystems

Es würde den Rahmen dieses Buches bei weitem übersteigen, sollten hier alle Fehler des Schulsystems aufgelistet werden, die mit zur Schulangst und anderen Schulproblemen führen können. Maßgeblich hängt das auch immer mit davon ab, wie der Schüler individuell darauf reagiert und ob das Elternhaus durch richtige Erziehung einen Ausgleich schaffen kann.
Einer der wichtigen Fehler besteht heute darin, daß der Klassenlehrer im traditionellen Sinn immer mehr durch viele Spezialisten verdrängt wird. Formal gibt es ihn zwar noch, aber er verbringt nicht mehr genügend Zeit in seiner Klasse, um mit den Schülern ein festes Vertrauensverhältnis aufzubauen, ihnen Vorbild und Integrationsfigur zu sein und Geborgenheit zu vermitteln. Der immer umfangreichere Lehrstoff erfordert immer mehr Fachlehrer, die oft nur ein oder zwei Stunden pro Woche in einer Klasse verbringen, ihren Lehrplan erfüllen, aber von der Persönlichkeit der einzelnen Schüler keinen ganzheitlichen Eindruck mehr gewinnen können und deshalb auch kaum in der Lage sind, individuell auf sie einzugehen. Gerade in den höheren Klassen, wenn die Persönlichkeitsbildung besonderer Förderung bedürfte, nimmt diese Spezialisierung der Lehrer noch zu. Der Schüler bleibt deshalb mit seinen Problemen, Konflikten und Ängsten weitgehend auf sich allein gestellt, fühlt sich nicht mehr angenommen und geborgen und leidet erheblich unter dieser Frustration.
Freilich darf man diesen Hang zur Spezialisierung nicht der Schule anlasten, sie spiegelt nur die gesellschaftlichen Verhältnisse wieder. Auch in vielen anderen Bereichen des modernen Alltags, vor allem natürlich im Berufsleben, nehmen die Spezialisten überhand und treiben den Menschen in die Entfremdung, die meist mit Angst und Depressionen einhergeht, die sich zum Teil hinter Aggressivität verbirgt.
Ein weiteres Problem der heutigen Schule, das hauptsächlich Schüler mit bereits bestehenden Angst- und Streßsymptomen betrifft, sind die starren Organisationsformen des Unterrichts. Ein Schüler, der sich zum Beispiel

wegen seiner Ängste vorübergehend nicht in der Lage sieht, dem gesamten Unterricht beizuwohnen, hat keine Chance, sich diesen Zwängen legal zu entziehen. Er muß entweder eine körperliche Krankheit vortäuschen und am Unterricht überhaupt nicht mehr teilnehmen oder die Schule schwänzen. Zwingt er sich aus Angst vor dem Unterrichtsausfall zum Schulbesuch, geht er das Risiko schlechter Zensuren ein, weil er sich trotz Angst nicht von der Teilnahme an Klassenarbeiten für einige Zeit befreien lassen kann.

Sollen die Schüler zukünftig also selbst bestimmen, ob und wann sie am Unterricht und an den Klassenarbeiten teilnehmen? Muß das nicht als völlig weltfremde Forderung erscheinen, die sich praktisch nicht realisieren läßt? Gewiß kann niemand ernsthaft vorschlagen, daß die Schule zum „Selbstbedienungsladen" wird, in dem jeder Schüler die Fächer auswählt, die ihm zusagen, und andere, ebenso wichtige, aber unbeliebte gemieden werden. Das führte zu einer unzulänglichen Grundausbildung und später im Leben, das auf die persönlichen Bedürfnisse ja auch nicht immer Rücksicht nimmt, zu erheblichen Anpassungsschwierigkeiten. Aber den Schülern, die unter der Schule leiden, durch sie erst krank gemacht wurden, kann und muß auf diese Weise vorübergehende Entlastung gewährt werden, damit sie sich wieder stabilisieren können, ohne gleich ganz dem Unterricht fernbleiben zu müssen. Das setzte jedoch eine grundlegende Änderung der Vorstellungen von einem „geregelten Unterricht" voraus; die heute gültigen mögen bequem und bewährt sein, aber sie lassen solchen individuellen Freiräumen keine Chance.

Schließlich darf auch nicht verschwiegen werden, daß der Schulunterricht auf das spätere Leben keineswegs so gut vorbereitet, wie oft behauptet wird, obwohl der Lehrstoff an Umfang immer mehr zunimmt. Die Universitäten beklagen, daß die Abiturienten nicht gelernt haben, selbständig und zielstrebig zu arbeiten, die Ausbildungsbetriebe erleben immer wieder, daß selbst das Abitur noch lange keine Gewähr dafür bietet, daß die kulturellen Grundfertigkeiten Schreiben und Rechnen zufriedenstellend beherrscht werden. Offensichtlich wird infolge der Überfülle an Lehrstoff versäumt, diese praktischen Fähigkeiten immer wieder zu trainieren. Berufsschulen und Universitäten können nicht nachholen, was die Schulen nicht schafften, ihre Lehrpläne sehen andere Ziele vor. Somit ist das Gefühl der Schüler höherer Klassen, nur unzulänglich auf die Anforderungen des späteren Lebens vorbereitet zu werden, auch aus dieser Sicht allzu oft berechtigt, die Angst vor der Zukunft noch besser verständlich.

Unser Schulsystem weist also eine Reihe gravierender Fehler auf, die sich schon an der Schule, mehr aber noch im späteren Leben ungünstig auswirken. Sie können nicht durch einzelne kleine Reformen in Teilbereichen beseitigt werden, wie sie immer wieder einmal vorgenommen werden und die Schüler samt Eltern und Lehrern nur unnötig verunsichern, sondern nur durch eine umfassende, mutige Reform des gesamten Schulsystems. Dazu scheint es bislang den Verantwortlichen aber an Einsicht und Weitsicht zu fehlen. Auf einen einfachen Nenner gebracht muß unser Schulsystem wieder human und persönlich werden, damit die Schüler sich darin angstfrei ganzheitlich verwirklichen können und zu lebenstüchtigen, selbstsicheren, zur Lebensfreude wie zum unausweichlichen Leid fähigen Menschen heranwachsen.

„Ich habe Null Bock auf nichts"
– Zukunftsangst und Verweigerung als Folgen der sozialen Verhältnisse –

Der nostalgische Blick zurück in die angeblich so gute alte Zeit, der heute modern geworden ist, hilft uns nicht weiter. Das Rad der Geschichte läßt sich nicht einfach zurückdrehen. Wir müssen lernen, mit den Problemen unserer modernen Industriegesellschaft zu leben, sie zu ertragen und zu lösen. Auch in der Vergangenheit war das Leben keineswegs so problem- und konfliktfrei, wie man heute oft meint, die Schwierigkeiten waren nur anderer Art, menschlicher und deshalb besser zu lösen.

Die Probleme unserer Zeit treffen vor allem die jungen Menschen sehr hart. Deshalb erleben wir heute immer häufiger zwei extreme Reaktionen, die totale Verweigerung, unter dem Schlagwort „Null Bock" bekannt geworden, und die völlige Anpassung an die gesellschaftlichen Verhältnisse einschließlich aller Mißstände. Beides schadet den Jugendlichen selbst, behindert aber auch die notwendigen sozialen Veränderungen.

Ehe wir auf die verschiedenen gesellschaftlichen Probleme näher eingehen, soll zunächst wieder ein Fall aus der Praxis die Schwierigkeiten der jungen Menschen verdeutlichen.

Fall 6:
Thomas legte es bei der ersten Konsultation offenbar ganz bewußt auf Provokation und Konfrontation an. Der 16jährige Junge kam breitspurig ins Sprechzimmer, flegelte sich in den Stuhl, legte die Füße auf den Schreibtisch und verkündete lautstark, daß er von dem „ganzen Psycho-Scheiß" nichts hielte und nur gekommen sei, um „Zoff mit seinen Alten" zu vermeiden, die ihm sonst die „Knete" gesperrt hätten. Dann holte er aus einer Tasche die Kopfhörer seines Walkmans und setzte sie auf, aus der anderen Tasche eine Schachtel Zigaretten, zündete sich eine an, warf das Streichholz auf den Boden und begann, im Takt der heißen Musik mit den Füßen zu wippen. Ab und zu warf er einen verstohlenen Blick auf den Schreibtisch.
So vergingen einige Minuten in Schweigen; dann kam es ihm aber wohl doch etwas unheimlich vor. Er stand auf, drückte die Zigarette in einem Blumentopf aus, nahm die Kopfhörer ab, stellte sich breitbeinig, die Finger in den Gürtelschlaufen, vor den Schreibtisch und fragte: „He, Macker, was ist nun mit dem Psychotrip?"

Zunächst machte ich ihm klar, daß wir nur gemeinsam therapeutisch arbeiten könnten, wenn auch er dazu bereit sei und sich an einige Spielregeln hielte. Diese unerwartete Sachlichkeit nahm ihm viel Wind aus den Segeln. Von zu Hause war er gewöhnt, daß dieses Verhalten immer zu Streit führte, deshalb war diese Erfahrung völlig neu für ihn. Niemand nörgelte an ihm herum, an niemandem konnte er sich reiben – das verunsicherte ihn derart, daß er sich ganz manierlich hinsetzte und sogar freiwillig begann, von sich zu erzählen.

Seine Eltern, die beide in meiner Behandlung standen, waren kreuzbrave, biedere Leute. Sie hatten ihrem intelligenten Sohn unter persönlichen Entbehrungen den Besuch des Gymnasiums ermöglicht und waren nun von seinem „Undank" und der Absicht, von der Schule zu gehen, tief enttäuscht. Ein Doktor in der Familie, das erschien ihnen als die Krönung ihres Lebens. Wie viele Eltern versäumten sie dabei aber, sich rechtzeitig um die Wünsche ihres Sohnes zu kümmern. Das wäre allerdings auch sehr schwer gewesen, denn er hatte selbst noch keine Vorstellung von seiner Zukunft. Eines wußte er aber ganz genau: Er wollte niemals so wie seine Eltern leben, ein Leben lang schuften, sich keinen Urlaub gönnen, in der Freizeit im kleinen Garten Obst und Gemüse anbauen und – wie sein Vater – einmal wöchentlich am Freitag zum Stammtisch gehen, um bei Bier und Korn die Probleme des Alltags zu vergessen.

Schon in der ersten langen Sitzung fanden wir spontan heraus, daß hinter Thomas Verhalten eine tiefe Angst stand. „Ich habe eine Scheiß-Angst vor dem, was kommen wird," gestand der Junge leise, nachdem er erst einmal etwas Vertrauen gefaßt hatte.

Hinter dieser Angst, die er bisher kaum vor sich selbst, geschweige denn vor anderen zugegeben hatte, verbarg sich ein ganzes Bündel negativer Vorstellungen. Zum Teil rührten sie von der Sorge seiner Eltern um seine Zukunft her, mit der er von frühster Kindheit an immer wieder konfrontiert wurde, teils stammte sie von dem Weltbild, das er sich im Lauf der Zeit zusammengezimmert hatte. Für Thomas stand fest, daß die Menschheit sich bald selbst vernichten würde, entweder durch einen Atomkrieg oder durch die Umweltverschmutzung. Daran gab er der Generation seiner Eltern und Lehrer die Schuld. Anstatt aber zu versuchen, später einmal alles besser zu machen und die von ihm befürchtete Katastrophe vielleicht noch abzuwenden, floh er – wie viele seiner Altersgenossen – in die Verweigerung und Resignation.

Solche Ängste und negativen Erwartungen lassen sich durch Appelle an den Verstand nicht verändern, da sie aus den Tiefen des Unbewußten stammen. Außerdem ist ihnen heute eine gewisse Berechtigung nicht abzusprechen. Unsere Welt befindet sich tatsächlich in einer Krise, die schlimmstenfalls mit der Vernichtung großer Teile der Menschheit enden kann. Junge Menschen am Anfang des Erwachsenenlebens, für die vieles noch neu ist, was wir als

selbstverständlich hinnehmen, haben für diese Gefahren meist ein viel besseres Gespür als Erwachsene und leiden deshalb auch ungleich stärker unter der Zukunftsangst. ,,Wenn wir ohnehin in eine solche Katastrophe hineinschlittern, weil ihr so viel Scheiß gebaut habt, wozu soll ich denn dann noch lernen und mich auf das Leben vorbereiten?" fragte sich Thomas laut.
Das Ziel der Therapie konnte nur darin bestehen, ihm trotz aller negativen Einstellungen einen Lebenssinn aufzuzeigen und ihn dadurch zu befähigen, mit seinen Ängsten zu leben. Dabei hilft die Logotherapie, eine neue psychotherapeutische Behandlungsmethode, die dem heutigen Menschen besonders entgegenkommt.
Anfangs arbeitete Thomas nur widerwillig mit. ,,Ich habe keinen Bock darauf, mich auch noch in eure Gesellschaft einzufügen – ich habe überhaupt Null Bock darauf, überhaupt noch etwas zu tun." Aber Thomas verstand bald, daß es bei der Logotherapie nicht darum ging, ihn den Verhältnissen anzupassen, sondern ihm seinen ganz persönlichen Lebenssinn zu vermitteln. Als er das verstand, war er mit Feuer und Flamme bei der Sache. Allein die Suche nach Sinn war für ihn vorläufig schon selbst zum Sinn geworden. Er entwickelte bald Zukunftspläne, in denen er die Gesellschaft von Grund auf umkrempelte und alles besser machte. Über dieser Begeisterung vergaß er seine Angst, die sich vorher hauptsächlich auf die Schule konzentriert hatte, und sah sogar spontan ein, daß eine gute Schulbildung der Verwirklichung seiner Absichten nicht schaden konnte. Deshalb begann er auch wieder, im Unterricht mitzuarbeiten.
Die Angst vor der Zukunft, die tief in Thomas steckte und sich zum Teil mit aus dem Gefühl der Ohnmacht erklärte, ließ sich im Rahmen der Therapie nicht beseitigen – aber das lag auch nicht in unserer Absicht. Der Junge lernte aber, mit dieser Angst zu leben, dem Leben trotz dieser Angst einen Sinn zu geben, selbst wenn es ,,nur noch bis morgen dauert", wie er zum Abschluß sagte. Er ist ernster geworden, hat das früher bevorzugte Wort ,,Scheiß" ganz aus seinem Sprachschatz verbannt und sein flegelhaftes Verhalten abgelegt. Nur mit seinen Eltern kommt er nach wie vor nicht zurecht. Ihre chronische Besorgtheit und ihr ,,Ameisenfleiß" gehen ihm ebenso wie ihre Ängste und negativen Lebenseinstellungen nach wie vor ,,auf den Geist". Aber da sie jetzt mit ihm zufrieden sind und ihm keine Vorwürfe mehr wegen der schlechten Schulleistungen machen, hat sich Thomas arrangiert und lebt neben ihnen her. Vielleicht wird er irgendwann auch noch in der Lage sein, die Eltern besser zu verstehen und ohne Groll mit ihnen umzugehen, aber das erfordert noch einen längeren Reifeprozeß.
So wie Thomas leiden heute viele junge Menschen an unserer Gesellschaft und übertragen alle ihre Ängste auf die Schule, in der sie mit der Gesellschaft ja ständig konfrontiert werden. Da ihre Sorgen nicht zu zerstreuen sind, kann die Psychotherapie nicht heilen, sondern lediglich zum sinnvollen Leben mit der Angst anleiten. In der Praxis ist es natürlich unmöglich, die sozialen Ver-

hältnisse direkt zu verändern. Aber je mehr junge Menschen in der Lage sind, sich trotz ihrer Ängste und aller Probleme der modernen Industriegesellschaft zu behaupten, desto günstiger stehen die Chancen, daß sie später als Erwachsene an der sinnvollen Änderung der Gesellschaft mitarbeiten, so daß sie schließlich wieder humaner wird. Langfristig gesehen trägt die Psychotherapie indirekt also doch mit dazu bei, die Ursachen der Ängste zu beseitigen.

Unsere Gesellschaft im Umbruch
Die tiefgreifenden Veränderungen unserer Gesellschaft lassen sich historisch bis zur Französischen Revolution und die Zeit der Aufklärung zurückführen. Damals wurden die ersten Grundsteine für den sozialen Wandel gelegt.

Der eigentliche Umbruch begann dann im ersten Drittel des 19. Jahrhunderts mit der industriellen Revolution, die hauptsächlich von England ausging. Industrialisierung und Technisierung der Arbeitswelt führten dazu, daß die traditionellen dörflich-bäuerlichen Lebensgemeinschaften zerschlagen wurden. Immer mehr Menschen zogen in die Städte, wo sie Brot und Arbeit in den Fabriken fanden, die wie Pilze aus dem Boden schossen.

Mit dieser Flucht in die Städte, die eine neue Zukunft boten, ging die Großfamilie mit mehreren Generationen unter einem Dach zu Ende. Die räumliche Enge in den Städten schränkte den Wohnraum der einzelnen Familien derart ein, daß nur noch die Kleinfamilie zusammenleben konnte. Damit begann die Entfremdung zwischen den Generationen, die einander heute oft feindselig oder zumindest verständnislos gegenübertreten. Die Erfahrungen und das Vorbild der Alten waren nicht mehr gefragt, konnten auch nicht mehr viel zur Bewältigung der Konflikte und Probleme in der modernen Industriegesellschaft beitragen. So entstand ein seelisch-geistiges Vakuum, das besonders junge Menschen tief verunsicherte.

Der Umbruch der Gesellschaft war damit aber noch lange nicht zu Ende. Zwei Weltkriege trugen viel dazu bei, daß die traditionellen Lebensstrukturen noch weiter zerstört wurden. Und nach dem Zweiten Weltkrieg kamen noch weitere tiefgreifende Veränderungen hinzu. Die Aufbaujahre danach einten die Menschen zunächst noch, führten trotz aller Belastungen zum Gefühl der Geborgenheit in unserer Gesellschaft, wie man es heute nicht mehr findet. Aber dieser Zusammenhalt brach in den späten 50er und 60er Jahren, als es uns besser ging, vollends zusammen. Der wachsende Massenwohlstand begünstigte Egoismus und soziale Isolierung, die letzten Wertvorstellungen, die alt und jung noch verbanden, gerieten ins Wanken, ohne daß neue Werte das Bedürfnis nach Orientierung befriedigen konnten. Ende der 60er Jahre kam dann die Studentenrevolte hinzu, Anfang der 70er Jahre erschütterte die erste Energiekrise das Vertrauen in das grenzenlose Wirtschaftswachstum und die Emanzipationsbewegung der Frau zerstörte das traditionelle Rollenbild von Mann und Frau. Schließlich trat im Verlauf der 70er Jahre bis heute vermehrt das Mißtrauen gegen Naturwissenschaft und Technik mit all ihren Problemen für die Umwelt, die Wirtschaftskrise und Massenarbeitslosigkeit auf, die unsere Gesellschaft erschütterten und verunsicherten.

Alle diese sozialen Phänomene kennzeichnen die nachindustrielle Gesellschaft, die sich im Umbruch befindet. So wie bisher wird es bestimmt nicht mehr weitergehen – aber wie es weitergeht, läßt sich heute noch nicht absehen. Die Schwierigkeiten erscheinen vielen fast zu groß, als daß sie noch rechtzeitig gelöst werden könnten. Vor allem junge Menschen zweifeln auch am Willen und an der Fähigkeit der Erwachsenen, die Krise zu überwinden. Verübeln kann man ihnen das kaum, denn bisher gibt es für die drängendsten Fragen des Umweltschutzes, der Friedenssicherung und Beseitigung der Arbeitslosigkeit erst Ansätze, die zum Teil eher wie hilfloses Flickwerk anmuten. Ob es gelingen wird, die notwendigen großen Lösungen zu finden und unsere Gesellschaft mit neuen, klaren Konzepten ins 3. Jahrtausend zu führen, glauben heute viele Menschen (nicht nur junge) schon nicht mehr so recht.

Die Angst vor der Zukunft in einer Gesellschaft, deren Konturen heute noch nicht zu erkennen sind, kann den jungen Menschen niemand nehmen. Die Aufgabe der Erziehung besteht hauptsächlich darin, in ihnen das Gefühl der Mitverantwortung für die weitere gesellschaftliche Entwicklung zu wecken, damit sie dann als Erwachsene die Aufgaben erkennen und an ihrer Lösung mitarbeiten. Auf diese Weise erfahren die jungen Leute auch frühzeitig, daß sie der weiteren Entwicklung in unserer Gesellschaft keineswegs hilflos ausgeliefert sind, sondern mit an der Weichenstellung in die Zukunft arbeiten können. Das vermindert ihre Ängste und erhöht die Motivation zur schulischen Leistung, weil diese wichtige Voraussetzungen für die Bewältigung dieser Aufgaben schafft.

Wie wenig Elternhaus und Schule bislang dieser Aufgabe gerecht werden, erkennt man unter anderem an der Zahl jugendlicher Aussteiger, die ,,Null Bock auf nichts'' haben, aber auch an den vielen übermäßig angepaßten jungen Menschen, denen Unauffälligkeit und Sicherheit möglichst bis zur Pensionierung über alles zu gehen scheinen. Beide werden später kaum in der Lage sein, die anstehenden drängenden Probleme der Industriegesellschaft mutig, zielstrebig und kreativ zu lösen.

Die ,,verlorene Generation'' -
Jugend ohne Vorbilder und Ideale?

Eines der zentralen Probleme unserer Gesellschaft besteht darin, daß ihre traditionellen Strukturen größtenteils zerbrachen, aber noch nicht durch befriedigende neue Strukturen ersetzt wurden. Deshalb mangelt es an

Die „verlorene Generation" – Jugend ohne Vorbilder und Ideale?

klaren Leitbildern, Idealen und Wertvorstellungen, die gerade junge Menschen (aber nicht nur sie) zur Orientierung benötigen. Die Generation, die jetzt heranwächst, fühlt sich daher in einer Gemeinschaft, die ihr keine Geborgenheit und keine Ideale mehr bieten kann, verloren und im Stich gelassen.

Werte gibt es zwar auch heute noch, aber sie sind vorwiegend käuflich und können den Idealismus junger Menschen nicht befriedigen. Aber da sie oft von früher Kindheit an den materiellen Überfluß kennen und miterleben, wie ihre Eltern nach materiellen Werten streben, neigen sie dazu, sich damit resignierend zufrieden zu geben. Das führt dann zur Entfremdung von sich selbst und von der Mitwelt mit sozialer Vereinsamung, Angst und Depressionen.

Viele Eltern, die selbst in den materiellen Wertvorstellungen befangen sind, bieten den Jugendlichen nicht das Vorbild, das sie dringend benötigten. Um so mehr ist die Schule mit ihren pädagogischen Fachleuten gefordert, neue Ideale und Werte zu vermitteln. Aber dieser Aufgabe kommt sie kaum nach, spiegelt vielmehr die gesellschaftliche Realität wider und verfehlt dadurch einen wichtigen Teil der Erziehungsaufgabe. Das macht verständlich, weshalb der Schüler sich enttäuscht abwendet und verweigert oder eben den Mißständen übermäßig anpaßt.

Dabei gibt es heute immer noch genügend Ideale und Wertvorstellungen, die jungen Menschen durch die Schule vermittelt werden könnten. In erster Linie sollten sie im Unterricht an Inhalte herangeführt werden, die unsere sozialen Probleme lösen helfen. Aber das setzt ganzheitliche Erziehung voraus, nicht nur die bloße Vermittlung von Wissen. Zwar gehört auch das zu den Werten einer Gesellschaft, allein bleibt es jedoch unbefriedigend. Vor allem müßten wir wieder zu Werten wie Menschlichkeit, Gerechtigkeit und Friedensbereitschaft zurückfinden, die heute viel an Bedeutung verloren haben, obwohl alle Welt davon redet. Sie stehen untrennbar mit der Entwicklung der Persönlichkeit in Beziehung.

Natürlich muß neben der Schule nach wie vor auch das Elternhaus Vorbild sein, Ideale und Werte vermitteln, die weit über die Versorgung mit materiellen Werten hinausgehen. Das erfordert zunächst die Abkehr vom krassen Konsum- und Konkurrenzdenken, das heute die zwischenmenschlichen Beziehungen unnötig belastet und erschwert.

Wenn Schule und Elternhaus zusammenarbeiten, um Kindern die positiven Vorbilder, Ideale und Wertvorstellungen zu vermitteln, die für ihre Reifung zur Persönlichkeit notwendig sind, wird der Angst eine wichtige Grundlage entzogen. Davon profitieren letztlich wir alle, weil sich daraus auch neue Ansätze zur Lösung der Probleme unserer Gesellschaft ergeben. Wird diese Aufgabe weiterhin wie bisher vernachlässigt, dürfen wir uns nicht wundern, wenn die jungen Menschen später die gleichen Fehler wie wir begehen und die Menschheit noch schneller in eine Katastrophe treiben.

Begründete und neurotische Zukunftsängste

Weiter vorne führten wir bereits aus, daß es zwei Arten von Ängsten gibt – die begründete, von anderen ohne weiteres nachvollziehbare, konkrete Furcht und die gegenstandslose Angst. Heute gibt es eine ganze Reihe von konkreten Ängsten, die leider nur allzu begründet sind. Dazu gehören vor allem Angst vor der Arbeitslosigkeit und materiellen Verarmung, vor dem Terror, Kriegen und der Zerstörung unserer Umwelt. Diese Angstfaktoren dürfen vor Kindern nicht verschwiegen oder verharmlost werden, sonst gewinnen sie ein völlig falsches Weltbild und sind später nicht in der Lage, etwas gegen diese Risiken zu unternehmen. So schwer derartige Angstvorstellungen auch bedrücken und belasten, wir können und müssen mit ihnen leben. Sie gehörten schon immer zur menschlichen Existenz und sind sogar nützlich, wenn sie dazu anregen, die angsteinflößenden Ursachen anzunehmen und möglichst vollständig zu beseitigen.

Ganz anders verhält es sich mit den neurotischen Zukunftsängsten, die heute weit verbreitet sind. Sie dienen keinem Zweck, tragen nichts dazu bei, die Angstfaktoren zu beseitigen. Hinter ihnen stehen nämlich keine konkreten Ursachen, sie entstehen in uns selbst als negative Vorstellungen und Erwartungen, die wir entweder selbständig entwickelt haben oder die uns von außen eingeflößt wurden.

Die neurotischen Zukunftsängste vieler junger Menschen stehen oftmals mit dem Einfluß ihrer Eltern in Beziehung. Diese leiden wie wir alle mehr oder minder stark unter konkreter Furcht, mit der sie aber fertig werden können. Dann besteht auch kaum Gefahr, daß sie diese Ängste auf die Kinder übertragen. Versuchen sie aber, die Furcht zu verdrängen, dann kehrt sie in verschleierter Form zurück und wirkt sich, ohne daß es bewußt wird, auf den Erziehungsstil aus. Einfacher gesagt: Verdrängte Ängste der Eltern werden verschleiert auf die Kinder übertragen und erzeugen auch bei ihnen Angst, die offen oder hinter unklaren Symptomen zum Ausdruck kommt.

Neurotische Zukunftsängste bei Kindern und Jugendlichen entwickeln sich zum Teil aber auch ohne verdrängte Ängste der Eltern. Dann stellt man oft einen Erziehungsstil fest, der zu viel kritisiert und entmutigt, zu wenig Lob kennt und das Kind dadurch frühzeitig tief verunsichert. Es muß schließlich den Eindruck gewinnen, daß es dem späteren Leben nicht gewachsen sein wird, eine negative Erwartung, die vielleicht ein Leben lang nicht mehr überwunden werden kann.

Schließlich muß auch noch die Schule selbst als Quelle neurotischer Zukunftsängste berücksichtigt werden. Hier ist es vor allem der starre Unterricht, der Kinder zum Lernen von Lehrstoff zwingt, der ihren Anlagen, Neigungen und Interessen nicht entspricht und deshalb häufig zu Mißerfolgen führt.

Während bei der „normalen" Angst meist eine ermutigende, aufbauende und fördernde Erziehung genügt, um die Zukunft nicht im allzu düsteren

Licht erscheinen zu lassen, hilft bei neurotischen Zukunftsängsten oft nur die fachmännische Psychotherapie. Sie muß so früh wie möglich eingeleitet werden, ehe sich die Angst verfestigt hat, gleichsam zum Bestandteil der Persönlichkeit geworden ist, sonst kann sie nur schwer wieder vollständig beseitigt werden.

Verweigerung oder Überanpassung – beides erzeugt Angst

Wer kennt sie nicht, die netten jungen Leute, stets nach der neuesten Mode gekleidet, stets scheinbar guter Laune und optimistisch, stets von unverbindlicher Freundlichkeit gegenüber jedermann – eigentlich das Wunschbild aller Eltern. Aber irgendwie wirken sie alle uniformiert mit ihren Verhaltensformen und Zukunftsvorstellungen. Das verwundert auch nicht weiter, denn sie alle haben sich übertrieben angepaßt. Keiner fällt auf, keiner leistet sich den Luxus eigener Gedanken (oder drückt sie zumindest nicht aus). Ihr Leben erscheint geradlinig vorgezeichnet, von der Ausbildung oder dem Studium bis hin zur Pensionierung.

Wie anders wirken die jungen Aussteiger auf ihre Mitwelt, die scheinbar nichts anderes im Kopf haben, als andere zu schockieren. Sie tragen die unmöglichsten Kleidungsstücke, scheren sich nicht um die gängige Mode, färben ihr Haar in bunten Farben oder schneiden sich gar eine Halbglatze, flegeln nur so herum und pöbeln die Leute an. Von ihrer Zukunft haben sie keine Vorstellungen, leben einfach in den Tag hinein, schwänzen die Schule, rauchen und trinken Alkohol und stehen im Verdacht, Drogen einzunehmen, alten Frauen die Handtaschen zu entreißen und überhaupt zu nichts zu taugen.

Diesen beiden extremen Typen begegnen wir heute unter jungen Menschen immer häufiger. Im ersten Fall spricht man von Überanpassung an unsere Gesellschaft, ihre Normen und Regeln, im zweiten Fall von Verweigerung. Beides schadet der Entwicklung der betroffenen jungen Menschen, begünstigt Angstzustände und andere seelische Störungen, auch wenn man ihnen äußerlich davon überhaupt nichts anmerkt.

Daß die Verweigerer unter Angst leiden, kann man ja noch verstehen, denn sie scheinen sich durch ihr Verhalten von vornherein alle Zukunftschancen zu verbauen. Aber dieses Verhalten kaschiert in Wirklichkeit nur diese Angst und soll gleichzeitig zum Ausdruck bringen, daß sie keinen Wert auf die Anerkennung durch die Gesellschaft legen. Dadurch gelingt es ihnen aber nicht, sich selbst zu verwirklichen (wie sie meinen), denn das setzte gerade voraus, daß man seine Anlagen und Fähigkeiten nicht egoistisch und rücksichtslos durchsetzt, sondern sie auch in den Dienst der Gemeinschaft stellt. Genau das scheint den Jugendlichen aber gleichgültig zu sein, sie leben nur für sich. Immerhin ersparen sie sich dadurch die Frustrationen der Ablehnung durch unsere Gesellschaft, nach der sie von vornherein nicht streben.

Schwer fällt es zu begreifen, weshalb auch die übermäßig gut angepaßten jungen Menschen seelisch krank werden. Sie leben doch im Einklang mit der Gesellschaft, geben ihren Forderungen sogar noch weiter nach, als erwartet wird, sind für die Mitwelt also sehr angenehm und bequem. Dahinter steht jedoch nicht die positive innere Einstellung zur Gesellschaft, sondern nur die Angst vor Fehlern und Ablehnung. Sie verhindert, daß sie sich im Rahmen der von unserer Gesellschaft vorgegebenen Normen und Regeln selbst frei entfalten. Sie verfehlen somit also den Sinn ihres Lebens, werden unfähig zur Spontanität und tiefer Lebensfreude.

Es nützt jungen Menschen also wenig, wenn sie auf die Gesellschaft pfeifen oder sich ihr bis zur Selbstverleugnung beugen, beides kann aus Angst entstehen, die Angst erst hervorrufen oder verschlimmern. Verhindern läßt sich eine solche Entwicklung durch Erziehung, die einerseits die individuelle Entwicklung fördert, andererseits aber auch die notwendigen Grenzen setzt. Nur unter diesen Voraussetzungen kann der junge Mensch in unsere Gesellschaft hineinwachsen. Elternhaus und Schule haben die Verpflichtung, die ihnen anvertrauten Kinder und Jugendlichen in diesem Sinne zu erziehen, eine Aufgabe, der beide heute oftmals nicht mehr gerecht werden.

Damit kennen wir nun die Hauptursachen der Schulangst, die bei den meisten der Betroffenen eine Rolle spielen. Im allgemeinen wirken immer mehrere dieser Ursachen zusammen, ehe es überhaupt zu Angstzuständen mit ihrem bunten Symptomenbild kommen kann, das wir im nächsten Kapitel vorstellen werden. Es sei nochmals wiederholt, daß die Schulangst keineswegs immer durch die Schule selbst verursacht werden muß; oft spielen Elternhaus und soziale Einflüsse eine viel wichtigere Rolle. Aber da die Schule neben der Familie das zweite große Betätigungsfeld junger Menschen bildet, wirkt sich die Angst unabhängig von ihren Ursachen häufig bevorzugt in der Schule aus.

Das Krankheitsbild der Schulangst

Angst kann zu zahlreichen Symptomen führen, die körperliche, seelisch- geistige Funktionen und auch das Verhalten betreffen. Dabei kommt es zu einem bunten, unklaren Symptomenbild, hinter dem die Angst oft überhaupt nicht erkennbar ist. Deshalb werden Eltern und Lehrer häufig lange Zeit getäuscht und reagieren vielleicht falsch. Aber auch dem Fachmann fällt es nicht immer leicht, die Schulangst auf Anhieb zu erkennen.

Die folgenden Kapitel stellen die wichtigsten und häufigsten Symptome der Schulangst vor und sollen so helfen, hinter den unklaren Beschwerden die Ängste zu erkennen, damit rasch und gezielt geholfen werden kann. Im Interesse der Übersichtlichkeit wurden die Symptome nach Körper, Seelenleben und Verhalten unterteilt. Tatsächlich lassen sie sich aber nicht isoliert voneinander betrachten; Körper und Seelenleben bilden eine Einheit, ihre Reaktionen beeinflussen sich gegenseitig. Aber bei Berücksichtigung dieses Wechselspiels wäre die Beschreibung der Symptomatik zu unübersichtlich ausgefallen.

Folgen für die körperliche Gesundheit

Die körperlichen Symptome der Angst entstehen hauptsächlich über das vegetative, unserem Willen nicht unterstehende Nervensystem, das automatisch zahlreiche Körperfunktionen steuert. Es stellt gewissermaßen das Bindeglied zwischen Körper und Seelenleben dar. Ferner spielen auch noch verschiedene Hormone eine Rolle, vor allem das „Notstandshormon" Adrenalin aus den Nebennieren. Die Systeme der Hormondrüsen und vegetativen Nerven stehen im Gehirn miteinander in enger Wechselbeziehung.

Anfangs wirkt sich die Schulangst hauptsächlich mit Funktionsstörungen innerer Organe aus, ohne daß bereits eine körperliche Krankheit vorliegt. Unbehandelt führen diese zwar unangenehmen, aber doch noch relativ harmlosen Störungen dann aber oft zu echten Krankheiten, weil die betroffenen Organe durch die dauernde Fehlfunktion geschädigt werden. Deshalb dürfen solche Störungen nicht auf die leichte Schulter genommen, sondern müssen gezielt frühzeitig behandelt werden, ehe sie in eine Krankheit übergehen.

Völlig falsch wäre es, den Betroffenen zu unterstellen, sie seien nur „eingebildete Kranke", weil sich keine körperlichen Befunde erheben lassen. Tatsächlich leiden sie unter den Funktionsstörungen erheblich, manchmal sogar stärker, als wenn eine körperliche Krankheit bestände.

Nervosität und Schlafstörungen

Zu den häufigsten Folgen der Schulangst gehören Nervosität und die damit oft verbundenen Schlafstörungen. Sie erklären sich aus der hohen, andauernden inneren Spannung, die das vegetative Nervensystem chronisch überfordert und überreizt. Das läßt sich aus der chronischen Angst erklären. Die Nervosität führt zu zahlreichen unklaren Symptomen. Dazu gehören vor allem Aufgeregtheit, Unruhe, Unrast, Gereiztheit, Überempfindlichkeit, nervöse Erschöpfung mit Störungen der Lern- und Leistungsfähigkeit, nervöses Schwitzen und Funktionsstörungen innerer Organe, vor allem an Herz und Magen. Stets muß in solchen Fällen durch gründliche Untersuchung eine organische Krankheit – zum Beispiel hormonelle Störungen während der Pubertät oder ernstere Infektionskrankheiten – ausgeschlossen werden, ehe man von der einfachen Nervosität ausgehen darf, sonst besteht die Gefahr, daß eine Erkrankung unnötig verschleppt wird.

Neben der Angst kommen bei Nervosität oft noch andere Ursachen hinzu. Nicht selten ist eine ,,nervöse Konstitution'' angeboren, vor allem bei sensiblen, kreativen, künstlerisch begabten Kindern. Auch negative Milieueinflüsse in der Kindheit und Jugend, vornehmlich falsche Erziehung, die zu Neurosen und anderen seelischen Störungen führt, können Nervosität mit verursachen. Schließlich ist an ständige Überforderung, wie übertriebenes Lernen oder falsche Schulart, übertriebenen Ehrgeiz, ungelöste Sorgen und Konflikte als Verursacher der Nervosität zu denken. Bei Jugendlichen kann auch noch der Mißbrauch von Genußmitteln (vor allem Nikotin und Alkohol), Arzneimitteln und Drogen eine Rolle spielen.

Schlafstörungen gehören häufig zum Symtomenbild der Nervosität, können aber auch unabhängig von ihr auftreten. Oft wird bei Kindern das Einschlafen behindert, weil ihre Ängste sie nach dem Zubettgehen nicht loslassen. Aber auch Durchschlafstörungen treten häufig auf, bei denen man mitten in der Nacht aufschreckt und nur schwer wieder in den Schlaf findet. Daran sind nicht selten Angst-(Alp)träume schuld, die so stark werden können, daß nur das Erwachen sie zu unterbrechen vermag. Schließlich kennen wir die Aufwachstörungen mit viel zu frühem Erwachen am Morgen.

Alle Schlafstörungen führen bald zur Leistungsschwäche, können Ängste und Nervosität verstärken und körperliche Funktionen in Mitleidenschaft ziehen. Deshalb müssen sie unbedingt behandelt werden. Chemische Schlaf- und Beruhigungsmittel eignen sich dazu aber bei Kindern noch weniger als für Erwachsene, weil sie darauf viel empfindlicher reagieren. Es kommt darauf an, die Ursachen der Schlafstörungen zu erkennen und gezielt zu beeinflussen; Arzneimittel tragen dazu nicht bei, sondern unterdrücken nur die Symptome, indem sie einen künstlichen, wenig erholsamen Schlaf erzwingen. Allenfalls biologische Schlafmittel eignen sich auch für schlafgestörte und nervöse Kinder.

Bettnässen
Normalerweise sind Kinder jenseits des 3. Lebensjahrs „sauber", können also den Harndrang willentlich beherrschen. Wenn das noch nicht gelingt oder das Kind später wieder beginnt, sich nachts, zum Teil auch am Tag einzunässen, muß zunächst eine körperliche Ursache (wie Blasenentzündung und andere Erkrankungen der Harn- und Geschlechtsorgane) durch gründliche Untersuchung ausgeschlossen werden. In der Mehrzahl der Fälle bestehen jedoch seelische Ursachen, unter anderem auch Angst. Das Kind will dann mit dem Bettnässen auf seine Ängste und anderen Konflikte aufmerksam machen, um Hilfe und mehr Zuwendung bitten, vielleicht aber auch Verweigerung zum Ausdruck bringen. Da es dies nicht auf normale Weise tun kann, sondern dazu den Umweg über das Bettnässen wählen muß, stehen im Hintergrund oft ungünstige Erziehungseinflüsse im Elternhaus.

Gleiches gilt sinngemäß auch für das seltenere Einkoten der Kinder, sofern keine organischen Ursachen festzustellen sind.

Die Therapie des nicht körperlich verursachten Bettnässens erfordert vor allem viel Zuwendung der Eltern, die dem Kind das Gefühl der Geborgenheit vermitteln müssen. Dann kann es mit seinen Ängsten und anderen seelischen Problemen zu ihnen kommen, sich vertrauensvoll aussprechen und hat es nicht nötig, durch Bettnässen darauf versteckt aufmerksam zu machen.

Vollkommen falsch wäre es, auf Bettnässen mit Strafen oder Spott zu reagieren. Dadurch erreicht man nichts, sondern treibt das Kind nur noch tiefer in seine seelischen Nöte hinein.

Wenn es nicht gelingt, durch richtige Erziehung das Bettnässen zu beseitigen, hilft meist nur die fachmännische Psychotherapie. Chemische Psychopharmaka sind für Kinder grundsätzlich abzulehnen, bei Bedarf stehen genügend bewährte biologische Heilmittel zur Verfügung, um die seelische Behandlung zu ergänzen.

Den Zusammenhang zwischen Angst und unkontrolliertem Stuhl- und Harnabgang kennt der Volksmund schon lange, man denke an die Redensart „sich vor Angst in die Hosen machen". Zu erklären ist diese Reaktion aus einer Funktionsstörung der Schließmuskulatur, die unwillkürlich über das vegetative Nervensystem entsteht, das bei Angst chronisch gereizt wird.

Nabelkoliken und Krampfzustände
Die heftigen, kolikartigen Bauchschmerzen in der Nabelgegend treten bevorzugt bei nervösen, ängstlichen Kindern zwischen dem 2. und 8. Lebensjahr auf. Sie werden oft von Blässe und Erbrechen begleitet, aber nie von Durchfall und Fieber (sonst muß an eine organische Krankheit gedacht werden). Die Beschwerden sind subjektiv so stark, daß besorgte Eltern eine ernste Erkrankung annehmen, die aber nicht besteht. Allenfalls Blähungen

durch Verdauungsschwäche oder Kalziummangel können eine Rolle spielen und erfordern dann die gezielte Behandlung durch den Fachmann.
In der Mehrzahl der Fälle deuten Nabelkoliken auf Ängste und andere seelisch-nervöse Faktoren hin. Insbesondere Erziehungsfehler und Schulprobleme stehen oft im Hintergrund und das Kind versucht, durch die Koliken mehr Zuwendung und Hilfe von den Eltern zu erhalten. Deshalb erfordert die Therapie hauptsächlich eine angstfreie Erziehung, die dem Kind das Gefühl der Geborgenheit vermittelt. In schwierigen Fällen genügt das jedoch nicht, sondern muß durch die fachmännische Therapie ergänzt werden.
Medikamente können akute Nabelkoliken rasch lindern, aber die seelisch-nervösen Ursachen nicht beseitigen. In erster Linie empfehlen sich dazu pflanzliche Heilmittel, wie Fenchel-Kamillen-Tee oder Fertigarzneimittel mit Gänsefingerkraut. Auch das autogene Training kann viel zur Behandlung beitragen, macht aber die Änderung eines falschen Erziehungsstils niemals überflüssig.
Für Verkrampfungen, die an anderen Körperteilen auftreten, gilt sinngemäß das gleiche wie für Nabelkoliken. Auch hier muß zunächst durch fachmännische Untersuchung eine organische Krankheit und Kalzium- oder Magnesiummangel ausgeschlossen werden. Wenn mit Sicherheit keine Erkrankung besteht, wirkt neben der richtigen Erziehung vor allem das autogene Training wieder gut. Bei Bedarf muß eine fachmännische Psychotherapie eingeleitet werden.

Appetitmangel – Magen-Darm-Störungen
Seelische Störungen wirken sich häufig auf die Verdauungsorgane aus. Insbesondere der Appetit wird davon oft betroffen. In vielen Fällen treten zusätzlich Magen- und Darmbeschwerden auf. Alle diese Symptome sind unklar und können auch auf eine behandlungsbedürftige körperliche Krankheit hinweisen. Ehe man also von Schulangst und anderen seelischen Ursachen ausgeht, muß deshalb bei länger andauernden oder häufig wiederkehrenden Störungen des Appetits und der Verdauungsfunktionen durch gründliche Untersuchung eine organische Erkrankung ausgeschlossen werden.
Appetitmangel tritt besonders häufig am Morgen auf, wenn die Kinder unter Schulangst leiden. Die bevorstehende Unterrichtszeit verschlägt ihnen den Appetit, sie bringen keinen Bissen hinunter. Hinzu kann noch die Morgenmüdigkeit als Folge von Schlafstörungen kommen, die sich gleichfalls auf den Appetit am Morgen auswirkt. Durch Zwang ist nichts zu erreichen, er führt allenfalls noch zum Erbrechen des hinuntergewürgten Frühstücks. Erst wenn die Angst beseitigt wurde, kann das Kind am Morgen auch wieder ein gesundes Frühstück zu sich nehmen. In der Zwischenzeit versucht man am besten, wenigstens durch ein appetitlich angerichtetes Müsli zu erreichen, daß einige Bissen verzehrt werden.

Die Schulangst kann natürlich auch den Appetit bei anderen Mahlzeiten stören. Dann nützt der Zwang zum Essen ebenfalls nichts. Die Eltern sollten versuchen, dem Kind kleine Mahlzeiten mehrmals am Tag appetitlich angerichtet anzubieten, die es auch bei Appetitmangel wenigstens teilweise verzehren kann. Falls es dennoch zur stärkeren Gewichtsabnahme kommt, muß der Fachmann die Behandlung übernehmen, ehe ernstere Mangelzustände und Untergewicht auftreten.

Neben Appetitmangel kommt es im Bereich der Verdauungsorgane häufig zu kolikartigen Magenschmerzen, Erbrechen, Durchfall oder auch zur krampfartigen Stuhlverstopfung. Dagegen stehen bewährte, auch bei längerem Gebrauch gut verträgliche Bioarzneimittel zur Verfügung, die nach fachmännischer Anweisung verabreicht werden, um die Magen-Darm-Funktionsstörungen allmählich wieder zu harmonisieren. Letztlich hilft aber auch dagegen nur die Beseitigung der Angst als Grundursache.

Allergische Überreaktionen
Erkrankungen des allergischen Formenkreises treten heute immer häufiger auf. Das hängt wahrscheinlich mit der wachsenden Umweltverschmutzung zusammen, die unsere Abwehrregulationen chronisch überreizt, so daß es zu überschießenden Reaktionen kommen kann. Aber das allein erklärt noch nicht hinreichend, weshalb manche Menschen auf solche Reize mit Allergien reagieren, andere die gleichen Reize aber problemlos vertragen. Die Erklärung dafür könnte im Seelenleben zu suchen sein. Immer mehr verdichten sich heute die Hinweise darauf, daß viele – oder alle – allergische Krankheiten mit seelischen Störungen in Zusammenhang stehen, also zu den psychosomatischen Erkrankungen gehören.

Auch Schulprobleme und Ängste scheinen am Auftreten allergischer Symptome beteiligt zu sein. Der Streß, den sie ausüben, stört die Abwehrfunktionen zum Teil erheblich. Hinzu kommt wohl bei vielen Kindern noch der „Leidensgewinn", den sie aus der chronischen allergischen Krankheit ziehen, ohne daß es ihnen bewußt wird. Als Kranke haben sie Anspruch auf eine Sonderbehandlung durch Schule und Elternhaus. Vieles wird ihnen nachgesehen, aus der Krankheit erklärt, auch wenn es mit ihr nicht unbedingt in Zusammenhang stehen muß. Das bewirkt dann eine seelische Entlastung, die dem Kind hilft, ohne weitere Schädigungen mit seinen Problemen zu leben. Man darf daraus aber keinesfalls schließen, daß es die Krankheit vortäuscht. Seine seelischen Probleme führten zu einer echten Krankheit, die ganzheitliche Behandlung von Körper und Seelenleben erfordert.

Zu den häufigsten allergischen Krankheiten gehört der Heuschnupfen, der durch Blütenpollen ausgelöst wird. Er beginnt in der Regel im Frühjahr und kann bis in den Herbst hinein andauern. Ferner kommt es heute immer häufiger zu allergischen Reaktionen der Haut mit Ausschlag und Ekzemen und der Verdauungsorgane mit Durchfall und chronischer Darmentzündung.

Praktisch kann man aber gegen alles allergisch werden, selbst gegen Metalle, Druck, Temperaturreize und Sonnenlicht.
Alle Krankheiten des allergischen Formenkreises muß der Fachmann behandeln. In erster Linie eignen sich dazu biologische Arzneimittel, während die chemischen Antiallergika – insbesondere das Cortison – wegen ihrer möglichen Nebenwirkungen stets dem Notfall vorbehalten bleiben müssen. Ergänzt wird die übliche medizinische Allergiebehandlung durch autogenes Training, bei Bedarf auch durch fachmännische Psychotherapie.

Bronchialasthma

Beim Asthma wird der Zusammenhang zur Angst besonders deutlich. Wer unter Angstzuständen leidet, klagt oft auch über Atemnot (ihm ,,bleibt die Luft weg", wie der Volksmund sagt) – und Atemnot ist auch das quälendste Symptom bei Bronchialasthma, das sich aus der Verkrampfung der Bronchien erklärt.
Genau genommen gehört Asthma zu den Erkrankungen des allergischen Formenkreises und wird vor allem durch Blütenpollen, Staub, Schimmelpilze und viele andere alltägliche Reizstoffe ausgelöst. Daneben spielen aber auch psychische Faktoren eine wichtige Rolle. Das kann so weit gehen, daß Asthmaanfälle allein durch seelische Einflüsse ausgelöst werden. Deshalb rechnet man Asthma seit langem schon zu den psychosomatischen Erkrankungen, während man bei den anderen Allergien erst allmählich erkennt, daß auch sie mit dem Seelenleben in Beziehung stehen können.
In vielen Fällen läßt sich Asthma auf eine gestörte Mutter-Kind-Beziehung zurückführen. Vor allem die überbesorgte, überbehütete Erziehung, die wir weiter vorne bereits als eine mögliche Ursache der Angst beschrieben, scheint auch bei Asthma oftmals die entscheidende Rolle zu spielen.
Auch beim Bronchialasthma gibt es für die Patienten wieder einen unbewußten ,,Leidensgewinn", der ihr Seelenleben entlasten kann, weil die Umwelt mehr Rücksicht nimmt. Das vermindert ihre Angst und hilft mit, die unvermeidlichen seelischen Probleme des Alltags besser zu überstehen. Natürlich darf man Asthma wegen dieses ,,Gewinns" nicht einfach hinnehmen, dazu sind die Symptome zu quälend und die Risiken der Folgekrankheiten zu hoch. Den besten Erfolg erzielt man durch eine ganzheitliche Asthmatherapie nach Anweisung des Therapeuten. In schweren Fällen kann ausnahmsweise sogar einmal Cortison erforderlich werden. Wenn sich herausstellt, daß die Krankheit mit der Erziehung in der Familie in enger Beziehung steht, empfiehlt sich meist die Familienpsychotherapie.
Asthma kann vollständig geheilt werden, wenn die Therapie frühzeitig beginnt und sich nicht damit begnügt, nur die Symptome medikamentös zu unterdrücken. Die Erkrankung läßt sich nicht selten sogar vermeiden, wenn man Heuschnupfen und andere Allergien rechtzeitig ausheilt; gerade im Ver-

lauf des Heuschnupfens treten nämlich bei rund 30% aller Patienten zusätzlich Asthmasymptome auf.

Andere Gesundheitsstörungen

Die Schulangst kann noch zu zahlreichen anderen körperlichen Beschwerden führen, die im Rahmen dieses Buchs nicht mehr einzeln aufgeführt werden können. Welche Körperfunktionen durch die Angst gestört werden, richtet sich nicht zuletzt auch nach dem allgemeinen Gesundheitszustand. Wenn bereits eine körperliche Erkrankung vorliegt, also ein Organ geschwächt ist, kann sich die Angst vor allem hier am Ort des geringsten Widerstands auswirken. Daraus folgt umgekehrt, daß körperliche Gesundheit eines Kindes die Angst besser ertragen läßt, sie unter Umständen wegen der Wechselbeziehung zwischen Körper und Seelenleben sogar lindert oder ganz beseitigt.

Besonders verhängnisvoll kann sich Angst auf das Herz-Kreislauf-System auswirken und dann schon in früher Kindheit die Voraussetzungen für spätere ernste Erkrankungen dieses Organsystems schaffen. Relativ viele Kinder mit Schulangst leiden unter unklaren Herzbeschwerden, die man unter dem Oberbegriff Herzangst oder Herzneurose zusammenfaßt. Dazu gehören Herzschmerzen und -stiche, Beklemmung in der Brust mit Atemnot, spürbares Herzklopfen und Herzschläge außer der Reihe (Extrasystolen). Dahinter steht noch keine organische Herzkrankheit, aber die Kinder fürchten oft, schwer herzkrank zu sein, und werden darin vielleicht gar noch von ihren überängstlichen Eltern bestärkt. Dann verschlimmern sich ihre Herzfunktionsstörungen weiter. Das kann so weit führen, daß die Betroffenen aus Angst vor dem plötzlichen Herztod überhaupt nicht mehr aus dem Haus gehen und am Leben nicht mehr teilnehmen.

Diese Konzentration seelischer Probleme auf das Herz hat ihren wichtigsten Grund darin, daß man das Herz früher als Sitz der Seele betrachtete. Heute wissen wir zwar, daß es als Hohlmuskel lediglich die Aufgabe hat, das Blut durch den Körper zu pumpen, aber seine Sonderstellung behielt es im Unbewußten doch noch bei.

Auch nicht selten beobachtet man als Folgen der Schulangst einen zum Teil sehr starken Anstieg der Blutdruckwerte. Er ist gleichfalls bedenklich, weil Herz und Blutgefäße dadurch frühzeitig geschädigt werden. Das kann schon in mittleren Jahren zu schweren organischen Herz- Gefäß-Krankheiten führen, welche die Lebenserwartung deutlich verkürzen.

Bei Jugendlichen, die unter Herzbeschwerden und Bluthochdruck leiden, muß allerdings immer geprüft werden, ob bei ihnen neben der Schulangst nicht auch noch die hormonellen Veränderungen während der Pubertät eine Rolle spielen. Dann kann eine gezielte Zusatzbehandlung notwendig werden.

Als sehr belastendes Symptom der Schulangst können sich Störungen der Hautfunktionen einstellen. Die Haut bildet eine Art „Spiegel" der Seele, an ihrem Zustand läßt sich oft ablesen, ob ein Mensch unter seelischen Problemen leidet. So deuten vor allem Ekzeme, Nesselsucht, Schuppenflechte und die während der Pubertät beginnende Akne häufig auf eine Beteiligung des Seelenlebens hin. Daran muß besonders dann gedacht werden, wenn Hautleiden trotz gezielter fachmännischer Behandlung chronisch verlaufen.
Da die Hautveränderungen psychisch stark belasten, zu Hemmungen und Minderwertigkeitsgefühlen beitragen, verschlimmern sie die Angst, die wiederum die Hauterscheinungen verstärkt – ein Teufelskreis also, der ein ganzes Leben zerstören kann.
Auf weitere körperliche Folgen der Schulangst muß hier nicht mehr weiter eingegangen werden. Sie kommen auch seltener als die beschriebenen wichtigsten Erkrankungen vor. Grundsätzlich muß bei allen körperlichen Beschwerden, für die sich keine organischen Ursachen feststellen lassen und die auf die übliche Behandlung nicht ansprechen, an eine seelische Ursache gedacht werden.

Seelische Reaktionen auf die Schulangst

Die Angst ist ein Gefühl, kann also niemals ohne Folgen für das Seelenleben bleiben. Allerdings stehen die körperlichen Symptome der Angst häufig im Vordergrund. Deshalb wurden sie auch zu Anfang des Krankheitsbildes der Schulangst beschrieben.
Zu den psychischen Folgen der Schulangst gehören insbesondere depressive Verstimmungen, Hemmungen und Minderwertigkeitsgefühle. Sie können zum Teil auch erst zur Schulangst führen und dann durch sie weiter verschlimmert werden. Ehe wir uns aber damit genauer befassen, soll zunächst kurz das Erscheinungsbild der Schulangst selbst beschrieben werden.

Erscheinungsformen der Angst

Als Angst bezeichnet man ein unangenehmes, unklares Gefühl, das mit körperlicher und seelisch-geistiger Erregung einhergeht. Verursacht wird es durch eine vermeintliche oder tatsächliche Gefahr, der sich das Kind nicht gewachsen fühlt. Wenn eine solche Gefährdung ständig besteht (oder zu bestehen scheint), bildet sich die Angst überhaupt nicht mehr zurück. Das trifft auch für die Schulangst zu.
Ängste treten im Verlauf der kindlichen Entwicklung immer wieder auf und dienen als Krisen oft sogar der Persönlichkeitsreifung. Aber wenn sie zu stark werden oder zu lange anhalten, müssen sie gezielt behandelt werden, sonst schränken sie die weitere Entwicklung zu stark ein.
Grundsätzlich kann Angst durch alles ausgelöst werden, was uns im Leben widerfährt, das hängt vor allem davon ab, wie es individuell beurteilt wird. Bei Kindern und Jugendlichen beziehen sich die Ängste hauptsächlich auf

Schule, Studium oder Berufsausbildung und die damit verbundenen Leistungen. Dabei kann eine allgemeine Angst bestehen oder sie beschränkt sich nur auf bestimmte Situationen. Dazu gehören hauptsächlich:
- Angst vor einem bestimmten Lehrer, die dann meist auch auf das Fach übertragen wird, das er unterrichtet;
- Angst vor einem oder mehreren Fächern (unabhängig von der Persönlichkeit des Lehrers), weil sie zum Beispiel den Fähigkeiten und Neigungen nicht entsprechen, überfordern und zu Mißerfolgen führen;
- Angst vor Klassen-, Prüfungs- und Examensarbeiten, die sich beispielsweise aus ungenügender Vorbereitung oder aus Minderwertigkeitsgefühlen und anderen seelischen Ursachen erklären läßt;
- Angst vor dem Schulunterricht insgesamt, die zum Beispiel dazu führt, daß sich das Kind daran kaum beteiligt oder vor Angst versagt, wenn es aufgerufen wird;
- Angst vor den Klassenkameraden, wenn zu ihnen keine positiven sozialen Beziehungen bestehen;
- Angst vor den Reaktionen des Elternhauses auf schulische Leistungen, insbesondere auf schlechte Zensuren;
- Verhaltensstörungen in der Schule, zum Teil aber auch in der Freizeit, wie Kontaktscheu bis hin zur Vereinsamung oder Aggressivität (darauf kommen wir später noch ausführlicher zu sprechen);
- körperliche Beschwerden, hinter denen die Angst nicht unbedingt erkennbar werden muß, wie Herz- und Verdauungsstörungen, Durchfall, Erbrechen, Bettnässen, Nabelkoliken und Verkrampfungen, über die im vorangegangenen Kapitel bereits ausführlich berichtet wurde.

Neben diesen wichtigsten Erscheinungsformen der Schulangst gibt es noch eine ganze Reihe anderer, nicht so häufiger Symptome, auf die hier nicht mehr weiter eingegangen werden muß. Im Grunde können sich Ängste auf alle körperlichen und seelisch-geistigen Funktionen einschließlich des Verhaltens auswirken, aber einige der oben genannten Symptome lassen sich fast immer feststellen.

In welcher Form die Angst sich bemerkbar macht, ist individuell sehr verschieden. In der Regel kann man aber davon ausgehen, daß die einmal von einem Kind entwickelten Angstreaktionen beständig sind, also auch in anderen, neuen Angstsituationen auftreten.

Depressive Verstimmungen
Die Depression gehört zu den häufigen Begleiterscheinungen der Schulangst. Gekennzeichnet wird die Verstimmung durch eine passive Lebenseinstellung mit traurig-schwermütiger bis hoffnungslos-verzweifelter Grundstimmung. Das läßt sich jedoch nicht immer eindeutig diagnostizieren, sondern kann sich hinter zahlreichen unklaren körperlichen und seelischen Beschwerden verbergen.

Bei depressiven Kindern und Jugendlichen fällt meist auf, daß sie im Vergleich zu ihren Altersgenossen sehr bescheiden und anspruchslos leben. Zwar kennen sie natürlich auch Wünsche und Bedürfnisse, aber wenn sie diese nicht ohne Widerstände der Umwelt verwirklichen können, geben sie rasch auf. Es mangelt ihnen an innerem Antrieb und Sicherheit, um Schwierigkeiten zu überwinden.
Hinzu kommt oftmals eine auffällige Neigung zur Isolierung von anderen. Sie haben wenig oder keine Freunde, spielen selten und meist allein, können aber stundenlang damit verbringen, zu trauern und zu grübeln. Das wirkt sich zwangsläufig auch auf das Lernen zu Hause aus. Ohnehin gelingt es nur schwer, weil die Belastbarkeit, Leistungsfähigkeit, Konzentration und das Gedächtnis gestört sind.
Viele depressive Kinder und Jugendliche klagen über stärkere körperliche Beschwerden, für die sich aber keine organischen Ursachen nachweisen lassen. Das beruhigt sie (und oft auch ihre Eltern) jedoch nicht, denn sie neigen zur Krankheitsangst, vertrauen ihrem Therapeuten nicht und fühlen sich von ihm falsch behandelt. Trotz ihrer Sorgen um das körperliche Wohlergehen wird die Körperpflege und das äußere Erscheinungsbild häufig auffallend vernachlässigt.
Vielfach klagen depressive Kinder und Jugendliche auch noch über chronische Schlafstörungen. Sie können nur schwer einschlafen und/oder erwachen in der Nacht und finden dann kaum wieder in den Schlaf. Am Morgen erheben sie sich dann kaum erholt. Aber auch ein übersteigertes Schlafbedürfnis kann als Folge der Depressionen eintreten, ohne daß der lange Schlaf als Erholung empfunden wird. Es gibt inzwischen sogar Anhaltspunkte dafür, daß zu viel Schlaf die Depressionen verschlimmern kann. So wichtig der Schlaf für junge Menschen auch ist, sollten Eltern doch darauf achten, daß depressive Kinder und Jugendliche nicht zu lange im Bett bleiben. Schlafentzug als Therapie der Depressionen darf aber nur nach fachmännischer Anweisung im Einzelfall einmal durchgeführt werden.
Im Verlauf einer Depression kommt es nicht selten zum Rückfall in kindliche Gewohnheiten, die dem Lebensalter nicht mehr entsprechen. Dazu gehören vornehmlich Bettnässen, Einkoten und Daumenlutschen.
Bei manchen depressiven Kindern und Jugendlichen fällt auf, daß ihre Aktivität sehr rasch wechselt. Eben wirkten sie noch völlig passiv, tief traurig und weinerlich, kurz darauf dann unruhig, erregt und ziellos überaktiv, so als wollten sie vor ihren Depressionen fliehen. Dann liegt wahrscheinlich eine bipolare Depression mit manisch-depressivem Verlauf vor.
Zu den häufigen körperlichen Folgen der Depression gehören vor allem chronische Kopfschmerzen und Appetitmangel. Hinzu kommen oft zu niedriger Blutdruck mit Schwindelanfällen und chronische Stuhlverstopfung. Aber auch viele andere Körperfunktionen können im Einzelfall durch die Depressionen gestört werden. Das kann bis zur larvierten (versteckten) Depression

reichen, bei der praktisch nur organische Funktionsstörungen bestehen und die depressive Verstimmung auch den Betroffenen selbst nicht bewußt werden muß. Gerade diese Patienten werden oft lange Zeit falsch behandelt, bis schließlich doch noch ein Therapeut die hinter den körperlichen Beschwerden verborgenen Depressionen erkennt.

Eine Gefahr bilden bei Depressionen stets die Selbstmordgedanken, auf die wir im nächsten Kapitel gesondert eingehen.

Selbstmord – der verzweifelte Schrei nach Hilfe
Der Selbstmordversuch gehört in den westlichen Industrienationen nach den Verkehrsunfällen zu den häufigsten Todesursachen junger Menschen. In den letzten 30 Jahren hat sich die Zahl gelungener Selbstmorde und Selbstmordversuche fast verfünffacht, wobei Jugendliche in der Großstadt deutlich häufiger als auf dem Land betroffen werden. Diese erschütternde Statistik beweist mehr als langatmige Erklärungen, daß mit unserer Gesellschaft und der Schule, die gesellschaftliche Verhältnisse widerspiegelt, vieles nicht stimmt. Lange Zeit nahm man an, daß sich Suizidversuche Jugendlicher aus den Pubertätsproblemen erklären. Inzwischen kennen wir die Ursachen aber genauer; im Vordergrund steht der Leistungsdruck von Schule und Elternhaus, der im Einzelfall noch mit (letztlich auch anerzogenem) zu hohem Ehrgeiz und Konflikten in der Familie in Beziehung stehen kann. Dadurch werden zunächst Ängste und Depressionen hervorgerufen, die neue Probleme aufwerfen; schließlich lassen sich die seelischen Probleme nicht mehr beherrschen und der junge Mensch sieht nur noch im Selbstmordversuch den letzten Ausweg. Damit will er freilich kaum ernsthaft seinem Leben ein Ende setzen, er findet nur keine andere Möglichkeit mehr, seine Umwelt um Hilfe zu bitten. Aber das wird ihm nicht bewußt, wenn er den Suizidversuch begeht, glaubt er selbst daran, daß es ihm damit ernst ist. Deshalb müssen die Eltern seine Selbstmordgedanken auch unbedingt ernst nehmen, denn nicht selten gelingt der Versuch tragischerweise wirklich. Zwar besagen alte Vorurteile, daß jemand, der von Selbstmord spricht, ihn nicht versucht, und daß der überstandene Versuch vor Wiederholung schützt. Beides trifft nicht zu und kann verhängnisvolle Folgen nach sich ziehen.

Besonders stark selbstmordgefährdet sind Jugendliche ab dem 14. Lebensjahr. Im Kindesalter, vor allem bis um das 10. Lebensjahr herum, besitzt das Kind noch keine richtige Vorstellung vom Tod, deshalb kommt es davor nur selten zu Suizidversuchen.

Selbstmorde werden – das gilt auch für Erwachsene – nur sehr selten spontan begangen. Am Anfang steht die lange, qualvolle Überlegung. In dieser Zeit wird auch meist mehr oder minder deutlich darüber gesprochen. Deshalb erscheint es unverständlich, daß niemand rechtzeitig einschreitet, um das Schlimmste zu verhindern. Zu oft geht man eben davon aus, daß solche Gedanken bei jungen Menschen bedeutungslos sind – bis es dann vielleicht

zu spät ist. Wenn sich ein Jugendlicher in einer so ausweglosen Situation zu befinden glaubt, daß er mit Selbstmordgedanken spielt, dann benötigt er immer dringend Hilfe. Ob seine Eltern ihn vor sich selbst schützen können oder eine fachmännische – in schweren Fällen mit akuter Selbstgefährdung sogar klinische – Behandlung erforderlich ist, läßt sich immer nur im Einzelfall beurteilen. Besser tut man des Guten zunächst zu viel, als sich später wegen einer Fahrlässigkeit ein Leben lang Vorwürfe machen zu müssen.
Jahr für Jahr kommt es bei der Zeugnisausgabe besonders häufig zu Selbstmordversuchen. Hier sind die Eltern besonders gefordert, denn dahinter steht meist die Angst vor ihren Reaktionen auf schlechte Zensuren. Wenn sich im Lauf eines Schuljahres abzeichnet, daß ein Kind ein schlechtes Zeugnis nach Hause bringen wird oder vielleicht gar eine Klasse wiederholen muß, dürfen die Eltern nie versuchen, seine Leistungen durch Tadel und Strafen zu verbessern. Abgesehen davon, daß Lernen unter solchem Druck meist noch viel weniger gelingt, treibt man das Kind dadurch immer tiefer in seine Angst. Gerade wegen seiner schulischen Mißerfolge benötigt es eine besonders liebe- und verständnisvolle Erziehung. Es muß wissen, daß es trotz der schlechten Zensuren von seinen Eltern angenommen wird, damit es sich auch selbst annehmen kann. Das motiviert dann auch stark, im Unterricht das Beste zu geben. Außerdem muß bei schlechten Zensuren natürlich immer zusammen mit dem Lehrer, bei Bedarf ergänzt durch den Rat des Schulpsychologen, überlegt werden, ob das Kind eine falsche Schule besucht und ständig überfordert wird.

Hemmungen und Minderwertigkeitsgefühle

Diese beiden seelischen Störungen treten oft gemeinsam auf. Sie können mit zur Schulangst beitragen, wie weiter vorne bereits ausführlich beschrieben wurde. Zum Teil entwickeln sie sich aber auch erst als eine der seelischen Folgen der Schulangst oder werden durch diese zumindest weiter verstärkt.
Es erübrigt sich, diese seelischen Störungen an dieser Stelle nochmals eingehender zu beschreiben. Wenn sie erst als Folgen der Schulangst auftreten, erklärt sich das in erster Linie aus den Mißerfolgen, die ein Kind im Unterricht wegen seiner Ängste erlebt. Dabei darf Mißerfolg nicht allein auf die Leistungen in den einzelnen Fächern bezogen werden, auch ,,soziale Mißerfolge" führen zu Hemmungen und Minderwertigkeitsgefühlen, also Probleme mit den Klassenkameraden und Lehrern unabhängig von den Leistungen.
Für Eltern sind solche seelischen Störungen, die zum Teil auch noch mit Depressionen einhergehen, oft nur schwer erkennbar, weil die Kinder sie nicht unbedingt deutlicher zum Ausdruck bringen. Als typische Folge kommt es zur Abkapselung gegenüber den Mitschülern, sozialer Vereinsamung und zunehmend schlechteren Leistungen. Die betroffenen Kinder berichten

unter Umständen, daß ihre Klassenkameraden und/oder Lehrer sie schlecht behandeln und klagen über die Überforderung durch den Unterricht. „Keiner mag mich" und „Ich schaffe das ja doch nicht" sind häufige Aussagen, die auf Hemmungen und Minderwertigkeitsgefühle als Folgen der Schulangst hinweisen können.

Eine liebevolle, ermutigende Erziehung durch das Elternhaus hilft dem Kind, über solche Hemmungen und Minderwertigkeitsgefühle hinwegzukommen, weil es trotz aller Mängel, die es bei sich vermutet, angenommen wird und sich geborgen fühlt. Außerdem zeigt ihm das positive Vorbild der Eltern, wie man sich sozial verhält, zwischenmenschliche Beziehungen anknüpft und pflegt. Vor allem führt die richtige Erziehung aber zum Abbau der verursachenden Ängste.

Wenn erzieherische Maßnahmen nicht ausreichen, kann meist nur noch die fachmännische Psychotherapie helfen. Sie sollte nicht aus falscher Scheu zu lange verzögert werden, sonst verfestigen sich die seelischen Störungen bald und können dann nur schwer wieder beseitigt werden.

Andere seelische Folgen der Schulangst

Angst kann noch zu zahlreichen anderen psychischen, psychosomatischen und geistigen Problemen führen und wirkt sich natürlich auch auf das Verhalten aus. Die Verhaltensstörungen werden wir im folgenden Kapitel noch ausführlich behandeln, hier interessieren nur noch einige seelisch-geistige Schwierigkeiten, die mit der Schulangst in Beziehung stehen können.

Besonders häufig führen die seelischen Folgen der Schulangst zu Lernstörungen. Vor allem das Konzentrationsvermögen kann durch den hohen Streß der Ängste, Depressionen, Hemmungen und Minderwertigkeitsgefühle empfindlich beeinträchtigt werden. Hinzu kommt, daß sie auch die innere Motivation zum Lernen herabsetzen. Wer sich vor der Zukunft fürchtet, in seinen sozialen Beziehungen scheitert, vielleicht sogar an Selbstmord denkt, ist verständlicherweise kaum noch bereit, sich auf das weitere Leben ausreichend vorzubereiten – und er kann es meist auch nicht mehr, weil seine Fähigkeiten durch die seelischen Störungen gelähmt und blockiert werden.

Auch bei der Lese-Rechtschreib-Schwäche (Legasthenie) scheinen Ängste und ihre seelischen Folgen im Einzelfall eine Rolle zu spielen. Zwar kennt man die Ursachen dieser Lernstörung bisher noch nicht sicher, aber es leuchtet ein, daß Schulangst auch das Erlernen dieser beiden Grundfertigkeiten hemmen kann. Allerdings läßt sich die Legasthenie wohl kaum allein daraus erklären, daneben spielen wahrscheinlich immer noch andere Ursachen eine Rolle, auf die in diesem Zusammenhang nicht mehr weiter eingegangen werden soll.

Störungen des Sprechens stehen zum Teil ebenfalls mit Schulangst in Zusammenhang. In erster Linie muß hier das Stottern genannt werden, das

bei rund 10% aller Kinder und Jugendlichen vorübergehend einmal auftritt. Besonders häufig betrifft es Kinder zwischen dem 10. und 14. Lebensjahr. Als Ursachen stellt man oft eine sehr autoritäre, strenge Erziehung vor allem durch den Vater fest, die auch zu Schulproblemen und -ängsten führen kann. Davor fliehen die Kinder in die Sprachstörungen, entwickeln schließlich aber auch vor dem Versagen beim Sprechen Angst, die dann ihr Stottern weiter verschlimmert. Hinzu kommt oft noch der Spott der Mitschüler, der zur sozialen Isolierung führt, die Ängste gleichfalls begünstigt.
Auch das Stammeln, eine Sprachstörung, bei der Laute und Lautverbindungen fehlen, entstellt gebildet oder durch andere ersetzt werden, kann mit Ängsten in Zusammenhang stehen. Sie betrifft ungefähr 4-5% aller Kinder, und zwar Jungen 3mal häufiger als Mädchen. Allerdings tritt Stammeln bevorzugt bei Vorschulkindern auf und verschwindet nach dem 4. Lebensjahr wieder. Dauert es bis in die Schulzeit fort, kann es Schulängste begünstigen und verschlimmern.
Schließlich sei noch die Magersucht genannt, die fast nur Mädchen betrifft und zwischen dem 11. und 18. Lebensjahr beginnt. Sie steht im Zusammenhang mit den Problemen der Pubertät, aber auch Schulangst und andere schulische Schwierigkeiten spielen dabei nicht selten eine Rolle. Die seelische Krankheit führt durch Nahrungsverweigerung und künstliches Erbrechen der Nahrung rasch zu starkem Untergewicht, das sogar lebensbedrohlich werden kann. Zuweilen endet die Magersucht auch mit einem Selbstmordversuch.
Im Grunde steht hinter der Magersucht die Verweigerung der Rolle eines Erwachsenen. Das läßt sich letztlich aus dem Versagen der Erziehung in Elternhaus und Schule erklären, die betroffene junge Menschen nicht ausreichend auf das Leben vorbereitet. Wachsende Bedeutung gewinnt daneben heute auch noch die Angst vor der Zukunft, die es den pubertierenden Jugendlichen noch schwerer macht, in die Welt der Erwachsenen hineinzuwachsen.
Alle hier beschriebenen seelischen Auswirkungen der Schulangst erfordern zunächst immer richtige Erziehung, die Geborgenheit vermittelt und bei der Überwindung der Probleme hilft. In Fällen, die so nicht bald zu bessern sind, muß eine fachmännische Therapie eingeleitet werden.

Auffälligkeiten im Verhalten

In der Regel gehören zum Symptomenbild der Schulangst auch noch mehr oder minder stark ausgeprägte Verhaltensstörungen. Sie reichen von Kontaktarmut und sozialer Vereinsamung über Aggressivität bis hin zu Alkohol-, Drogensucht und Kriminalität.

Mit den häufigsten dieser Verhaltensstörungen, die auch dann mit der Schulangst in Beziehung stehen können, wenn man dahinter scheinbar keine Angst erkennt, wollen wir uns jetzt noch ausführlicher beschäftigen.

Kontaktarmut bis zur Vereinsamung

Die Fähigkeit, zwischenmenschliche Beziehungen anzuknüpfen, entscheidet maßgeblich mit über Lebensglück und Lebensqualität, denn als soziales Wesen benötigt jeder Mensch stets solche Kontakte. Wenn die Kontaktfähigkeit gestört ist, droht den Betroffenen die soziale Isolierung bis hin zur völligen Vereinsamung. Diese gehört heute in den Industrienationen zu den häufigsten seelisch-sozialen Problemen. Meist resultieren daraus Depressionen, zum Teil aber auch Aggressivität, außerdem zahlreiche psychosomatische Krankheiten. Es gibt sogar Hinweise darauf, daß die länger anhaltende soziale Isolierung die Lebenserwartung verkürzen kann.

Die Schulangst führt nicht selten bereits im frühen Kindesalter zur Kontaktschwäche. Ängste, oft verbunden mit Hemmungen und Minderwertigkeitsgefühlen, setzen die Kontaktfähigkeit aus verschiedenen Gründen herab. Insbesondere die Angst vor der Ablehnung durch andere ist hier zu nennen, aber auch das Gefühl, für andere wertlos und uninteressant zu sein, oder das Unvermögen, überhaupt auf Mitmenschen zuzugehen, ihnen den Kontakt anzubieten. Schließlich können Scham- und Schuldgefühle wegen schulischer Mißerfolge eine wichtige Rolle bei der Kontaktarmut spielen.

Zu den Erziehungsaufgaben der Schule und des Elternhauses gehört es auch, die natürliche Kontaktfähigkeit bei Kindern und Jugendlichen zu fördern und in die richtigen Bahnen zu lenken, um ihnen das Schicksal der Vereinsamung zu ersparen. Unter anderem setzt das jedoch das positive Vorbild der Eltern voraus. Da heute aber viele Erwachsene selbst vereinsamt sind, können sie auch ihre Kinder nicht zur Kontaktaufnahme anleiten. In der Schulklasse kommt es zwar zwangsläufig zu sozialen Kontakten, die von ihrer Qualität her jedoch oft unbefriedigend bleiben. Insbesondere das weiter vorne beschriebene Konkurrenzdenken unter den Schülern verhindert häufig gute Freundschaften. Eine gezielte Förderung der Kontakte zwischen den Schülern findet im Unterricht meist nicht statt.

Eltern erkennen die Kontaktarmut eines Kindes gewöhnlich daran, daß es wenig und allein spielt, Hobbys pflegt, zu denen man keine Mitspieler benötigt, keine Schulfreunde mit nach Hause bringt oder zu ihnen eingeladen wird. Bei derartigen Auffälligkeiten ist es höchste Zeit, das Kind in dieser Hinsicht zu fördern. Das muß allerdings behutsam geschehen, denn soziale Kontakte lassen sich nicht erzwingen. Darauf kommen wir später bei der Behandlung der Schulangst nochmals zu sprechen.

Aggressivität und offene Gewalt

Angstzustände müssen sich nicht unbedingt durch entsprechendes Angstverhalten bemerkbar machen. Angst bedeutet stets Streß, auf den man nach einem von der Natur vorgegebenen Programm immer nur auf zwei Arten reagieren kann – mit Flucht (Angstverhalten) oder Angriff.

Angriff kann in Angstsituationen nützlich sein, wenn es dadurch gelingt, die Ursachen zu beseitigen, und wenn er der konkreten Situation angemessen ist. Gegen die Ursachen der Schulangst hilft ein Angriff in der Regel jedoch nicht, er kann die Situation unter Umständen sogar noch erheblich verschlimmern. Hinzu kommt, daß der Angriff aus einem Gefühl der Ohnmacht heraus häufig in übersteigerter Form vorgetragen wird, die von der Umwelt nicht toleriert, sondern mit Strafen belegt wird. Das verstärkt die Angst und Aggressivität weiter.

Aggressives Verhalten verfolgt stets das Ziel, einen Gegenstand oder Menschen zu schädigen. Es richtet sich zum Beispiel gegen andere Kinder, Eltern, Lehrer, andere Bezugspersonen oder Gegenstände, die diesen Personen gehören. Daneben kennen wir auch noch die Aggression gegen sich selbst, die meist dann auftritt, wenn sich die Betroffenen nicht getrauen, ihre Aggressivität an anderen abzureagieren.

Die Verletzung der anderen erfolgt oftmals nur durch Worte, wie Beschimpfungen und Spott, kann aber auch zur offenen Gewaltanwendung führen. Dabei gehört die Beschmutzung oder Zerstörung von Gegenständen noch zu den harmloseren Formen der Gewalt, schlimmstenfalls kommt es zur körperlichen Verletzung, im Extremfall zur Tötung anderer aus nichtigem Anlaß.

Die Aggression gegen sich selbst kann ebenfalls auf die Beschädigung persönlicher Gegenstände beschränkt bleiben, an denen das Kind vielleicht sogar besonders hängt. Nicht selten wirkt sie sich aber auch gegen den eigenen Körper aus; typische Folgen sind zum Beispiel extremes Abkauen der Fingernägel, Ausreißen der Haare, Anschlagen des Kopfs gegen Wände und andere harte Gegenstände, starkes Schaukeln von Kopf und Körper, Zerbeißen der Lippen und Hände, im Extremfall der Selbstmord.

Im Verlauf der normalen kindlichen Entwicklung treten zwischendurch immer wieder einmal Phasen erhöhter Aggressivität auf, vor allem die beiden Trotzalter um das 3. Lebensjahr und während der Pubertät. Die damit verbundenen Aggressionen bleiben normalerweise aber relativ harmlos und legen sich bald wieder. Stärkere und länger anhaltende Aggressivität hingegen deutet auf seelische Störungen hin. Neben der Schulangst kann vor allem die falsche Erziehung eine Rolle spielen. Zu den wichtigsten Erziehungsfehlern gehören in diesem Zusammenhang:

– Vorbild der Eltern, die selbst zur Aggressivität neigen, insbesondere das Kind körperlich bestrafen und dabei nicht selten ihre eigenen Ängste, Konflikte und Probleme abreagieren;

zu lasche Erziehung, die das übertrieben aggressive Verhalten duldet und von den Kindern als Zustimmung und Bestärkung aufgefaßt wird;
– Erziehungsstil mit zu vielen Verboten und Strafen, gegen die sich das Kind durch Aggressivität auflehnt.

Diese drei Erziehungsfaktoren können übrigens auch an der Entstehung der Schulangst beteiligt sein.

Eltern aggressiver Kinder müssen versuchen, die Ursachen zu erkennen, um dann die notwendigen Erziehungsmaßnahmen zu ergreifen. Eine ermutigende, gerechte, aggressionsfreie Erziehung wird die übersteigerten Aggressionen meist vermeiden oder rasch abbauen. Falls das allein nicht ausreicht, kann oft nur noch die Psychotherapie helfen.

Der „Klassenkasper"

Diesen Schülertyp kennt man seit langem, aber die Motive seines Verhaltens haben sich im Lauf der Zeit gewandelt. Früher handelte es sich oft um zu verspielte, in ihrer sozialen Entwicklung zurückgebliebene Kinder, während heute hinter diesem Verhalten oft Ängste stehen.

Der Klassenkasper ist gewöhnlich ein sehr lebhaftes, zappeliges Kind, das keine 5 Minuten ruhig sitzen bleiben kann. Er scheint vor Ideen und Streichen förmlich überzusprudeln und immer nur Unsinn im Kopf zu haben. Lehrer fürchten ihn als Störer, der Unruhe in die Klasse bringt, die anderen vom Lernen abhält und dessen Streiche sich nicht selten gegen sie richtet. Bei den Klassenkameraden ist er meist beliebt und hat viele oberflächliche soziale Kontakte – selten aber gute Freunde – , wird aber von den anderen nicht so recht ernstgenommen.

Manchmal ist der Klassenkasper ein hochintelligentes Kind, das sich im üblichen Unterricht langweilt, weil das Lerntempo ja auch auf die weniger intelligenten Schüler Rücksicht nehmen muß. Seine Fähigkeiten werden viel zu wenig gefordert und gefördert und suchen sich dann in dem beschriebenen Verhalten ein Notventil. Dagegen gibt es nur eine Hilfe: Ermittlung der Intelligenz und Begabungen und je nach Ergebnis gezielte Förderung außerhalb der Schule, die Hochbegabten nicht genügend zu „bieten" hat. Andernfalls kann das Kind trotz seiner Anlagen und Fähigkeiten zum Schulversager werden, vielleicht sogar in der Sonderschule enden. (Mehr über die Diagnose der Hochbegabung erfahren Sie beim Institut für praktische Psychologie, Postfach 21 07 37, D-7500 Karlsruhe 21, gegen Einsendung eines frankierten Rückumschlags unter dem Stichwort „Hochbegabtenförderung".)

Wegen der sozialen Probleme kann sich auch bei den hochintelligenten Klassenkaspern Schulangst entwickeln.

Natürlich gehört aber nicht jeder Schüler, der sich als Klassenkasper verhält, zu den Hochbegabten. Häufiger stehen andere Ursachen dahinter, unter anderem die Schulangst. Was wie Lebhaftigkeit erscheint, ist dann im Grunde nur Ausdruck angstbeladener innerer Spannungen, die das vegetative Nervensystem chronisch überreizen. Außerdem bietet dieses Verhalten auch noch einen gewissen Schutz vor sozialer Isolierung. Der Klassenkasper hat die Lacher immer auf seiner Seite – und das Lachen hilft ihm, mit seiner Angst zu leben. Auch wenn seine sozialen Beziehungen zu den Klassenkameraden oft an der Oberfläche bleiben, stellt sich doch eine gewisse soziale Sicherheit ein. Da er von den anderen nicht so recht ernst genommen wird, gelingt es ihm häufig, sich selbst und seine Ängste nicht so ernst zu nehmen. Er schafft durch sein Verhalten ein Gegengewicht zu ihnen und ersetzt in den zwischenmenschlichen Beziehungen Qualität durch Quantität.

Auf Dauer kann natürlich auch dieses Verhalten nicht gegen die Schulangst helfen. Vielmehr wirft es eher noch weitere Probleme auf, die angstverstärkend wirken. Deshalb müssen Schule und Elternhaus eng zusammenarbeiten, um den Klassenkasper von seiner versteckten Angst zu befreien. Strafen tragen dazu bestimmt nichts bei, werden von Lehrern wegen der unbequemen Störungen aber häufig verhängt und von den Eltern noch unterstützt.

Bei ausgeprägter Unruhe ist auch an eine organische Krankheit als Ursache zu denken. Das muß durch fachmännische Untersuchung geklärt und bei Bedarf gezielt behandelt werden.

Schwänzen des Unterrichts

Auch das Schwänzen der Schule ist kein Phänomen, das man erst heute beobachtet. Schon immer versuchten Schüler, sich den Zwängen der Schule durch unerlaubtes Fernbleiben vom Unterricht zu entziehen. Aber sie taten das heimlich mit schlechtem Gewissen und hatten oft handfeste Gründe dafür, zum Beispiel eine schlecht vorbereitete Klassenarbeit oder nicht erledigte Hausaufgaben.

Dieses heimliche Schwänzen der Schule aus konkretem Anlaß gibt es heute auch noch. Inzwischen erlebt man aber immer häufiger das offene Schulschwänzen, bei dem kein aktueller Grund feststellbar ist. Die betroffenen Kinder versuchen überhaupt nicht, vor ihren Eltern zu verbergen, daß sie dem Unterricht fernblieben. Meist gehen sie zwar zur normalen Zeit zur Schule, kehren dann aber auf dem Weg um und sind zu Hause nicht mehr ansprechbar. Sie kapseln sich ab und sind weder durch gutes Zureden noch durch Strafen dazu zu bewegen, über die Motive ihres Verhaltens Auskunft zu geben.

Das offene Schulschwänzen gehört zu den typischen Merkmalen der chronischen neurotischen Schulangst.

Am Anfang stehen häufig ausgeprägte psychosomatische Beschwerden am Morgen, wie Appetitmangel, Übelkeit, Erbrechen, Durchfall und Magenschmerzen. Dadurch gelingt es den Kindern meist für einige Zeit, sich dem Unterricht zwischendurch immer wieder einmal zu entziehen, weil die Eltern an eine organische Krankheit denken und sie vorübergehend zu Hause bleiben dürfen. Im Lauf der Zeit verliert dieses Mittel aber meist an Wirkung. Die Eltern durchschauen entweder die Zusammenhänge oder veranlassen eine gründliche Untersuchung, bei der sich herausstellt, daß überhaupt keine körperliche Ursache besteht. Wenn die psychosomatischen Beschwerden des Kindes dann nicht als Hilferuf gedeutet und seine Ängste behandelt werden, bleibt dem Kind schließlich nur noch die Möglichkeit, den Unterricht zu schwänzen und dadurch in verschleierter Form um Hilfe zu bitten.

Von den Reaktionen der Schule und des Elternhauses auf das neurotische Schulschwänzen hängt die weitere schulische „Laufbahn" des Kindes, ja vielleicht sogar sein gesamter weiterer Lebensweg entscheidend ab. Völlig verkehrt, aber leider durchaus üblich sind Strafen oder sogar die zwangsweise Vorführung zum Unterricht. Damit verschlimmert man die Angst noch weiter. Aber es hilft auch nichts, wenn die Eltern das Schulschwänzen vertuschen, indem sie dafür eine Entschuldigung wegen Krankheit ausstellen. In den Augen des Kindes bedeutet das nämlich eine Zustimmung zu seinem Verhalten, die seine Neigung zum Schulschwänzen verstärkt. Außerdem wird dadurch verhindert, daß Eltern und Lehrer gemeinsam versuchen, die Schulprobleme zu lösen.

Man darf allerdings nicht übersehen, daß die Strukturen der Schule nur wenige Möglichkeiten bieten, um Kindern mit Schulangst entgegenzukommen. Besonders dringend erforderlich wären flexiblere Unterrichtszeiten und Wahlmöglichkeiten zwischen verschiedenen Fächern für einige Zeit. Dadurch könnten die Kinder mit Schulangst weitgehend frei entscheiden, wann und wie lange sie zum Unterricht kommen, vor allem aber auch Fächer wählen, in denen sie keine entmutigenden Mißerfolge zu befürchten hätten. Sie müßten also nicht aus Angst vor der Schule den gesamten Unterricht schwänzen. Die ausgefallenen Fächer können später durch gezielten Förderunterricht nachgeholt werden; im Einzelfall erscheint es sogar sinnvoller, eine Klasse zu wiederholen, damit der Lehrstoff nicht nach Überwindung der Schulangst unter zu hohem Leistungsstreß aufgeholt werden muß und dadurch vielleicht erneut Angstzustände auftreten.

Für derartige „revolutionäre" Neuerungen ist unser Schulsystem bisher allerdings viel zu unbeweglich. Die verantwortlichen Bildungspolitiker erkannten offenbar noch nicht die Dimensionen des Problems der neurotischen Schulangst oder verschließen die Augen davor. Vermutlich müssen erst noch viel mehr Kinder und Jugendliche erkranken, ehe man einen Handlungsbedarf sieht.

Alkohol- und Drogenmißbrauch

Rund 150000 Kinder, Jugendliche und junge Erwachsene bis zum 20. Lebensjahr leiden heute bei uns an Alkoholabhängigkeit. Die Dunkelziffer, also die Zahl jugendlicher Alkoholiker, die von der Statistik nicht erfaßt

werden, liegt wahrscheinlich sehr hoch, nach vorsichtigen Schätzungen ebenfalls bei etwa 150 000. Der jüngste Alkoholiker, von dem die Fachliteratur berichtet, war ein 11jähriges Mädchen, das sich seine vier Flaschen Bier am Tag durch Prostitution auf dem ,,Baby-Strich" verdiente.
Für diese besorgniserregende Entwicklung, der auch die Zunahme der Alkoholabhängigkeit bei Erwachsenen (vor allem Frauen) entspricht, gibt es verschiedene Ursachen. Die Trinkgewohnheiten der Erwachsenen spielen eine entscheidende Rolle. Am Vorbild der Eltern lernen viele Kinder frühzeitig, daß Alkohol gegen Sorgen, Konflikte, Ängste und innere Spannungen zu helfen scheint und bei positiven Anlässen die Freude zu heben scheint. Ab einem gewissen Alter gehört dann der erste Schluck Alkohol des Kindes bei einem Familienfest oder ähnlichen Gelegenheiten fast schon zur Regel; Väter stilisieren das erste Bier des Sohns gar zu einer Art Mannbarkeitsritus hoch.
So verwundert es nicht weiter, wenn Kinder und Jugendliche nicht selten innerhalb kurzer Zeit gewohnheitsmäßig Alkohol konsumieren. Während es beim erwachsenen Gewohnheitstrinker aber noch Jahre bis Jahrzehnte dauert, ehe er abhängig geworden ist, tritt die Sucht bei jungen Menschen bereits nach relativ kurzer Zeit auf. Das bedeutet, daß sie dann körperlich und seelisch vom Alkoholkonsum abhängig geworden sind und immer mehr trinken müssen, um die gewünschte Wirkung zu erzielen.
Meist führt chronischer Jugendalkoholismus frühzeitig zu ernsten körperlichen und geistig-seelischen Schäden. Sie lassen sich nur bei frühzeitiger Behandlung wieder vollständig zurückbilden.
Neben solchen Erziehungsfehlern der Eltern, die allzu oft die Grundlagen des späteren Alkoholismus schaffen, kommen noch andere Ursachen hinzu. So stellt man immer wieder fest, daß jugendliche Alkoholiker entweder überbehütet und verwöhnt oder zu streng erzogen wurden. Beides trägt – zusammen mit dem negativen Vorbild der Erwachsenen im Umgang mit Alkohol – dazu bei, daß Probleme, Sorgen und Ängste nicht mehr aktiv verarbeitet, sondern durch den Griff zur Flasche verdrängt werden.
Weiter besteht häufig ein Zusammenhang zwischen Schulangst, Leistungsdruck, sozialen Problemen in der Klasse und Jugendalkoholismus. Nicht zuletzt sind auch noch die heute verbreiteten Zukunftsängste zu nennen, vor denen viele in den Alkohol fliehen. Aber daß als Suchtmittel ausgerechnet der Alkohol verwendet wird, erklärt sich immer in erster Linie aus den Trinkgewohnheiten unserer Gesellschaft insgesamt und vor allem des Elternhauses.
Hinzu kommt natürlich auch noch, daß der Alkohol als legales Suchtmittel problemlos – trotz gegenteiliger Vorschriften des Jugendschutzgesetzes leider oft schon von Kindern – beschafft werden kann.
Neben der Alkoholabhängigkeit junger Menschen nimmt sich der Drogenmißbrauch heute fast schon wieder ,,harmlos" aus, weil er deutlich weniger

Kinder und Jugendliche betrifft. In letzter Zeit nimmt allerdings die Schnüffelsucht schon unter Kindern erheblich zu; dabei werden legal erhältliche Stoffe, zum Beispiel Klebstoff oder Verdünner, durch die Nase inhaliert, um rauschartige Zustände ähnlich wie beim Mißbrauch klassischer Drogen zu erzielen. Hier scheint eine neue Suchtwelle auf uns zuzukommen, die nur schwer in den Griff zu bekommen ist. Dieses Problem darf nicht verharmlost werden, denn die Schnüffelstoffe können zu schweren Gesundheitsschäden führen.

Wachsende Bedeutung kommt inzwischen auch den Medikamenten als Suchtmitteln zu. Die „Suchtkarriere" beginnt häufig in der Praxis des Arztes, der gegen Nervosität, Schlafstörungen, Ängste, Depressionen und andere seelische Störungen chemische Medikamente verordnet. Dadurch werden die Ursachen jedoch nicht beseitigt, sondern nur Symptome unterdrückt. Der junge Mensch lernt während der Therapie aber, daß es ein bequemes Mittel gegen seine seelischen Nöte gibt, und verlangt es immer wieder vom Arzt. Wenn der schließlich die „Notbremse" zieht und keine weiteren Arzneimittel mehr verordnen will, findet sich bestimmt der nächste Arzt, der nicht vom Medikamentenmißbrauch weiß und das Suchtmittel deshalb erneut verschreibt. Und wenn es überhaupt nicht mehr anders geht, scheuen arzneimittelsüchtige Jugendliche dann auch nicht vor Rezeptfälschungen und Überfällen auf Apotheken zurück, um sich ihren „Stoff" zu beschaffen.

Ausgerechnet seelisch gestörte junge Menschen, die für die Sucht besonders anfällig sind, erhalten viel zu kritiklos derartige Medikamente, obwohl sie ihnen im Grunde nicht viel helfen können. Man darf dies freilich nicht allein den verordnenden Ärzten anlasten, sondern auch den Eltern, die von ihnen erwarten, alle Erziehungsprobleme rasch und bequem durch ein Medikament zu „reparieren".

Fachleute befürchten heute schon, daß in naher Zukunft eine Welle der Arzneimittelabhängigkeit auf uns zukommen wird, die das eigentliche Drogenproblem und vielleicht auch den Alkoholmißbrauch bei weitem in den Schatten stellen wird. Man darf dabei ja vor allem nicht übersehen, daß auch Kinder und Jugendliche, die durch eine Behandlung mit Psychopharmaka nicht abhängig wurden, später als Erwachsene dazu neigen, immer mehr und häufiger derartige Arzneimittel zu mißbrauchen, bis sie schließlich doch noch süchtig werden.

Schließlich dürfen auch die Suchtmittel im engeren Sinn nicht vergessen werden, wie Heroin, Kokain, Haschisch, Marihuana, Opium und LSD. Sie werden heute immer noch häufig mißbraucht, wenn auch längst nicht so oft wie Arzneimittel, Alkohol und Schnüffelstoffe.

Die Ursachen der Arzneimittel- und Drogensucht gleichen im Prinzip denen der Alkoholabhängigkeit, wobei das Vorbild der Eltern bei der Drogensucht in aller Regel jedoch nicht besteht. Oft tragen Angstzustände und andere Schulprobleme besonders viel dazu bei.

Kinder- und Jugendkriminalität

Die Kriminalität bildet heute in allen Industrienationen ein großes soziales Problem. Sie läßt sich zumindest teilweise aus den gesellschaftlichen Fehlentwicklungen nach dem Zweiten Weltkrieg erklären. Besonders deutlich fiel der Anstieg der Kriminalität seit 1945 bei Jugendlichen aus; sie übersteigt die Zunahme der Erwachsenenkriminalität auffällig.

Im Vordergrund der Jugendkriminalität stehen kleinere Eigentumsdelikte, vor allem Diebstähle in Supermärkten und Warenhäusern. Solche Ladendiebstähle deuten meist auf unbefriedigte Gefühlsbedürfnisse und gestörte andere soziale Beziehungen hin, die unter anderem auch mit zur Schulangst beitragen. Der junge Mensch sucht nach Ersatz für das, was ihm die Eltern und/oder Schule vorenthalten, bleibt darin aber unbefriedigt und neigt deshalb dazu, die Diebstähle zu wiederholen.

Für manche Kinder und Jugendliche bedeuten Diebstähle nur den „Einstieg" in die weitere kriminelle Entwicklung. Im Lauf der Zeit beschränken sie sich bald nicht mehr darauf, sondern wenden auch Gewalt an. Mit solchen Raubüberfällen, die bei Suchtkranken auch der Beschaffung des Suchtmittels oder des Geldes dafür dienen, ist dann der Schritt in die Schwerkriminalität getan.

Manche der Betroffenen wenden Gewalt nicht zum Raub an, sondern richten sie gegen Personen. Das kann bis zum sinnlosen Mord führen. Dahinter steht eine schwerwiegende Fehlentwicklung der Persönlichkeit mit unkontrollierbarer Aggressivität. (Die Zusammenhänge zwischen Aggressionen und Schulangst wurden weiter vorne bereits erklärt.)

Kriminalität bei Kindern und Jugendlichen gehört zu den ernsten sozialen Auswüchsen der modernen Industriegesellschaft. Dabei ist besonders zu berücksichtigen, daß nicht wenige der jungen Delinquenten später rückfällig und schließlich zu Gewohnheitskriminellen werden. Deshalb ist es nicht damit getan, sie zu bestrafen, das treibt sie unter Umständen nur noch tiefer in die „kriminelle Karriere" hinein. Notwendig ist vielmehr die psychotherapeutische und pädagogische Hilfe im Rahmen der Jugendgerichtshilfe. Dadurch können die jugendlichen Delinquenten wieder auf den richtigen Weg gebracht werden.

Eltern dürfen kleine kriminelle Handlungen ihrer Kinder keinesfalls verharmlosen, sollten sie aber auch nicht übermäßig aufbauschen. Die erstgenannte Reaktion könnte von den Kindern als Zustimmung zu weiteren Straftaten aufgefaßt werden, die andere zur vermehrten Aggressivität und dem Gefühl des „Im-Stich-Gelassen-Werdens" führen und gleichfalls zu neuen Straftaten veranlassen. Wenn es bei kleinen Delikten nicht gelingt, durch erzieherische Maßnahmen die Wiederholung zu verhindern, darf die Erziehungsberatung mit psychotherapeutischer Behandlung nicht aus falscher Scham auf die lange Bank geschoben werden, das liegt nicht – wie viele Eltern meinen – im Interesse des Kindes.

Wenn Schulängste als Ursachen der Kriminalität eine Rolle spielen, empfiehlt sich oft ein vertrauliches Gespräch mit dem Lehrer und/oder Schulpsychologen, damit die schulischen Probleme erkannt und beseitigt werden können.

Andere Verhaltensstörungen

Im Prinzip faßt man unter dem Oberbegriff der Verhaltensstörungen drei Gruppen von Verhaltensformen wie folgt zusammen:
- Störungen des sozialen Verhaltens mit Aggressionen gegen andere oder gegen die Gesellschaft insgesamt (Terrorismus); dazu gehört auch die Kriminalität;
- Störungen des zwischenmenschlichen Verhaltens mit Mißachtung der Regeln, die für das menschliche Miteinander unverzichtbar sind, wie Unhöflichkeit, Taktlosigkeit und Gleichgültigkeit gegenüber anderen;
- Störungen der Selbstkontrolle, die zu sozial unangepaßtem Verhalten führt, dessen Folgen sich die Betroffenen in diesem Augenblick nicht mehr klar vor Augen halten können; neben der Aggressivität gehören dazu auch ungehemmte Gefühlsausbrüche und ähnliche, in unserer Gesellschaft nicht tolerierte Verhaltensformen.

Die meisten dieser Verhaltensstörungen, die im Zusammenhang mit der Schulangst auftreten können, wurden bereits ausführlich beschrieben. Darüber hinaus gibt es aber noch zahlreiche andere Auffälligkeiten des Verhaltens, die nicht mehr näher aufgeführt werden müssen. Dazu gehört zum Beispiel die Unhöflichkeit und Taktlosigkeit gegenüber anderen Menschen, die man als milde Form der Aggressivität bevorzugt bei Jugendlichen in der Pubertät beobachtet. Sie geht meist rasch vorüber und ist dann bedeutungslos, bei längerer Dauer muß aber an Schulangst und andere seelische Störungen gedacht werden.

Ferner sind noch unkontrollierte Gefühlsausbrüche zu nennen, die gleichfalls auf Schulangst hinweisen können, zum Beispiel hemmungsloses Lachen oder Weinen, das manchmal überhaupt nicht dem Anlaß entspricht. In solchen Verhaltensstörungen entladen sich dann die unerträglich gewordenen inneren Spannungen.

Im Grunde kann es infolge der Schulangst in allen Bereichen des Verhaltens zu auffälligen Veränderungen kommen, hinter denen man die Angst oft nicht erkennt. Es nützt wenig, dagegen durch Ermahnungen und Strafen anzugehen. Erst muß die verursachende Angst ausgeschaltet werden, ehe eine Verhaltensänderung möglich ist.

Hilfen bei Schulangst

Soziale Mißstände und Strukturen der Schule, die beide mit zur Schulangst beitragen, lassen sich nur in einem langsamen Entwicklungsprozeß und nie allein von den Eltern der betroffenen Schüler verändern. Dennoch ist Hilfe bei Schulangst möglich und muß nicht immer vom Psychotherapeuten durchgeführt werden. Gerade weil auch das Elternhaus zu den wichtigen Verursachern der Schulangst gehört, bieten sich den Eltern oft genügend Möglichkeiten, ihren Kindern zu helfen oder die Schulangst überhaupt zu vermeiden. Im Mittelpunkt dieses Kapitels steht die Anleitung zur praktischen Hilfe durch die Eltern, ergänzt durch die sehr wichtigen Entspannungsübungen. Daneben kommt aber auch die Beschreibung der fachmännischen Behandlung nicht zu kurz, die bei ernsteren Störungen unverzichtbar ist und ohne falsche Scheu in Anspruch genommen werden sollte.

Was können die Eltern tun?

Das Elternhaus kann auf vielfältige Weise zur Vorbeugung und Behandlung der Schulangst beitragen. Das beginnt mit der Erhaltung der körperlichen Gesundheit als Voraussetzung des Leistungsvermögens und umfaßt insbesondere auch die richtige Erziehung. Alle diese einfachen Maßnahmen haben sich in der Praxis bestens bewährt und können den Kindern und ihren Eltern viele Konflikte und Leiden ersparen.
Natürlich erfordert das oft die Abkehr von Gewohnheiten, die nicht immer ganz leicht fällt, aber die Mühe zahlt sich aus. Bei der richtigen Erziehung kommt als weiteres Problem hinzu, daß die Eltern selbst unter Ängsten leiden und noch unter dem vielleicht negativen Einfluß ihrer eigenen Erziehung stehen. Trotzdem sollten sie versuchen, über ihren Schatten zu springen, das nützt dann nicht allein dem Kind, das unter Schulangst leidet, sondern der gesamten Familie.

Vollwertige Ernährung und gesunde Lebensweise
– die Grundvoraussetzungen kindlicher Entwicklung
Die Zunahme der Zivilisationskrankheiten in allen Industrienationen steht in engem Zusammenhang mit den verbreiteten Fehlern der Ernährung und Lebensführung. Wenn schon die Erwachsenen, die es besser wissen müßten, derart ungesund leben, darf man sich natürlich nicht wundern, daß die Kinder ihr Vorbild übernehmen und dadurch in ihrer Entwicklung gestört werden. Zwar gibt es heute immer mehr Eltern, die sich bemühen, ihre Kinder gesünder zu ernähren und zur gesünderen Lebensweise zu erziehen, aber

das gelingt nur unter der Voraussetzung, daß auch die Eltern selbst ihr Vorbild korrigieren. Deshalb sollte eine Reform falscher Gewohnheiten stets für die gesamte Familie gelten.
Bei der Ernährung und Lebensführung darf auch nicht vergessen werden, daß die während der Kindheit und Jugend durch Erziehung geprägten Gewohnheiten später oftmals unkritisch beibehalten werden. Die Fehler setzen sich also fort und tragen frühzeitig mit zu Zivilisationskrankheiten bei, die dann nicht selten bereits um die Lebensmitte herum deutlicher spürbar werden und die Lebenserwartung unnötig verkürzen. Alle offiziellen, großangelegten Aufklärungskampagnen über gesündere Lebensführung können nicht durchgreifend wirksam werden, wenn man damit nicht bereits in der Kindheit durch Erziehung zu gesünderen Gewohnheiten beginnt.
Gesundheitsbewußte Ernährung der Kinder und Jugendlichen fängt mit dem vollwertigen Frühstück an. Rund 20% aller Schüler gehen morgens ohne Frühstück aus dem Haus, viele andere schlingen nur hastig eine Kleinigkeit hinunter, weil die Zeit nicht ausreicht und/oder sie am Morgen noch keinen Appetit verspüren. Dieser Appetitmangel kann sich aus der Schulangst erklären und läßt sich dann nur beseitigen, wenn die Angstzustände überwunden werden. Allerdings sollten die Eltern doch auch in solchen Fällen versuchen, ihr Kind zu veranlassen, wenigstens eine Kleinigkeit zum Frühstück zu essen, denn es ist die wichtigste Mahlzeit des Tages. Nach der langen Nachtruhe benötigt der Organismus ein vollwertiges Frühstück, das ihm Energie für den bevorstehenden Unterricht zuführt. Wird es vernachlässigt, drohen Lern- und Konzentrationsstörungen, die bestehende Schulängste verschlimmern oder sogar erst hervorrufen.
Zum Frühstück eignet sich vor allem das Vollwertmüsli nach Dr. Bircher-Benner sehr gut. Es enthält vollwertiges Getreide mit Obst, Nüssen, Honig und Milch und liefert Energie und Vitalstoffe, die der kindliche Organismus dringend benötigt, um den Schulstreß gut durchzustehen. Hinzu kommt, daß die Haferflocken im Müsli bei längerem Gebrauch die geistige Leistungsfähigkeit deutlich verbessern und sogar das Seelenleben und vegetative Nervensystem günstig beeinflussen. Außerdem verzehren die Kinder das Müsli meist gern, wenn sie sich erst einmal daran gewöhnt haben.

Müsli-Grundrezept
Zutaten: 2-3 Eßlöffel Haferflocken (je nach Appetit), 2-3 Eßlöffel Wasser, 1 Eßlöffel Vorzugs- oder Kondensmilch, 1 Apfel, 10 g geriebene Nüsse, 1 Teelöffel Honig, einige Spritzer Zitronensaft.
Zubereitung: Die Haferflocken am Abend in Wasser einweichen und in einem bedeckten Gefäß über Nacht quellen lassen. Am Morgen den Apfel mit Schale und Kerngehäuse grob auf einer Glasreibe raffeln, mit Zitronensaft beträufeln und unter die Haferflocken mischen. Milch und Honig zufügen, alles gut durchrühren, mit den geriebenen Nüssen garnieren.

Dieses Grundrezept läßt sich vielfältig variieren, so daß das Frühstück niemals langweilig werden muß. Je nach Jahreszeit kann man anstelle des Apfels auch anderes Obst verwenden und die Nüsse durch frische Weizenkeime, Leinsamen oder Weizenkleie ersetzen.
Bei Appetitmangel dürfen keine großen Portionen angeboten werden, die das Kind nur „abschrecken". Mehrere kleine Mahlzeiten werden eher als die üblichen drei großen angenommen. Wenn trotzdem Reste auf dem Teller bleiben, nützt es nichts, das Kind durch gutes Zureden, Versprechungen oder gar Strafen zu zwingen, ihn vollends zu leeren. Dadurch verdirbt man ihm nur den Appetit und die erzwungen aufgenommene Nahrung wird hinterher oft wieder erbrochen.
Besonders wichtig ist schließlich auch noch, daß beim Frühstück eine gute Atmosphäre bei Tisch herrscht. Unter keinen Umständen dürfen Schulprobleme gewälzt, Streitereien ausgetragen oder Anweisungen für den bevorstehenden Tag gegeben werden und es darf auch kein Zeitdruck bestehen, sonst stellt sich mit Sicherheit kein Appetit ein. Das Kind sollte früh genug aufstehen, damit es in aller Ruhe frühstücken kann und mit dem Gefühl der emotionalen Geborgenheit im Elternhaus vom Tisch aufstehen, dann fällt es ihm leichter, zur Schule zu gehen.
Alle diese wichtigen Ratschläge gelten sinngemäß selbstverständlich auch für alle anderen Mahlzeiten.
Das Pausenbrot als 2. Frühstück ist immer angebracht, um den Leistungsabfall nach 3-4 Stunden Unterricht zu vermeiden. Besonders wichtig wird es dann, wenn beim Frühstück nur wenig gegessen wird. Häufig geben Eltern ihren Kindern jedoch eine falsche Zwischenmahlzeit mit, die nicht selten in der Mülltonne landet oder zu Übergewicht führt. Die üblichen Pausenbrote, vor allem Brötchen und Weißbrot mit Butter und Wurst, eignen sich nicht. Das Schulkind braucht ein kräftiges Vollkornbrot mit allen Vitalstoffen des vollen Korns, mäßig mit Butter oder Diätmargarine bestrichen, dazu Kräuterquark, frisches Obst oder andere Rohkostzubereitungen, die man bequem mit in die Schule nehmen kann.
Auch das Mittagessen beginnt mit Rohkost, denn sie allein gewährleistet als „lebende", naturbelassene Nahrung die ausreichende Versorgung mit Vitalstoffen. Anschließend gibt es dann hauptsächlich Gemüse, Kartoffeln, Vollkornteigwaren und Vollreis. Tierische Nahrungsmittel, also Fleisch und Fisch, gibt man nicht als Hauptbestandteil der Mahlzeit, sondern nur mäßig als Beilage zur pflanzlichen Kost – und auch das möglichst nicht jeden Tag. Desserts, wie gekochtes Obst, Pudding und andere Süßigkeiten, gehören nicht zur vollwertigen Ernährung. Sie führen nur unnötige „leere Kalorien" ohne Vitalstoffe zu. Dadurch werden Übergewicht, Mangelkrankheiten, Belastungen der Bauchspeicheldrüse mit erhöhtem Risiko der späteren Zuckerkrankheit und Zahnschäden begünstigt. Deshalb dürfen sie allenfalls bei besonderen Gelegenheiten ausnahmsweise einmal verzehrt werden.

Der Wunsch vieler Kinder nach Süßigkeiten, Bonbons und ähnlichem kann auf gesunde Weise durch Obst und mäßig Honig befriedigt werden. Wenn die Kinder nie andere Süßigkeiten erhalten, wird ihnen auch nichts fehlen. Insbesondere dürfen Süßigkeiten niemals als „Erziehungshilfen" zur Belohnung oder – durch Entzug – zur Bestrafung eingesetzt werden.
Am Nachmittag gibt man Kindern wieder eine kleine Zwischenmahlzeit. Sie besteht hauptsächlich aus frischem Obst, Quark, Joghurt, Obst- und Gemüsesäften, bei größerem Appetit auch etwas Knäcke- oder Vollkornbrot.
Das Abendessen darf, abhängig vom Zeitpunkt des Schlafengehens, nie zu spät verzehrt werden. Bei Bettnässen gibt man dazu keine Getränke mehr. Am Anfang stehen wieder Salate und andere Rohkostgerichte. Danach gibt man am besten kräftiges Vollkorn- oder Knäckebrot mit Quark, Joghurt, Käse, Obstspeisen oder mäßig Wurst, diese aber nicht zu häufig. Auch ein warmes Abendbrot, ähnlich zusammengestellt wie das Mittagessen, aber weniger kalorienhaltig, kann auf Wunsch verzehrt werden; das warme Mittagessen wird dadurch aber nicht überflüssig.
Nach dem Abendbrot sollte nichts mehr gegessen werden. Allenfalls etwas Obst kann vor dem Schlafengehen noch verzehrt werden, aber immer vor dem Zähneputzen, sonst kommt es bald zu Zahnschäden.
An Getränken erhalten Kinder hauptsächlich naturbelassene Obst- und Gemüsesäfte, gesäuerte Milchgetränke (wie Butter- und Sauermilch), nicht zu viel Vorzugsmilch, kochsalz-, kohlensäure- und nitratarme Mineralwässer und ungezuckerten Kräutertee. Bei den Tees ist aber Vorsicht geboten, nicht alle dürfen dauernd getrunken werden. Das gilt zum Beispiel für Kamillen- und Pfefferminztee, während man Hagebutten- und Früchtetee auch ständig bedenkenlos verabreichen darf. Fertige Frühstücksteemischungen enthalten häufig abführende Kräuter und eignen sich dann nicht zum ständigen Gebrauch, am besten verzichtet man ganz darauf.
Nicht erlaubt sind Obst- und Gemüsesäfte mit Konservierungsstoffen, Zucker und chemischen Zusätzen, Limonaden mit Zucker, Koffein oder Chinin (Tonicwässer), andere denaturierte Getränke und selbstverständlich der Alkohol in jeder Form.
Das oberste Gebot gesunder Ernährung (nicht nur für Kinder) lautet:
> Die Kost soll so naturbelassen wie möglich sein, also am besten aus biologischem Anbau stammen, und so schonend wie möglich zubereitet werden; was roh verzehrt werden kann, denaturiert man nicht durch Erhitzung.

Wenn diese einfache Grundregel strikt beachtet wird, können bei der Ernährung eigentlich keine schwerwiegenden Fehler unterlaufen.
Neben vollwertiger Ernährung erfordert die gesundheitsbewußte Lebensweise vor allem noch ausreichend Bewegung an der frischen Luft. Sie ist notwendig, damit das Kind lernt, seine Bewegungsabläufe zu koordinieren.

Außerdem kräftigt regelmäßiges Training die Knochen und Muskeln, stabilisiert die heute oft schon frühzeitig geschwächte Körperhaltung, regt durch Abhärtung die körpereigenen Abwehrkräfte gegen viele Krankheiten an, versorgt den Organismus besser mit Sauerstoff und trägt nicht zuletzt auch mit dazu bei, daß der Schulstreß besser ertragen wird. Sonnenlicht ist außerdem notwendig, um in der Haut aus Vorstufen das wirksame Vitamin D zu bilden, das für den Kalziumhaushalt (Knochen, Zähne, Nerven) unentbehrlich ist. Deshalb darf man die regelmäßige Bewegung bei Spiel und Sport an der frischen Luft nie vernachlässigen. Der Schulsport genügt dazu nicht, außerdem fallen die Stunden nicht selten ohnehin aus, weil man im Unterricht der reinen Wissensvermittlung mehr Bedeutung beimißt. Wenn man von frühster Kindheit an lernt, sich regelmäßig ausreichend abzuhärten und zu trainieren, wird das erfahrungsgemäß auch später oft beibehalten und trägt dann viel mit zur Vorbeugung von Zivilisationskrankheiten bei.

Gerade Schulkinder, deren natürlicher Bewegungsdrang stundenlang durch Unterricht und Hausaufgaben eingeschränkt wird und die dann auch noch unter streßreicher Schulangst leiden, benötigen unbedingt den Ausgleich durch Sport in der Freizeit. Dazu kann sich der Beitritt in einen Sportverein empfehlen, wo die Kinder unter fachmännischer Anleitung richtig trainieren und gleichzeitig auch noch positive soziale Beziehungen zu Gleichaltrigen anknüpfen. Hinzu kommt, daß Sport bei regelmäßigem Training das Selbstvertrauen und die Selbstsicherheit erhöht, was wiederum der Angst entgegenwirkt. Allein dadurch kann es schon gelingen, allmählich auf natürliche Weise die Schulangst zu überwinden.

Das Bewegungsprogramm für Schulkinder und Jugendliche besteht aus 2mal 5-10 Minuten Gymnastik täglich am Morgen und Abend im Freien oder wenigstens unter offenem Fenster. Hinzu kommen mindestens 3-4mal wöchentlich Sport und Spiel im Freien, je nach Witterung mindestens 1/2 Stunde lang, und am Wochenende Wanderungen, Schwimmen und Spiele im Freien. Dazu muß immer genug Zeit bleiben, auch wenn der Schulstreß noch so hoch ist.

Beim Training geht es nicht um Höchstleistungen, sondern um die allmähliche Steigerung der Ausdauer. Deshalb eignen sich nicht alle Sportarten gleich gut. Hauptsächlich sind Schwimmen, Radfahren, Gehen und Laufen im Wechsel (Intervalltraining) und ähnliche Sportformen zu empfehlen, die möglichst viele Muskelpartien mäßig, aber regelmäßig beanspruchen. Der gelegentliche Sport bringt wenig, kann mangels Training sogar sehr leicht zur Überforderung führen.

Wenn Eltern nicht genau wissen, welche Sportart ihrem Kind am besten entspricht und dieses selbst auch keine bestimmten Neigungen und Interessen zeigt und auch keinem Sportverein beitreten will, sollten sie mit dem Sportlehrer sprechen. Er kann individuelle Ratschläge geben und das Kind im Sportunterricht gezielt fördern.

Durch ausreichend Bewegung an der frischen Luft in richtiger, der Witterung angemessener Kleidung erreicht man auch eine ausreichende Abhärtung. Sie schützt vor zahlreichen Krankheiten, die das Leistungsvermögen herabsetzen können. Zusätzlich kann man zur Abhärtung noch Wechselduschen (kalt – warm, mehrmals wechseln und immer kalt beenden) am Morgen, Wassertreten in der bis zur Wadenmitte mit kaltem Wasser gefüllten Wanne (vor allem abends, das fördert auch das Einschlafen), kalte Arm- und Fußbäder und andere Wasseranwendungen durchführen. Dadurch verbessert man die abwehrsteigernde Wirkung.
Zur gesunden Lebensweise gehört selbstverständlich auch noch ausreichend Schlaf. Der Schlafbedarf hängt vom Alter ab und schwankt individuell erheblich. Eltern sollten bei Schlafstörungen des Kindes zunächst ermitteln, wieviel Schlaf das Kind überhaupt benötigt. Wenn es am Morgen noch müde aufgeweckt werden muß, schläft es wahrscheinlich zu kurz, während vorzeitiges Erwachen auf einen geringeren Schlafbedarf hinweisen kann. Dementsprechend sollten zukünftig die Schlafzeiten festgelegt werden.
Zum Abschluß noch ein Wort zum Fernsehen, das in vielen Familien mit Kindern immer wieder zu Konflikten führt und den Kindern auch den notwendigen Schlaf rauben kann. Grundsätzlich bestehen keine Einwände dagegen, wenn Kinder geeignete Programme anschauen. Aber das Fernsehen darf niemals die gesamte Freizeit ausfüllen. Abgesehen davon, daß dann Sport und Spiel an der frischen Luft zu kurz kämen, kann zu langes Fernsehen zu erheblichen Störungen führen. Phantasie, Kreativität und Eigeninitiative werden dadurch oft eingeschränkt, der symbolische Streß mancher Fernsehsendungen kann zu Angst, Schlafstörungen und Alpträumen führen. Richtig genutzt trägt das Fernsehen allerdings auch mit zur geistigseelischen Entwicklung bei. Das setzt voraus, daß geeignete Programme gemeinsam mit den Kindern ausgewählt und möglichst auch zusammen mit ihnen angeschaut werden. Danach sollten die Eindrücke des Kindes, seine Gefühle und anderen Reaktionen durchgesprochen und dabei aufgearbeitet werden.
Es versteht sich von selbst, daß Fernsehen nie den Nachtschlaf des Kindes verkürzen darf und alle jugendgefährdenden Sendungen und Videobänder von Kindern ferngehalten werden müssen (vor allem die Gewalt- und Pornodarstellungen, die neuerdings per Video angeboten werden). Entsprechende Videofilme müssen so unter Verschluß gehalten werden, daß die Kinder sie auch nicht heimlich anschauen können.

Die richtigen Erziehungsinhalte
Neben gesunder Lebensweise und Ernährung kommt der richtigen Erziehung zur Vorbeugung und Behandlung der Schulangst entscheidende Bedeutung zu. Eltern müssen sich dabei in der Regel auf ihren natürlichen

Instinkt verlassen und werden mit von ihren eigenen Erfahrungen in der Kindheit und Jugend geprägt, eine gezielte Vorbereitung auf die spätere Kindererziehung, die beispielsweise auch von der Schule wahrgenommen werden könnte, findet bei uns nicht statt. Erst wenn das Kind in den Brunnen gefallen ist, also seelische Störungen auftreten, wird vielleicht der fachmännische Rat einer Erziehungsberatungsstelle gesucht. Aber dann lassen sich die psychischen Schäden nur schwer, vielleicht überhaupt nicht mehr vollständig rückgängig machen.

Die große Zahl seelisch und psychosomatisch kranker Menschen in den Industriestaaten erklärt sich nicht zuletzt daraus, daß in der Kindheit und Jugend eine falsche Erziehung erfolgt, die sich vielfach noch an den eigenen Erziehungserfahrungen der Eltern orientiert, die jedoch den gewandelten sozialen Verhältnissen nicht mehr angemessen sind. Das gilt sogar für Eltern, die sich vor der Geburt eines Kindes umfassend über die richtige Erziehung informiert haben. In der Theorie wissen sie sehr viel von richtiger Erziehung und sind auch besten Willens, dieses Wissen praktisch anzuwenden. Aber das gelingt ihnen dann häufig doch nicht, weil die Erziehungseinflüsse aus ihrer eigenen Kindheit aus dem Unbewußten unbemerkt fortwirken. Selbst wenn sie ziemlich genau angeben können, was bei ihrer eigenen Erziehung vielleicht falsch gemacht wurde, schützt sie das nicht davor, die gleichen Fehler unbemerkt bei ihren Kindern zu wiederholen, ohne daß ihnen das überhaupt bewußt wird. Der Einfluß des Unbewußten ist zu stark, als daß er durch den Verstand kontrolliert werden könnte.

Wir können hier unmöglich alle Aspekte der richtigen Erziehung behandeln, darüber müßte ein eigenes Buch geschrieben werden. Aber wir wollen versuchen, wenigstens die wichtigsten Fragen zu klären, die mit der Schulangst in Zusammenhang stehen können. Interessierte Eltern finden im Buchhandel genügend weiterführende Literatur. Allerdings müssen sie auch dafür sorgen, daß die Ratschläge praktisch verwirklicht werden können. Dabei hilft ihnen vor allem die Einsicht in die Motive ihres Verhaltens gegenüber ihrem Kind und das autogene Training mit positiver Selbstbeeinflussung, um die Verhaltens-(Erziehungs-)fehler gezielt zu beeinflussen. Bei ernsteren Erziehungsproblemen sollten die Eltern sich nicht scheuen, die Hilfe der Fachleute einer Erziehungsberatungsstelle in Anspruch zu nehmen oder sich bei Bedarf auch gemeinsam mit dem Kind einer Familientherapie zu unterziehen. Das verbessert dann ganz allgemein die Beziehungen innerhalb der Familie, kommt also allen ihren Mitgliedern zugute.

Die Persönlichkeit des Kindes entfalten

Eine der zentralen Aufgaben der Erziehung besteht darin, die Entwicklung der Persönlichkeit eines Kindes zu fördern. Das setzt zunächst voraus, daß man die Schwerpunkte seiner Anlagen, Begabungen, Eigenschaften und

Fähigkeiten klar erkennt und dann die günstigsten Voraussetzungen für deren Ausbildung schafft.

Eltern fällt es oft schwer, diese Persönlichkeitsanlagen ihres Kindes zu erkennen. Aber durch Beobachtung zum Beispiel beim Spielen und durch Beachtung der schulischen Leistungen und bevorzugten Fächer kann man im Lauf der Zeit doch ein recht zuverlässiges Bild wenigstens von den Haupteigenschaften gewinnen und diese dann gezielt fördern. Dazu gehört auch die Hilfestellung bei der Auswahl von Unterrichtsfächern in höheren Klassen, bei der es nicht so sehr um deren praktische Bedeutung für das spätere Berufsleben gehen sollte, sondern in erster Linie um die individuellen Neigungen des Kindes. Natürlich spielt gerade in Zeiten knapper Ausbildungsplätze auch der berufliche Nutzen eine Rolle, aber wenn er mit den individuellen Neigungen kollidiert, muß ein Kompromiß gefunden werden, der die Neigungen nicht unterdrückt. Auch die Freizeit bietet sich an, um viele Interessen und Neigungen zu fördern und zu verwirklichen, die in der Schule zu kurz kommen, insbesondere praktische Intelligenz, Kreativität und Phantasie.

Bei der Entwicklung der kindlichen Persönlichkeit kommt es nicht selten zum Konflikt zwischen den Absichten, Erwartungen und Wünschen der Eltern und den Anlagen, Fähigkeiten und Interessen des Kindes. Daraus können sich erhebliche Probleme ergeben. Die Erwartungen der Eltern scheinen ja auf den ersten Blick dem Wohl des Kindes zu dienen und sie versuchen denn auch häufig, sie um jeden Preis durchzusetzen, damit das Kind es später „einmal besser hat". Tatsächlich stehen hinter den Erwartungen der Eltern jedoch häufig unbewußte Vorgänge, die mit den Interessen des Kindes wenig zu tun haben. Sehr oft versuchen Eltern zum Beispiel, in ihren Kindern das zu verwirklichen, was sie persönlich im Leben zwar auch anstrebten, aber nicht erreichen konnten. Das Kind wird dann gewissermaßen zum Stellvertreter und soll den Eltern eine Ersatzbefriedigung verschaffen. Damit verstoßen die Eltern gegen eine elementare Regel richtiger Erziehung, nach der niemals eigene Absichten, Bestrebungen und Erwartungen gegen die Anlagen und Neigungen des Kindes durchgesetzt werden dürfen. Selbst wenn das ohne größere Konflikte gelingt, weil sich das Kind dem Druck der Eltern übermäßig anpaßt, und die Zukunft beweist, daß die Erziehungsziele von praktischem Nutzen waren, ist damit noch lange nicht gesagt, daß das derart in seiner freien Persönlichkeitsentfaltung eingeschränkte Kind glücklich wird. Der äußere Erfolg beweist das jedenfalls nicht. Man kann durch Fleiß und Selbstdisziplin im Leben sehr viel erreichen, auch wenn es nicht den Anlagen und Neigungen entspricht, und trotzdem lebenslang unglücklich bleiben, unter Ängsten, Depressionen und anderen seelischen Störungen leiden. Deshalb müssen die Eltern sich stets vor Augen halten, daß ihre eigenen Absichten, Erwartungen und Wünsche bei der Erziehung der kindlicher Persönlichkeit keine Rolle spielen dürfen, selbst wenn sie den Interesser des Kindes noch so sehr zu entsprechen scheinen. Ihre Aufgabe als Erziehungsberechtigte (besser wäre es, von „Erziehungsverpflichteten" zu sprechen) besteht ausschließlich darin, die im Kind ruhenden Möglichkeiten zu erkennen und Bedingungen zu schaffen, unter denen es diese Möglichkeiten frei entfalten kann.

Neben den eigenen Absichten und Erwartungen der Eltern spielen auch noch ihre persönlichen Abneigungen und inneren Einstellungen bei der Erziehung eine Rolle, die wiederum mit ihrer eigenen Erziehung und den Lebenserfahrungen in Beziehung stehen. Daraus entwickeln sie zum Beispiel Abneigungen gegen Eigenschaften ihrer Kinder, die sie aus ihren inneren Einstellungen heraus ablehnen, vielleicht sogar an sich selbst kennen und zu unterdrücken versuchen. Auch diese Motive der Erziehung haben natürlich nichts mit den wohlverstandenen Interessen des Kindes zu tun, sondern dienen lediglich den Eltern. Aber genau das darf nicht das Ziel der Persönlichkeitsentwicklung sein.

Erziehung der kindlichen Persönlichkeit, die in der Schule zu kurz kommt, besteht letztlich in zwei Hauptaufgaben:

- Schaffung der Grundvoraussetzungen zur freien Entwicklung der individuellen Persönlichkeitsmerkmale eines Kindes unabhängig davon, ob diese Eigenschaften mit den Absichten und Erwartungen der Eltern in Einklang stehen oder ihnen widersprechen; dadurch kann sich das Kind zu einem selbstbewußten und selbstsicheren Menschen entwickeln, der sich selbst zu verwirklichen versteht und dadurch Sinn und Erfüllung im Leben findet.

- Begrenzung der freien Persönlichkeitsentfaltung entsprechend den berechtigten Ansprüchen unserer Gesellschaft, die immer Kompromisse verlangt; dazu gehört insbesondere, daß keine asozialen und kriminellen Eigenschaften der kindlichen Persönlichkeit hingenommen oder gar noch gefördert werden, denn hier muß die freie Selbstentfaltung natürlich enden; allerdings dürfen die Ansprüche der Gesellschaft bei der Erziehung niemals so stark berücksichtigt werden, daß sich das Kind im Übermaß anpaßt oder unter dem Anpassungsdruck in die soziale Verweigerung und Außenseiterrolle gedrängt wird, sonst geht seine Individualität verloren und es lernt nie, sich später auch durchzusetzen, wenn andere die übertriebene Anpassung fordern; es erfordert viel Fingerspitzengefühl, das richtige Mittelmaß zu finden, was natürlich mit davon abhängt, wie stark sich die Eltern selbst den gesellschaftlichen Zwängen unterworfen haben.

Eine Erziehung, die sich bemüht, diese beiden Grundforderungen zu erfüllen, wird die kindliche Persönlichkeit zwanglos in die individuell angemessenen und sozial notwendigen Bahnen lenken und das Kind zum Lebensglück und zur Bewältigung der unvermeidlichen Angst befähigen.

Erziehung zur Selbständigkeit

Richtige Erziehung der Persönlichkeit des Kindes in der oben beschriebenen Form bedeutet immer auch Erziehung zum selbständigen Leben. Die Selbständigkeit muß dabei natürlich dem Alter angemessen sein. Zu viel Selbständigkeit führt leicht zu Fehlentwicklungen, weil dem Kind klare Leitlinien fehlen, und artet schlimmstenfalls in der Verwahrlosung und Asozialität aus. Das bedeutet jedoch nicht, daß der Erziehungsstil zu autoritär werden darf. Die Erfahrungen mit den Kindern, die während der Studentenrevolte Ende der 60er Jahre unter dem Schlagwort „antiautoritäre Erziehung" heranwuchsen und inzwischen erwachsen wurden, beweisen vielmehr, daß die Mehrzahl von ihnen es geschafft hat, sich den berechtigten Erwartungen der Gesellschaft anzupassen. Dabei wurde ihnen einst das Gegenteil prophezeit. Im Vergleich zu den „autoritär" erzogenen Kindern zeichnen sie sich allerdings meist durch mehr Offenheit, Eigenständigkeit, Kreativität und Phantasie aus. Sie wurden also – allen düsteren Prognosen zum Trotz – zu jungen Menschen herangebildet, die sich selbständig ihren Platz in der Gesellschaft eroberten und mit ihrer unbeschädigten Individualität viel mehr als die autoritär überangepaßten Kinder zur gesellschaftlichen Weiterentwicklung beitragen können.

Das Modewort „antiautoritär" war damals freilich falsch gewählt und führte zu vielen Mißverständnissen und Ablehnung. Kinder können und sollen nicht ganz ohne Autorität und Vorbilder heranwachsen, sonst „verwildern" sie und verfehlen vielleicht ihre Selbstverwirklichung und den Sinn ihres Lebens. Nicht gegen die Autorität schlechthin darf sich richtige Erziehung richten, sondern gegen übertriebene Autorität und Unterordnung, die der möglichst freien Entfaltung im Wege steht. Deshalb erscheint es angebrachter, von einer „unautoritären" Erziehung zu sprechen, die nicht behindert, sondern zurückhaltend und unauffällig ohne egoistische Interessen lenkt.

Erziehung zur Selbständigkeit erfordert vor allem, daß Kinder ihre eigenen Erfahrungen sammeln dürfen. Die Erfahrungen der Eltern, die diese im Lauf des Lebens erworben haben, mögen noch so wertvoll sein, sie können diese eigene Erfahrung nicht ersetzen. Das erleben Eltern immer wieder im Alltag an ganz einfachen Beispielen. Man mag ein Kind noch so oft vor dem heißen Herd warnen, wahrscheinlich wird es diese Warnungen erst dann glauben, wenn es sich selbst die Finger daran verbrannt hat. Solche Erfahrungen können und dürfen Eltern ihren Kindern nicht zu ersparen versuchen, auch wenn sie es noch so gut damit meinen. Lediglich vor Erfahrungen, die eine ernste Gefahr für das Kind bedeuten, müssen sie es nach besten Kräften bewahren, alle anderen – auch die schmerzhaften – Erfahrungen muß das Kind selbst durchstehen und seinem Weltbild einfügen. Andernfalls bekommt es nur „Erfahrungen aus zweiter Hand", die seine Selbständigkeit stark beschneiden und neigt im späteren Leben vielleicht sogar dazu, die entgangenen

Kindheitserfahrungen in einer Weise nachzuholen, die dem Lebensalter nicht mehr angemessen ist und deshalb als Verhaltensstörung auffällt. Aus der Einsicht, daß Erfahrungen nur selten so weitergegeben werden können, daß sie auch wirklich beherzigt werden, müssen Eltern sich in der Erziehung des Kindes vor der Überbeschützung hüten. Dadurch erreichen sie ohnehin kaum, daß dem Kind alle schlechten Erfahrungen erspart bleiben, erwecken in ihm aber leicht den Eindruck, daß die Welt voller Gefahren steckt. Daraus kann Angst entstehen, die oft das ganze weitere Leben begleitet und nur schwer zu beherrschen ist. Sie trägt viel mit zur Unselbständigkeit bei.

Sinngemäß gehört zur Überbehütung im weiteren Sinn auch noch die Überversorgung bis hin zum Verwöhnen. Das wirft mehrere Probleme auf. Zunächst lernt das Kind dabei nie, sich selbständig im Leben zu behaupten und auch gegen Widerstände durchzusetzen. Wenn die Eltern alles erledigen, kann sich kein ausreichendes Selbstvertrauen, keine Selbstsicherheit und auch keine Eigenverantwortung entwickeln, denn diese für das Leben wichtigen Eigenschaften entstehen erst durch die Bewältigung von Aufgaben und Problemen aus eigener Kraft. Später, wenn die Eltern dann nicht mehr zur Verfügung stehen, muß die Selbständigkeit erst mühsam erlernt werden, was keineswegs immer gelingt.

Hinzu kommt die spätere Frustration, wenn das Kind im Alltag lernen muß, daß die anderen nicht daran denken, es in der vom Elternhaus her gewohnten Weise zu versorgen und zu verwöhnen. Dadurch fällt es aus allen Wolken, weil sein Weltbild verkehrt war. Dieser Sturz ist sehr schmerzhaft und nicht immer heilsam. Erhebliche soziale Probleme können daraus resultieren und die Betroffenen in Angst, Vereinsamung, schlimmstenfalls in den Selbstmord treiben.

Erziehung zur Selbständigkeit mit allen damit verbundenen Risiken fällt nicht immer leicht, vor allem dann nicht, wenn Eltern meinen, daß ihr Kind in sein Unglück rennt. Der Versuch, das durch Autorität zu verhindern, führt aber meist nur zum Widerstand des Kindes mit Entfremdung vom Elternhaus. Entweder die von den Eltern befürchteten Folgen treten tatsächlich ein und leiten einen Lernprozeß ein – oder es zeigt sich, daß doch nicht alles so schlimm wie erwartet kam. Beides ist für die weitere Entwicklung notwendig und sinnvoll.

Im Grunde beruht die Erziehung zur Selbständigkeit auf dem Respekt der Eltern vor der Freiheit und Individualität ihres Kindes mit allen damit verbundenen Konsequenzen. Respekt der Eltern vor dem Kind, das mag merkwürdig klingen, fordert man gewöhnlich doch genau das Gegenteil, also den Respekt der Kinder vor ihren Eltern. Aber Kinder besitzen einen natürlichen Anspruch darauf, auch von ihren Eltern respektiert und gefördert, nicht nach deren eigenen Vorstellungen und Erwartungen in ihrer Selbständigkeit gehemmt zu werden.

Die angstfreie Erziehung

Ebensowenig wie negative Erfahrungen kann Erziehung den Kindern die Angst als Bestandteil menschlichen Lebens ersparen. Ängste treten im Kindesalter sogar vermehrt auf, weil das Kind mit vielen Phänomenen konfrontiert wird, die es noch nicht versteht. Diese Angst ist natürlich und bedeutungslos und legt sich allmählich wieder, weil das Kind seine Welt besser verstehen lernt, sich für das, was es noch nicht verstehen kann, eigene Schein-Erklärungen („magisches Denken") zurechtlegt oder sich einfach an die unverstandenen Phänomene gewöhnt und aufhört, sich darüber noch Fragen zu stellen. Eltern können viel zur Bewältigung solcher natürlichen Ängste beitragen, indem sie dem Kind die Welt in einer Form erklären, die es verstehen kann, das gehört unbedingt mit zur angstfreien Erziehung.
Besonders wichtig sind solche Erklärungen zum Beispiel im Zusammenhang mit dem Fernsehprogramm, denn die Fülle von Eindrücken, die dabei auf das Kind einstürmen, kann es hoffnungslos überfordern. Daher sollten die Eltern darauf achten, daß ihre Kinder immer nur altersgerechte Sendungen anschauen, die sie nicht überfordern und ängstigen. Am besten wird stets gemeinsam mit einem Elternteil das Fernsehprogramm verfolgt und anschließend darüber gesprochen.
Ferner setzt angstfreie Erziehung unbedingt voraus, daß ein Kind jederzeit mit allen seinen Ängsten zu den Eltern kommen kann und sich angenommen und verstanden fühlt. Nur wenn die Erziehung von Vertrauen getragen wird und dem Kind Geborgenheit vermittelt, wird es auch in der Lage sein, seine Ängste und Schwächen ohne falsche Scheu zu zeigen.
Leider wird die Erziehung dieser sehr wichtigen Aufgabe oftmals nicht gerecht. So gibt es zum Beispiel immer noch Eltern, die ihren Kindern die Angst durch untaugliche Mittel „auszutreiben" versuchen. Dazu gehört zum Beispiel auch der unsinnige, aber scheinbar nicht auszurottende Tadel „ein so großes Kind hat doch keine Angst mehr", aber auch Spott oder gar Bestrafung. Das führt dazu, daß sich das Kind mit seiner Angst im Stich gelassen fühlt. Unter dem erzieherischen Zwang lernt es vielleicht, seine Angst teil- und zeitweise zu verdrängen. Damit ist jedoch nichts gewonnen, denn sie kehrt – meist in verschleierter Form – wieder zurück. Außerdem werden Kinder auf diese Weise gezwungen, ihre Gefühle zu beherrschen und zu unterdrücken. Das kann sich schwerwiegend auf ihr gesamtes weiteres Leben auswirken. Vor allem die Jungen werden häufig immer noch nach dem alten Rollenklischee von Mann und Frau zur Unterdrückung ihrer Gefühlsregungen falsch erzogen.
Die angstfreie Erziehung nimmt alle kindlichen Ängste ernst und reagiert darauf mit Verständnis und Zuwendung, die Geborgenheit als Grundvoraussetzung der Angstbewältigung schaffen. Gemeinsam mit dem Kind suchen die Eltern nach Wegen, um die Angst zu verarbeiten. Das gelingt jedoch nur, wenn die Eltern nicht selbst unter verdrängten neurotischen Ängsten leiden.

Sonst beobachtet man nämlich häufig, daß sie die Angst ihres Kindes, die oft genug gerade durch ihr Vorbild mitverursacht wurde, mit besonderer Strenge und Verständnislosigkeit bekämpfen. Das Kind wird dann wieder zum Stellvertreter, in dem Eltern eigene Ängste bekämpfen.

Aber auch das Gegenstück der ängstlich-überbesorgten Eltern kann beim Kind zur Angst führen. Mutige, lebenstüchtige Eltern bieten zwar ein angstfreies Vorbild, bringen aber oft viel zu wenig Verständnis für die natürlichen Ängste ihres Kindes auf, weil ihnen die Angst fremd zu sein scheint. Oft verlangen sie vom Kind sogar den gleichen Mut und die gleiche Tüchtigkeit, mit denen sie selbst das Leben angehen, und bestrafen es vielleicht sogar, wenn es vor dieser Forderung kapituliert.

Ein angstfreies Vorbild der Eltern gehört sicher mit zur Erziehung ohne Angst, aber Eltern vergeben sich nichts, wenn sie vor ihrem Kind zugeben, daß auch sie ab und zu Angst verspüren. Dadurch erfährt das Kind, daß Angst zum Leben gehört, man sie auch zeigen darf und mit ihr leben kann. Außerdem fühlt es sich dann besser verstanden und angenommen.

Schließlich kann auch ein Erziehungsstil, der vorwiegend mit Strafen und Drohungen arbeitet, zur kindlichen Angst führen. Das Urvertrauen des Kindes und sein unbedingt notwendiges Geborgenheitsgefühl werden dadurch zerstört und kehren vielleicht ein Leben lang nicht mehr zurück. Darauf kommen wir im nächsten Kapitel nochmals zu sprechen.

Angstfreie Erziehung kann also niemals bedeuten, dem Kind alle Ängste zu ersparen oder „auszutreiben", denn wir alle spüren immer wieder einmal Angst. Vielmehr besteht das Ziel der Erziehung darin, nicht zusätzliche Ängste zu erzeugen, um das Kind zum Beispiel zu einem bestimmten Verhalten zu veranlassen, und ihm zu zeigen, wie man Angst bewältigt und mit ihr lebt, ohne daß Lebensfreude und Selbstverwirklichung darunter leiden.

Strafen und Belohnungen

Erziehung ist unmöglich ohne Strafen und Belohnungen. Die Bestrafung soll kindliches Verhalten, das nicht akzeptiert werden kann, allmählich abschwächen und verhindern, die Belohnung das richtige Verhalten verstärken. Dadurch werden also Lernprozesse in Gang gesetzt, die das Kind auf das Erwachsenenleben vorbereiten. Dabei muß aber immer das oberste Gebot der Erziehung beachtet werden: Nicht die Einstellungen und Erwartungen der Eltern bestimmen, was bestraft und belohnt wird, sondern einzig und allein das Wohl des Kindes, das dadurch nicht in der freien Entfaltung seiner Selbständigkeit und Persönlichkeit behindert und nicht in unnötige Angst versetzt werden darf.

Strafen müssen ebenso wie Belohnungen sehr behutsam und wohlüberlegt eingesetzt werden, um das Kind nicht in seiner Entwicklung zu stören oder gar sein Vertrauen zu zerstören. Eine Erziehung, die nur Strafen kennt oder nur durch Belohnungen verwöhnt, stumpft in ihrer Wirkung bald ab und verfehlt dann ihren Zweck. Gleiches gilt, wenn diese Erziehungsmittel willkürlich, vielleicht abhängig von den Launen der Eltern, eingesetzt werden, nicht überzeugend zu begründen sind oder widersprüchlich angewendet werden. Deshalb gehört zu jeder Strafe und jeder Belohnung die sinnvolle, dem Kind verständliche Begründung. Und was einmal verboten und bestraft oder gelobt und belohnt wurde, darf sich nicht einige Tage später oder beim anderen Elternteil ins Gegenteil verkehren, sonst findet das Kind sich nicht mehr zurecht. Eine klare, eindeutige und überzeugende Linie in der Erziehung hilft dem Kind am besten bei seiner Entwicklung. Es wird dann ganz automatisch versuchen, sich so weit wie möglich den berechtigten Ansprüchen anzupassen und dabei für das weitere Leben angemessenes Verhalten erlernen.

Körperliche Bestrafung, die auch heute noch gebräuchlich ist, sollte in der Erziehung möglichst nicht angewendet werden. Natürlich kann Eltern auch einmal spontan „die Hand ausrutschen", das verursacht nicht gleich seelischen Schaden beim Kind, aber das darf nicht die Regel sein und muß dem Kind hinterher in verständlicher Form erklärt, vielleicht auch mit der Bitte um Entschuldigung verbunden werden. (Eltern vergeben sich nichts, wenn sie vor dem Kind einen Fehler zugeben, das festigt sogar sein Vertrauen.)

Wird häufiger oder gewohnheitsmäßig durch körperliche Strafen „erzogen", spricht das meist für die Unfähigkeit der Eltern, sich bei ihren Kindern durchzusetzen, sie durch Überzeugung und Geduld zu lenken. Es ist ja auch bequemer und durchschlagender (im wahrsten Sinne des Wortes) wirksam, wenn man das körperlich unterlegene Kind durch Schläge „zur Vernunft bringt". Dadurch entwickelt man aber keine eigenständige Persönlichkeit, sondern erzieht Duckmäuser, Radfahrer oder aggressive Schläger, die nicht selten als Jugendliche alle Schläge an die Eltern zurückgeben. Auch der Masochismus, eine sexuelle Perversion, kann mit körperlichen Strafen in der Kindheit in Beziehung stehen.

Grundsätzlich muß also von körperlicher Bestrafung abgeraten werden. Wenn Eltern sich nicht mehr anders zu helfen wissen, als ihre körperliche Überlegenheit zur Kindererziehung einzusetzen, benötigt die Familie fachmännische Beratung und Hilfe, ehe nicht mehr rückgängig zu machender seelischer Schaden beim Kind entsteht.

Strafen dürfen auch niemals mit Liebesentzug verbunden werden. Gerade wenn ein Kind bestraft wird, muß es sicher fühlen, daß seine Eltern es nach wie vor annehmen. Dann werden Vertrauen und Geborgenheit trotz der Bestrafung nicht erschüttert und das Kind ist auch viel eher in der Lage, die Strafe einzusehen und daraus zu lernen.

Schulische Leistungen – keine Vorbedingung für Liebe

Nicht wenige Eltern meinen, die schulischen Leistungen ihres Kindes durch ein System von Strafen und Belohnungen mit Liebe und Liebesentzug verbessern zu können. Richtig ist daran aber nur, daß Belohnungen im weitesten Sinn verstärkend wirken können, also die Zensuren tatsächlich verbessern. Aber auch damit muß man sehr behutsam umgehen. Es ist heute leider in vielen Familien üblich geworden, daß gute Schulleistungen durch Geldgeschenke belohnt werden. Das kann so weit führen, daß ein Kind für seine Zensuren praktisch „bezahlt" wird und bald nur noch unter der Voraussetzung in der Schule mitarbeitet, daß es entsprechend honoriert wird. Daran ist insbesondere zu kritisieren, daß Kinder auf diese Weise frühzeitig zu krassen Materialisten erzogen werden, die als Erwachsene alles nur noch für Geld – vielleicht auch für Geld alles – tun. Außerdem lernen sie dann schwerlich, daß gute schulische Leistungen letztlich natürlich nicht für die Eltern und Lehrer, sondern für ihre eigene Zukunft erbracht werden. Deshalb Vorsicht mit materiellen Belohnungen, ein Lob kann auch ohne Geld ausgesprochen werden und gut wirken.

Unter keinen Umständen dürfen die schulischen Leistungen mit Liebe oder Liebesentzug verbunden werden. Jedes Kind hat Anspruch auf die Liebe seiner Eltern, ganz unabhängig davon, wie gut oder schlecht die Zensuren ausfallen. Wenn es Liebe nur bei guten Zensuren erwarten darf, andernfalls aber mit Liebesentzug bestraft wird, muß die Schule zum unerträglich hohen Streß werden, der Angst verursacht. Das motiviert dann nicht zur Leistungssteigerung, sondern eher zur Verweigerung. Lernen gelingt eben am besten, wenn sich das Kind stets gefühlsmäßig angenommen und geborgen fühlt. Erfahrungsgemäß nützen Strafen bei Lernstörungen oft ohnehin nur wenig, gleichgültig in welcher Form sie vorgenommen werden. Wenn schlechte Zensuren auf „Faulheit" des Kindes zurückzuführen sind, dann muß gemeinsam mit ihm versucht werden, die Ursachen herauszufinden. Vielleicht steht Schulangst oder eine andere seelische Störung dahinter oder das Kind wird vom Unterricht über- oder unterfordert. Solche Störfaktoren lassen sich durch Strafen selbstverständlich nicht beseitigen, sondern verschlimmern sich eher noch.

Fachmännische Hilfe bei Erziehungsproblemen

Nicht alle Eltern werden es schaffen, die hier beschriebenen Grundsätze richtiger Erziehung gegen Angst konsequent durchzuhalten. Eltern sind ja auch „nur Menschen" mit Fehlern und Schwächen, die ihnen oft selbst durch falsche Erziehung aufgezwungen wurden. Dann kann es angebracht sein, fachmännische Hilfe in Anspruch zu nehmen. Teils genügt dazu bereits die Beratung durch den Lehrer und/oder Schulpsychologen, in schwierigen Fällen muß aber eine Erziehungsberatungsstelle aufgesucht oder eine Familienpsychotherapie durchgeführt werden.

Keine Scheu vor der Erziehungsberatung

Die meisten Eltern warten bei Erziehungsproblemen so lange, bis ihnen die Schwierigkeiten über den Kopf gewachsen sind, ehe sie sich an die Fachleute einer Erziehungsberatungsstelle wenden. Abgesehen von den „Dramen", die sich dann in den Familien abspielen und bei rechtzeitiger Hilfe zu vermeiden wären, schadet das natürlich dem Kind, denn je länger psychische und Verhaltensstörungen fortbestehen, desto mehr verfestigen sie sich und lassen sich immer schwerer beseitigen.

Die Scheu vor den Erziehungsberatungsstellen hat mehrere Ursachen. Zunächst glauben immer noch viele Eltern, daß sie allein am besten wissen, wie ihr Kind erzogen werden muß, auch wenn die Erziehungsprobleme das Gegenteil beweisen. Hinzu kommt, daß sie meinen, mit der Konsultation der Fachleute ein „Versagen" eingestehen zu müssen, vielleicht sogar fürchten, deshalb mit Schuldzuweisungen und Vorwürfen konfrontiert zu werden (die sie sich freilich oft selbst machen). Und schließlich herrschen oft noch völlig falsche Vorstellungen von den Erziehungsberatungsstellen vor. So wird häufig angenommen, daß sie nur für verwahrloste und kriminelle Jugendliche zuständig sind oder eine Konsultation mit der Einweisung in ein Erziehungsheim endet, die sie ihrem Kind ersparen wollen.

Alle diese negativen Vorstellungen sind aber falsch. Eltern als „pädagogische Laien" können keineswegs immer richtig beurteilen, was ihrem Kind am besten nützt. Sie müssen sich vor allem auf ihren Instinkt verlassen, der nicht untrüglich funktioniert. Deshalb ist es keine Schande, wenn man bei Erziehungsproblemen fachmännische Hilfe sucht.

Die Aufgaben der Erziehungsberater bestehen selbstverständlich auch nicht darin, den Eltern Vorwürfe zu machen und Schuld an kindlichen Fehlentwicklungen zuzuweisen, denn das nützte dem Kind überhaupt nichts. Sie können eher dabei helfen, Selbstvorwürfe wieder abzubauen und die sozialen Beziehungen in der Familie zu harmonisieren. Und ebenso verfehlt ist die Annahme, daß nur schwer erziehbare und kriminelle Kinder und Jugendliche die Hilfe der Berater benötigten und diese stets eine Einweisung ins Heim anstrebten. Natürlich kümmern sich die Erziehungsberatungsstellen auch um schwer gestörte junge Menschen und werden sie bei Bedarf aus einer zerrütteten Familie auch einmal in ein Heim überstellen, aber das bleibt die Ausnahme. Normalerweise besteht die Aufgabe der Erziehungsberatung darin, die Probleme innerhalb der Familie zu beseitigen, ohne das Kind aus dem Familienverband zu reißen. Es gibt also keinen Grund, bei Erziehungsschwierigkeiten nicht bei einer Beratungsstelle vorzusprechen.

Solche Beratungszentren gibt es heute praktisch in jeder größeren Stadt. Vor allem seit den 50er Jahren nahm ihre Zahl bei uns deutlich zu, so daß man sie immer in der näheren Umgebung des Wohnortes findet und keine langen Wege mehr in Kauf nehmen muß. Als Träger der Erziehungsberatungsstel-

len fungieren teils Behörden (Jugendämter) und konfessionelle Organisationen, teils aber auch private Institutionen.
Meist arbeiten in den Zentren Pädagogen, Kinderpsychologen und Mediziner zusammen, so daß eine umfassende, ganzheitliche Beratung und Betreuung möglich ist. Bei Bedarf können auch noch Theologen, Juristen und andere Fachleute zugezogen werden.
Erziehungsberatung erfolgt stets ganz individuell und kann mit oder ohne Teilnahme des Kindes erfolgen. Bei der ersten Konsultation empfiehlt es sich im allgemeinen immer, das Kind mitzubringen, damit eine genauere Diagnose der Erziehungsprobleme möglich wird. Wie es danach weitergeht, muß der Fachmann entscheiden.
Eine Beratung wird immer dann erforderlich, wenn Eltern mit der Erziehung ihres Kindes allein nicht mehr zurechtkommen und Fehlentwicklungen oder Verhaltensstörungen beobachten, denen sie hilflos gegenüberstehen. Das gilt zum Beispiel für starke Aggressivität, unangepaßte andere soziale Verhaltensformen, Bettnässen, kriminelle Handlungen und ähnliche schwerere Symptome. Auch Schulangst kann Anlaß zur Erziehungsberatung sein, obwohl hier hauptsächlich Lehrer und Schulpsychologen gefordert sind. Prinzipiell kann man also sagen, daß die Erziehungsberatung stets dann angezeigt erscheint, wenn die Erziehungsschwierigkeiten das übliche Maß überschreiten.

Familientherapie – Hilfe für die kranke Familie

Viele seelische Störungen wurzeln in den familiären Verhältnissen. Das gilt nicht allein für die Schulangst und andere psychische Probleme in der Kindheit und Jugend, sondern auch für seelische und psychosomatische Krankheiten, die erst beim Erwachsenen auftreten. Gerade heute, da die traditionellen Strukturen der Familie zerbrochen sind und noch nicht durch dauerhafte neue ersetzt wurden, häufen sich die zumindest teilweise familiär bedingten Störungen.
Als Reaktion darauf wurde die Familienpsychotherapie entwickelt. Bei uns ist diese noch junge, vielversprechende Behandlungsform leider erst wenig verbreitet, in anderen Ländern wurden damit schon ausgezeichnete Erfolge erzielt.
In der Regel kommt die Familienpsychotherapie bei psychisch gestörten Kindern und Jugendlichen in Frage, die noch in der Familie leben. Zwar wäre eine solche Behandlung zum Teil auch bei psychisch kranken Erwachsenen angezeigt, denn mit der räumlichen Trennung von der Familie verschwindet deren negativer Einfluß ja nicht von allein, aber das scheitert meist an praktischen Schwierigkeiten.
Vereinfacht ausgedrückt geht die Familientherapie davon aus, daß seelisch gestörte Kinder und Jugendliche oft das Opfer gestörter familiärer Verhältnisse sind. Die anderen Mitglieder der Familie leiden zwar ebenfalls darun-

ter, aber sie sind psychisch stabiler und halten die intakte familiäre Fassade nach außen und ihr inneres Gleichgewicht zu Lasten des seelisch kranken Kindes aufrecht, das als schwächstes Glied in der Kette alle familiären Probleme auf sich konzentriert.

Da auch die Schulangst nicht selten mit gestörten Familienverhältnissen in Beziehung steht, kann die Familientherapie hier im Einzelfall gut helfen. Insbesondere bei überbehütender, überängstlicher oder zu autoritärer Erziehung ist sie oft angezeigt, außerdem bei Partnerproblemen der Eltern, die auf das Kind übertragen werden und bei sozialen Schwierigkeiten zwischen Geschwistern.

Die Familientherapie arbeitet mit der gesamten kranken Familie und bedient sich dabei verschiedener psychotherapeutischer Techniken. Ihre Hauptaufgaben bestehen in

- Bewußtmachung und Verarbeitung verdrängter Kindheitserfahrungen der Eltern, die sich unbewußt auf ihr Verhalten zueinander und gegenüber den Kindern auswirken;
- Veränderung der in der kranken Familie stets nachweisbaren Störungen der Kommunikation (Verständigung);
- Einübung der Fähigkeit, Gefühle füreinander wieder eindeutiger zum Ausdruck zu bringen, um damit gefühlsmäßige Geborgenheit als Grundlage guter sozialer Beziehungen in der Familie und der angstfreien Erziehung zu schaffen;
- Verankerung der während der Familientherapie erarbeiteten neuen Verhaltensweisen in den zwischenmenschlichen Beziehungen der ganzen Familie.

Die Familientherapie richtet sich also nicht unmittelbar gegen die psychischen Störungen, sondern schafft innerhalb der Familie die günstigen Voraussetzungen dafür, daß diese Störungen überwunden werden können. Bei Bedarf muß sie deshalb je nach Einzelfall noch durch andere Behandlungsmethoden ergänzt werden.

Ähnlich wie gegen die Erziehungsberatung bestehen auch gegen die Familientherapie erhebliche Widerstände, die vor allem von den Eltern ausgehen. Sie fürchten Schuldzuweisungen, Vorwürfe und unangenehme Einsichten in ihre eigenen psychischen Probleme und mißverstehen die Behandlung oft als Eingeständnis ihres eigenen Versagens. Deshalb wehren sie sich häufig gegen diese Behandlung und erwarten vom Therapeuten, daß er die familiären Probleme allein beim betroffenen Kind „repariert". Das bietet jedoch schlechtere Erfolgsaussichten, weil die Ursachen der seelischen Störungen in der Familie dabei nicht beseitigt werden können. Deshalb sollten sich Eltern von ihren Vorurteilen und Befürchtungen befreien und dabei auch bedenken, daß die Familientherapie nicht allein dem seelisch gestörten Kind, sondern der ganzen Familie zugute kommt.

Leichter lernen – aber wie?

Die Schule versteht sich heute hauptsächlich als „Bildungsanstalt", die Wissen vermittelt. Das erfordert vom Schüler Lernprozesse, die in engem Zusammenhang mit Gedächtnis, Konzentration, Intelligenz und Kreativität stehen. Gelingt das Lernen leicht und gut, dann stellen sich in der Schule Erfolgserlebnisse ein, die Schulangst vermeiden oder abschwächen können, während Lernstörungen zu Mißerfolgen führen, die unter anderem auch Ängste begünstigen.
Ehe wir an praktischen Übungen aufzeigen, wie Eltern die Lernfähigkeit ihrer Kinder spielerisch verbessern können, wollen wir zunächst zum besseren Verständnis kurz darstellen, was Lernen bedeutet und wie es funktioniert. Dazu gibt es allerdings noch keine allgemein anerkannten Theorien, weil die Erforschung des Lernens erst in der heutigen Psychologie breiteren Raum einnimmt. Deshalb beantworten die Lerntheorien bisher nicht alle Fragen zufriedenstellend.
Lernen bedeutet Erwerb neuen Wissens und Verhaltens und versetzt uns in die Lage, uns veränderten Situationen anzupassen, Aufgaben besser zu lösen, Absichten und Ziele zu verwirklichen. Demnach beschränkt sich Lernen keineswegs nur auf die Wissensvermittlung, die an der Schule überwiegt, sondern bedeutet immer Entwicklung der gesamten Persönlichkeit, die vom Schulunterricht vernachlässigt wird. Auch seelische Krankheiten beruhen letztlich auf Lernprozessen, die jedoch zu Fehlentwicklungen führen.
Das erfolgreiche Lernen setzt zunächst Lernfähigkeit und Lernmotivation voraus. Die Lernfähigkeit darf aber nicht als eine einzige Fähigkeit mißverstanden werden, sondern setzt sich aus mehreren einzelnen Komponenten zusammen. Dazu gehören vor allem ausreichend Intelligenz, Gedächtnis und Konzentration. Zur Lernmotivation gehören unter anderem die Triebe, Wünsche, Absichten, Ziele, Neigungen und Interessen. Je mehr der Lehrstoff diesen individuell unterschiedlichen Motiven entgegenkommt, desto besser gelingt das Lernen (ausreichende Lernfähigkeit natürlich vorausgesetzt).
Unter den verschiedenen Lerntheorien, die das Lernen zu erklären versuchen, sind heute vor allem die folgenden drei (in vereinfachter Form) hervorzuheben:
- Kognitivitätstheorie, nach der das Lernen nur durch Bildung von Assoziationen möglich ist, die vorhandene und neu erlernte Ideen und Vorstellungen nach ihrer Ähnlichkeit oder der praktischen Erfahrung miteinander verknüpfen;
- Orientierungstheorie, die davon ausgeht, daß Lernen am Anfang des Lernprozesses auf ein bestimmtes Ziel ausgerichtet ist und versucht, dieses zu erreichen; anders ausgedrückt steht am Anfang des Lernens also die Lernmotivation, die dann durch Erwartungen gesteuert wird;

- Verstärkungstheorie, nach der ein Lernvorgang aus Triebbedürfnissen entsteht und durch den Erfolg, der das Bedürfnis vermindert, verstärkt wird.

Keine dieser drei wichtigsten Theorien kann vollständig befriedigen. Deshalb geht man heute auch zum Teil davon aus, daß die Orientierungs- und Verstärkungstheorie gemeinsam das Lernen am ehesten erfassen und beschreiben können. Aber es bleiben auch dann noch genügend Fragen offen, die eine Ergänzung dieser beiden Theorien erfordern.

Lernen erfolgt auf unterschiedliche Weise. Grundsätzlich muß zunächst einmal zwischen dem absichtlichen, gezielten Lernen bestimmter Lernstoffe, wie es der Schulunterricht hauptsächlich verlangt, und dem beiläufigen Lernen im Alltag ohne vorherige Lernabsicht, das vor allem beim Einüben von Verhaltensweisen eine Rolle spielt, unterschieden werden.

Neben diesen beiden prinzipiellen Unterschieden kennen wir verschiedene Arten des Lernens, vor allem:

- Assoziatives (mechanisches) Lernen, bei dem der Lehrstoff eingeprägt und im Gedächtnis behalten, aber deshalb nicht unbedingt richtig verarbeitet wird.

- Einsichtiges Lernen, das durch unmittelbares, spontanes Verständnis für Zusammenhänge und Sachverhalte oft unabsichtlich erfolgt (plötzlich geht einem „ein Licht auf").

- Fraktionierendes Lernen, wobei der Lehrstoff in einzelne Einheiten (Fraktionen) unterteilt wird, die man getrennt voneinander in der richtigen Reihenfolge erlernt, weil der Lernstoff insgesamt nicht auf einmal erfaßt und verarbeitet werden kann (diese Art des Lernens wird bevorzugt im Schulunterricht praktiziert).

- Globales (ganzheitliches) Lernen als Gegenstück des fraktionierenden Lernens, bei dem der gesamte Lehrstoff auf einmal aufgenommen wird (diese Art kann mit einsichtigem Lernen verbunden sein).

- Massiertes Lernen mit unmittelbar aufeinander folgenden Lernübungen ohne Pausen, das oft wenig effektiv ist.

- Verteiltes Lernen mit ausreichend langen Pausen zwischen den einzelnen Lernschritten, die der Verarbeitung und Verfestigung des Lehrstoffs dienen; es führt meist zu besseren Lernergebnissen.

- Mentales Lernen, bei dem Aufgaben ausschließlich im Geist durchgespielt und ihre Lösungen trainiert werden, so daß man dann später auf die konkrete Situation, in der solche Lösungen tatsächlich benötigt werden, gut vorbereitet ist und nicht erst mit Lernen beginnen muß (mentales Lernen hat in letzter Zeit vor allem im Sport viel an Bedeutung gewonnen).

- Motorisches Lernen, das Lernstoffe einübt, die mit Bewegungsabläufen verbunden sind (wie Schreibmaschinenschreiben, Spielen eines Musikinstruments).
- Sinnvolles Lernen, bei dem hauptsächlich die großen Zusammenhänge (Sinn) erfaßt werden, Details aber unberücksichtigt werden; es bildet in gewisser Weise das Gegenstück zum anfangs genannten assoziativen Lernen.
- Produktives Lernen, das dazu anleitet, die in bestimmten Situationen erlernten Inhalte auch in anderen Situationen sinnvoll anzuwenden.
- Instrumentelles Lernen, das den Lernstoff mit einer Belohnung (im weitesten Sinne) verbindet, die erst dann gegeben wird, wenn der Lernerfolg eingetreten ist.
- Versuch-und-Irrtum-Lernen, eine einfache, auch im Tierreich übliche Form des Lernens mit Lösungsversuchen, die irgendwann – oft erst nach vielen Irrtümern – zum Erfolg führen; daraus wird für zukünftige ähnliche Situationen gelernt (diese Form des Lernens findet man hauptsächlich bei Kleinkindern).

Abgesehen von den bisherigen Komponenten des Lernens wird es noch durch verschiedene allgemeine und individuelle Lernfaktoren beeinflußt, denen beim Lernergebnis große Bedeutung zukommt.

Zu den allgemeinen Faktoren gehören:
- Zeitfaktor, also die Dauer der Lernperioden und der Ruhepausen dazwischen; in der Regel lernt man am besten in nicht zu langen Lernphasen mit ausreichenden Ruhepausen dazwischen (verteiltes Lernen), wobei die Dauer der einzelnen Phasen von vielen individuellen Eigenarten abhängt; während manche Kinder lange konzentriert lernen können und nur kurze Ruhezeiten benötigen, müssen andere sich schon nach kurzem Lernen einige Zeit erholen; solche individuellen Lernfaktoren sollten beim Lernen so weit wie möglich berücksichtigt werden.
- Raumfaktor, das bedeutet die Reihenfolge, in der die Lerninhalte angeboten werden; am schnellsten lernt man die ersten Teile des Lernstoffs, gefolgt von den letzten, am spätesten die in der Mitte; daraus folgt, daß zum Beispiel die schwierigsten Inhalte eines zusammenhängenden Lehrstoffs nach Möglichkeit zu Anfang angeboten werden sollten, um den Lernerfolg zu beschleunigen.
- Verstärkung des Lernstoffs, die hauptsächlich positiv durch Belohnungen erfolgen soll, im Einzelfall aber auch einmal durch Bestrafung (negative Verstärkung) vorgenommen werden kann.
- Hemmung und Auslöschung, wie sie zum Beispiel durch Veränderungen in der Umgebung, Streß und Angst entstehen; als Hemmung bezeichnet man das zeitweilige Vergessen von Lerninhalten, die Auslöschung entsteht, wenn die Lerninhalte nicht verstärkt werden und sich so allmählich bis zum Vergessen abschwächen.

- Verallgemeinerung (Generalisierung) der Lerninhalte, die dazu führt, daß der Lernstoff nicht allein durch einen der beim Lernen beteiligten Reize, sondern auch durch andere ähnliche Reize geweckt werden kann.
- Übertragung (Transfer) des Lerninhalts, bei der man die positive Übertragung, die nach abgeschlossenem Lernprozeß den nächsten begünstigt, vom negativen Transfer unterscheidet, der den nächsten Lernprozeß behindert.

Neben diesen für alle Lernenden gültigen allgemeinen Lernfaktoren spielen auch noch verschiedene individuelle Faktoren beim Lernen eine Rolle, und zwar:
- Alter des Lernenden, das mit darüber entscheidet, wie gut und schnell gelernt wird; am besten lernen junge Erwachsene, während sehr junge und ältere Menschen langsamer und schlechter lernen (aber hier gibt es natürlich zahlreiche individuelle Abweichungen);
- Intelligenz des Lernenden, die mit für die Lerngeschwindigkeit verantwortlich ist; im allgemeinen fördert ein hoher Intelligenzgrad das Lerntempo;
- Motivation des Lernenden, eine sehr wichtige individuelle Voraussetzung für den Lernerfolg; am besten lernt man bei mittelstarker Motivation, zu schwache und zu starke Motivation behindert das Lernen;
- einschlägige Erfahrungen des Lernenden, die bereits zu Beginn des Lernens vorliegen, entscheiden maßgeblich mit über die Lernerfolge.

Nach diesem kurzen Abriß der Lernpsychologie wollen wir uns nun der praktischen Frage zuwenden, wie das Lernen gefördert werden kann. Dazu müssen hauptsächlich Gedächtnis, Konzentration und Intelligenz, aber auch die häufig vernachlässigte Kreativität gefördert werden.

Übungen für besseres Gedächtnis

Das Gedächtnis bildet den Speicher, in dem Erfahrungen, Erlebnisse, Eindrücke, Lerninhalte und ähnliche Informationen gesammelt werden. Das darf man sich allerdings nicht so einfach wie bei einem Computer vorstellen, der alle Informationseinheiten wertneutral abspeichert. Unser Gedächtnis wird nämlich vom Seelenleben insgesamt beeinflußt und hängt deshalb unter anderem von individuellen Einstellungen, Gefühlen, Interessen, Neigungen und vielen anderen psychischen Vorgängen ab. Deshalb neigen wir zum Beispiel dazu, negative Erfahrungen (wie Versagen, Scham, Schuld) rasch zu vergessen (Verdrängung ins Unbewußte) oder aber – je nach Persönlichkeit – besonders lange und quälend deutlich im Gedächtnis zu behalten, während die Vergangenheit oft in einem verklärten Licht erscheint (die gute alte Zeit, in der angeblich alles so viel besser war).

Keinesfalls darf das Gedächtnis mit der Intelligenz verwechselt werden, obwohl es mit zu den Intelligenzleistungen beiträgt. Es gibt auch Menschen

mit unterdurchschnittlicher Intelligenz, aber phänomenaler Gedächtnisleistung.
Das Gedächtnis wird in drei Funktionen unterteilt, die individuell unterschiedlich gut ausgebildet sind. Sie tragen deshalb mit zur Prägung der Persönlichkeit bei.

– *Merkfähigkeit:*
Das bewußte Merken bildet die Grundvoraussetzung für gewolltes Lernen in der Schule. Aber auch das unbeabsichtigte Merken, das vor allem dann eintritt, wenn eine Wahrnehmung mit Interesse erfolgt, kann unwillkürlich zu Lernprozessen führen.
Merken hängt unter anderem vom Alter und Beruf ab. Im allgemeinen nimmt diese Fähigkeit bis zum 25. Lebensjahr zu und läßt dann langsam nach; im Greisenalter kann die Merkfähigkeit völlig versiegen, ohne daß die anderen Gedächtnisfunktionen davon betroffen werden müssen. Im allgemeinen geht die Merkfähigkeit beim Geistesarbeiter langsamer als beim Handarbeiter zurück.
Das Merken gelingt am besten bei ausreichender Motivation, Begabung, positiven Gefühlen und Interessen für den Lerninhalt.

– *Behaltefähigkeit:*
Sie richtet sich hauptsächlich danach, wie gut ein Lernstoff verarbeitet und mit bereits vorhandenen Inhalten verknüpft werden kann. Außerdem spielen Gefühle dabei eine wichtige Rolle; alle mit starken Gefühlen verbundenen Inhalte werden länger behalten. Zwar kann man negative Erfahrungen auch rasch verdrängen, aber häufig neigen ausgerechnet sie dazu, besonders lange und quälend im Gedächtnis zu verharren.
Weniger gut behalten werden Inhalte, die man sich nur nebenbei gemerkt hat, die weniger wichtig und sinnvoll oder gefühlneutral waren.
Das Vergessen beginnt sehr früh und erfolgt zunächst rasch, später verlangsamt es sich dann aber deutlich. Was mit den vergessenen Inhalten geschieht, kann heute noch nicht gesagt werden. Manche Fachleute vertreten die Auffassung, daß überhaupt nichts wirklich vergessen, sondern immer nur verdrängt und unterdrückt wird.

– *Reproduktionsfähigkeit:*
Darunter versteht man die Fähigkeit, die gemerkten und behaltenen Gedächtnisinhalte bei Bedarf jederzeit wieder ins Gedächtnis zu rufen und wiederzugeben. Das ist besonders wichtig bei Lerninhalten, die zum Beispiel in einer Prüfung reproduziert werden müssen. Ohne die Reproduktionsfähigkeit wäre das ganze Lernen letztlich sinnlos.
Manche Inhalte des Gedächtnisses können sofort in Erinnerung gerufen werden, auf andere muß man sich erst besinnen, ehe sie reproduziert wer-

den können. Dabei gibt es individuelle Schwerpunkte, zum Beispiel für Zahlen, Worte, Namen, Bilder oder Örtlichkeiten.

Störungen der Gedächtnisfunktionen treten aus unterschiedlichen Ursachen auf. Organische Gehirnkrankheiten, wie sie bei alten Menschen oft dahinter stehen, spielen bei Schülern selten eine Rolle, meist handelt es sich bei ihnen um seelische Störungen, zum Beispiel die Schulangst.

Neben solchen Affekthemmungen, die mit starken Gefühlsregungen in Zusammenhang stehen, gibt es noch verschiedene andere mögliche Störungen. Unter anderem kennen wir:

– Ähnlichkeitshemmung bei Lernstoffen, die einander sehr ähnlich sind;

– assoziative Hemmung bei Inhalten, die bereits mit anderen verbunden wurden und sich daher nur schwer mit neuen verknüpfen lassen;

– ekphorische Hemmungen, die früher gelernte Inhalte blockieren können, wenn kurz zuvor neue erlernt wurden;

– proaktive Hemmungen, wenn nach unmittelbar vorangegangenen Lernvorgängen ohne ausreichend lange Pause neu gelernt werden soll;

– retroaktive Hemmung beim Erlernen von Inhalten mit folgenden weiteren Lernprozessen, die das Behalten der ersten Inhalte stören.

Indem man beim Lernen Fehler vermeidet, die zu ekphorischen, proaktiven und retroaktiven Hemmungen der Gedächtnisfunktionen führen können, erleichtert und verbessert man das Lernen.

Die Spanne unseres Gedächtnisses, das heißt die Anzahl der unmittelbar nach einem Lernvorgang richtig wiederzugebenden Elemente, hängt unter anderem davon ab, wie lange der Lernstoff dargeboten wurde, wie kompliziert er ist und wie vertraut er dem Lernenden war. Einfache, vertraute, ausreichend lange dargebotene Elemente werden in der Regel in größerer Zahl als komplizierte, unbekannte und nur kurz dargebotene Elemente wiedergegeben. Im Durchschnitt liegt die Gedächtnisspanne des Erwachsenen zwischen 6 und 10 Elementen, bei Kindern je nach Alter zwischen 2 und 6 Elementen.

Ehe wir einige Übungen für das Gedächtnis beschreiben, zunächst noch ein kurzer Gedächtnistest, der von dem Münchner Psychologen Albert Huth für Kinder ab dem 10. Lebensjahr entwickelt wurde. Sie können ihn mit Ihren Kindern selbst durchführen, um einigermaßen zuverlässig zu beurteilen, ob ein Training der Gedächtnisfunktionen erforderlich ist.

Gedächtnistest

Vorbereitung:
Teilen Sie ein Blatt Papier nach folgendem Muster ein:

Name des Bauern	Anzahl der				
	Kühe	Ochsen	Pferde	Schweine	Ziegen
1. Huber					
2. Meier					
3. Müller					
4. Schulz					

Diese Tabelle geben Sie dem Kind zusammen mit einem Bleistift.

Durchführung:
Erzählen Sie dem Kind, daß im Dorf eine Viehzählung durchgeführt wird und fordern Sie es auf, sich die Anzahl der Tiere jedes Bauern zu merken, die Sie verlesen, und in der obigen Tabelle einzutragen. Wenn es eine Zahl nur noch halb weiß, soll es die eine Ziffer eintragen, wenn es sich nicht mehr erinnert, einen Strich machen.
Vermeiden Sie alles, was Prüfungsstreß beim Kind verursachen könnte, sonst erhalten Sie keine zutreffenden Ergebnisse. Der Versuch soll in einer entspannten Atmosphäre spielerisch durchgeführt werden, das Kind bemüht sich dann schon von sich aus, eine möglichst gute Leistung zu erbringen.
Nach der Einführung beginnen Sie, die folgenden Viehbestände vorzulesen. Dabei wird stets der gesamte Bestand eines Bauern an Kühen, Ochsen, Pferden, Schweinen und Ziegen vorgelesen, dann schreibt das Kind die Zahlen aus dem Gedächtnis in die Tabelle, anschließend folgt der Viehbestand des nächsten Bauern und so fort bis zum Schluß.
Der Versuch wurde auf die folgenden Zahlen standardisiert. Verwenden Sie deshalb keine anderen Zahlen, sonst kann das Ergebnis verfälscht werden.
Verlesen Sie die Viehbestände wie folgt:
,,Bauer Huber hat 51 Kühe, 39 Ochsen, 14 Pferde, 46 Schweine und 22 Ziegen."
– Pause zur Niederschrift der Zahlen in die Tabelle durch das Kind –
,,Bauer Meier hat 32 Kühe, 18 Ochsen, 47 Pferde, 25 Schweine und 53 Ziegen."
– Pause wie oben –
,,Bauer Müller hat 41 Kühe, 26 Ochsen, 58 Pferde, 34 Schweine und 17 Ziegen."
– Pause wie oben –

Übungen für besseres Gedächtnis

„Bauer Schulz hat 13 Kühe, 45 Ochsen, 21 Pferde, 56 Schweine und 39 Ziegen."
– Pause wie oben –
Damit ist der Test abgeschlossen und wird anhand der folgenden Tabelle ausgewertet.

Auswertung:
Jede richtige Zahl, die das Kind niedergeschrieben hat, wird mit 2 Punkten bewertet; stimmt nur eine Zahl, gibt es dafür 1 Punkt. Die Gesamtpunktzahl wird errechnet und wie folgt beurteilt:

Beurteilung	Erreichte Punktzahl je nach Lebensjahren des Kindes						
	10.	11.	12.	13-14	15.	16-17	ab 18.
ausgezeichnet	25-40	28-40	31-40	33-40	34-40	35-40	36-40
sehr gut	23-24	25-27	27-30	29-32	30-33	31-34	32-35
gut	20-22	22-24	24-26	26-28	26-29	27-30	28-31
durchschnittlich	17-19	18-21	20-23	20-25	21-25	22-26	22-27
unterdurchschnittlich	14-16	15-17	17-19	17-19	17-20	18-21	18-21
schlecht	12-13	12-14	13-16	13-16	13-16	14-17	14-17
sehr schlecht	0-11	0-11	0-12	0-12	0-12	0-13	0-13

Wenn das Ergebnis unterdurchschnittlich bis sehr schlecht ausgefallen ist, hilft es natürlich wenig, das Kind dafür zu tadeln oder gar zu bestrafen. Helfen Sie ihm, sein Gedächtnis zu trainieren, dann werden sich Schulprobleme und damit verbundene Ängste bald bessern. Übrigens beurteilt der obige Test nicht das gesamte Gedächtnis, gibt aber doch schon recht zuverlässigen Aufschluß über wichtige Gedächtnisleistungen.

Gedächtnisübungen
Wir können im Rahmen dieses Buchs kein vollständiges Übungsprogramm für das Gedächtnis vorstellen, sondern nur anhand einiger Beispiele veranschaulichen, wobei es darum geht. Anhand dieser Beispiele können Sie dann selbst neue Übungen entwickeln, so daß das Training nie langweilig wird. Es gibt aber auch genügend Bücher mit zahlreichen Übungen, die das Kind nach und nach als Training durchführen kann, um seine Gedächtnisfunktionen zu verbessern. Für das Training gilt, was bereits zum vorstehenden Gedächtnistest gesagt wurde: Kein Leistungs-(Prüfungs)streß, kein Tadel und keine Strafen, wenn nicht gleich das erhoffte Ergebnis erzielt wird, und vor allem auch keine Übertreibungen. Das Training soll dem Kind Spaß machen, sonst ist es kaum ausreichend motiviert. Bei konsequentem Training in Abständen von 1-2 Tagen wird sich bei gesunden Kindern das Gedächtnis allmählich bessern und das Lernen erleichtert. Geübt wird am

besten nicht länger als maximal 10-15 Minuten, das hängt mit vom Alter ab. Zwischen den Übungen können auf Wunsch des Kindes kurze Pausen eingelegt werden.
Gute Trainingsergebnisse sollten von den Eltern angemessen gelobt werden, bei schlechten darf man nicht tadeln, sondern muß zum Durchhalten ermutigen, bis sich die ersten Erfolgserlebnisse als zusätzliche Motivation einstellen.

Übung 1: Wortreihen
Zeit – 2 Minuten

Übungsanweisung:
Du siehst auf dem Blatt vor Dir 20 Wörter, von denen jeweils 2 nebeneinander geschrieben wurden. Versuche jetzt, diese Wörter in 2 Minuten auswendig zu lernen (die Einhaltung der Zeit sollte von den Eltern kontrolliert werden). Danach deckst Du mit einem Blatt Papier die rechte Wortreihe zu und versuchst, die abgedeckten Wörter aus dem Gedächtnis in der richtigen Reihenfolge untereinander aufzuschreiben.
Wenn Dir kein Wort mehr einfällt, deckst Du die linke Wortreihe zu und versuchst, die zugedeckten Wörter dieser Reihe richtig untereinander aufzuschreiben.
Für jedes Wort, das Du an der richtigen Stelle aufgeschrieben hast, bekommst Du 2 Punkte.

Maler	Papier
Schrank	Hase
Auto	Tisch
Becher	Pfeife
Kurbel	Blume
Hund	Zimmer
Zange	Wasser
Decke	Lampe
Tafel	Bach
Finger	Gummi

Zähle jetzt für jedes richtige Wort Deine Punkte zusammen und notiere sie, damit Du später, wenn Du diese Übung wieder einmal durchführst, die Ergebnisse vergleichen kannst.

Übung 2: Wortkette
Zeit – 2 Minuten

Übungsanweisung:
Du siehst weiter unten 20 Wörter, die nebeneinander stehen. Schaue diese Wortkette jetzt genau 2 Minuten lang an und versuche, Dir die Wörter in der richtigen Reihenfolge einzuprägen.

Danach deckst Du die Wörter zu und schreibst alle, die Dir einfallen, in der richtigen Reihenfolge auf.

Wenn Du damit fertig bist, versuchst Du auf einem anderen Blatt Papier, alle Wörter von rückwärts wieder in der richtigen Reihenfolge bis zum ersten Wort aufzuschreiben.

Für jedes Wort, das beim Vorwärts- und Rückwärtslesen der folgenden Wortkette an der richtigen Stelle steht, darfst Du Dir wieder zwei Punkte gutschreiben.

> Radio – Amsel – Sonne – Gras – Keller – Fahrrad – Blume – Flasche – Tor – Musik – Fenster – Geld – Morgen – Rauch – Orange – Schnur – Bauer – See – Buchstabe – Wüste.

Zähle jetzt Deine Punkte zusammen und notiere sie, damit Du später, wenn Du diese Übung wieder einmal wiederholst, die Ergebnisse vergleichen kannst.

Übung 3: Worte mit Bildern verbinden

Wenn es Dir schwerfällt, Dir Worte zu merken, dann versuche doch einfach einmal, Dir dazu immer ein passendes Bild vorzustellen, dann gelingt es Dir bestimmt viel besser. Dabei darfst Du Dir ruhig lustige Dinge einfallen lassen, wie sie nur in Deiner Phantasie möglich sind, Hauptsache sie gefallen Dir und Du erinnerst Dich mit jedem Bild gleich wieder an das dazu gehörende Wort.

Beispiel: Hund

Nehmen wir jetzt einmal an, Du könntest Dir bei einer Aufgabe das Wort Hund einfach nicht merken. Du kannst es Dir natürlich so lange vorsprechen, bis Du es auswendig gelernt hast, aber das dauert Dir bestimmt viel zu lange. Du kannst es Dir auch einfacher machen. Schließe Deine Augen und stelle Dir einfach einmal den Hund vor, wie er mit dem Schwanz wedelt, bellt, eine Katze jagt oder was immer Dir dazu einfällt. Irgendeines dieser Bilder gefällt Dir ganz sicher. Halte diese Vorstellung jetzt einfach fest, und das Wort Hund wird nie mehr vergessen.

Das wollen wir mit den folgenden 20 Wörtern jetzt einmal üben. Lies die beiden Wortreihen zunächst einmal in Ruhe durch. Dann stellst Du Dir zu jedem einzelnen Wort ein Bild vor. Wenn Du sicher bist, daß sich Dir dieses Bild eingeprägt hat, gehst Du zum nächsten Wort weiter, bis Du nach 2-3 Minuten alle Wörter mit einer solchen Vorstellung verknüpft hast.

Jetzt machst Du es wieder so wie in Übung 1; decke die eine Wortreihe zu und schreibe die Wörter, an die Du Dich jetzt mit Deinen Bildern gut erinnern kannst, in der richtigen Reihenfolge nieder. In gleicher Weise verfährst Du anschließend mit der zweiten Wortreihe.

Tinte	Wind
Kirche	Gesang
Berg	Katze
Laden	Arme
Käfer	Ozean
Schachtel	Haus
Ast	Flasche
Treppe	Abendbrot
Erde	Baum
Trommel	Nacht

Für jedes Wort, das Du in der richtigen Reihenfolge niedergeschrieben hast, schreibst Du 2 Pluspunkte auf. Vergleiche einmal mit dem Ergebnis aus Übung 1. Wenn Du mit Hilfe der Bilder jetzt ein besseres Ergebnis erzielt hast, kannst Du stolz auf Dich sein, denn Du hast etwas Wichtiges gelernt. Aber wenn es noch nicht so recht geklappt hat, mußt Du deshalb nicht enttäuscht sein und verzagen. Übung macht den Meister, also jeden Tag mit neuen Wörtern die Bilder dazu einüben, bis Du Dich ganz sicher fühlst.

Übung 4: Zahlengedächtnis

Jetzt wollen wir noch üben, wie man sich Zahlen besser merken kann. Du findest weiter unten eine kleine Geschichte. Lies sie einmal aufmerksam durch, decke dann den Text zu und beantworte aus dem Gedächtnis die Fragen, die darunter stehen.

Die Weihnachtsfeier

In der großen Turnhalle unserer Schule findet in diesem Jahr am 22. Dezember eine Weihnachtsfeier statt. Alle 823 Schüler und ihre Eltern, die 35 Lehrer und die 2 Hausmeister sind dazu eingeladen.

Das Programm beginnt morgens um 10 Uhr mit Weihnachtsliedern, die das 16-köpfige Schulorchester spielen wird. Anschließend werden 9 Schüler der Theatergruppe unserer Schule ein Krippenspiel aufführen. Zum Schluß gibt es dann für jeden ein kleines Geschenk, das die 73 Schüler der Arbeitsgemeinschaften Werken und Kochen in den letzten 17 Unterrichtsstunden gebastelt und gebacken haben.

Decke jetzt diesen Text zu und beantworte auf einem Blatt Papier die folgenden Fragen:
1. An welchem Tag findet die Weihnachtsfeier statt?
2. Wieviele Schüler nehmen daran teil?
3. Wieviele Lehrer und Hausmeister hat die Schule?
4. Wann beginnt das Programm?
5. Wieviele Schüler spielen im Orchester?
6. Wieviele Schüler gehören zur Theatergruppe?
7. Wieviele Schüler haben die Geschenke gebastelt?
8. Wieviele Unterrichtsstunden mußten sie für die Geschenke basteln und backen?

Für jede richtige Antwort darfst Du Dir 3 Punkte gutschreiben. Notiere Dir die Gesamtpunktzahl, dann kannst Du später, wenn Du diese Übung wieder einmal machst, die Ergebnisse vergleichen.

Diese vier Übungen veranschaulichen, worauf es beim Training der Gedächtnisfunktionen ankommt. Wenn Sie es nicht vorziehen, dazu geeignete Bücher mit Übungen für Ihr Kind zu kaufen, können Sie nach den hier vorgestellten Mustern selbst ein Trainingsprogramm ausarbeiten. Aber verlangen Sie dabei von Ihrem Kind nicht zuviel, sonst wird es von vornherein entmutigt. Leichtere, kurze Übungen, regelmäßig jeden Tag durchgeführt, mit Erfolgserlebnissen und Lob verbunden, helfen auf längere Sicht viel besser als das zu schwierige, übertrieben lange Training, das vielleicht zu Anfang besser zu wirken scheint, das Leistungsvermögen aber auf Dauer unter Umständen sogar noch weiter vermindert.

Konzentrationsübungen

Als Aufmerksamkeit bezeichnet man einen Teilbereich unserer Gesamtwahrnehmungen. Sie ist zu verstehen als die aktiv auswählende Komponente, die uns zur Wahrnehmung bestimmter Reize, Situationen und ähnlicher Erfahrungen befähigt. Dabei kann sie sich auf mehrere Vorgänge und Objekte verteilen oder rasch von einem zum anderen Vorgang oder Objekt wandern. Wird dieser Umfang der Aufmerksamkeit auf ganz bestimmte Objekte, Vorgänge und Zusammenhänge bewußt durch das Ich eingeschränkt, spricht man von der Konzentration.

Aufmerksamkeit und Konzentration gehen mit typischen körperlichen Veränderungen einher, die nachgewiesen werden können. Dazu gehören hauptsächlich:

- Anpassung des Nervensystems, die an der veränderten Hirnstromkurve (EEG) zu erkennen ist;
- Erhöhung der Muskelspannung, die gleichfalls objektiv gemessen werden kann;

- Einstellung der Sinnesorgane (hauptsächlich Augen und Ohren) für die bessere Aufnahme optischer und akustischer Reize;
- Veränderungen der Körperhaltung, insbesondere des Kopfs.

Durch diese körperlichen Vorgänge wird der Mensch in die Lage versetzt, die Eindrücke aus seiner Umgebung klarer und bewußter wahrzunehmen.

Wir unterscheiden die unwillkürliche Aufmerksamkeit, die durch äußere Reize ausgelöst wird, die unsere gefühlsmäßige Anteilnahme, unser Interesse oder eine andere seelische Reaktion hervorrufen, von der bewußten, willkürlichen Aufmerksamkeit und Konzentration, die inneren Motiven entspringt. Lernvorgänge können durch beide Formen der Aufmerksamkeit in Gang gesetzt werden, beim Schulunterricht ist hauptsächlich die willkürliche Aufmerksamkeit und Konzentration erforderlich.

Aufmerksamkeit und Konzentration unterliegen periodischen Schwankungen, die sich aus der in Abständen von einigen Sekunden notwendigen Regeneration der Nerven-(Ganglien-)zellen erklären. Man erkennt diese Schwankungen zum Beispiel, wenn man sich auf das Ticken einer Uhr konzentriert; in regelmäßigen Abständen wird es deutlicher und entfernt sich dann scheinbar wieder oder ist vorübergehend überhaupt nicht mehr wahrnehmbar.

Es gibt verschiedene Theorien, um die Aufmerksamkeit zu erklären; die wichtigsten sind:

- Physiologische Theorie, nach der Aufmerksamkeit und Konzentration durch bestimmte körperliche Veränderungen entstehen, welche die Reizbarkeit bestimmter Hirnabschnitte erhöhen oder durch die erhöhte Erregbarkeit bestimmter Nervenbahnen zur intensiveren Wahrnehmung führen.
- Psychologische Theorie, die Aufmerksamkeit und Konzentration als seelische Energie oder als Folge einer Willensentscheidung versteht.
- Psychophysiologische Theorie, die davon ausgeht, daß äußere Reize und/oder Interessen, Triebe und Willen zu erhöhter Empfänglichkeit der Sinnesorgane und intensiverer Reizbarkeit der Nervenbahnen und Gehirnabschnitte führen; sie kombiniert also die physiologische und psychologische Theorie.

Keine dieser drei Theorien kann Aufmerksamkeit und Konzentration umfassend erklären, am besten wird ihnen wohl die psychophysiologische Theorie gerecht, obwohl auch sie noch Fragen offen läßt.

Das Konzentrationsvermögen trägt entscheidend mit zur Lernfähigkeit bei, weil es die Aufnahme und Verarbeitung des Lehrstoffs erleichtert und beschleunigt. Deshalb sollte es bei Schulangst als Folge von Lernstörungen unbedingt trainiert werden. Aber auch wenn keine Konzentrationsstörungen bestehen, kann das Konzentrationstraining empfohlen werden, um die Leistungsfähigkeit zu verbessern.

Auch hier gilt aber wieder wie beim Gedächtnistraining, daß jede Überforderung vermieden werden muß. Die Übungen sollen spielerisch ohne jeden Leistungsdruck durchgeführt werden, damit das Kind mit Freude mitarbeitet und keine Angst vor Mißerfolgen haben muß, wenn anfangs nicht gleich die erwarteten Ergebnisse zu erreichen sind.

Anhand einiger Übungsbeispiele wollen wir wieder veranschaulichen, wie das Konzentrationsvermögen funktioniert. Sie können nach diesen Beispielen wieder selbst neue Aufgaben für Ihr Kind entwickeln oder sich im Buchhandel geeignete Literatur mit vielen Übungen beschaffen.

Übrigens dienten auch schon die Gedächtnisübungen gleichzeitig der Konzentration, aber die folgenden Aufgaben fördern das Konzentrationsvermögen gezielter.

Die täglichen Übungen sollten nicht länger als 5-10 Minuten (je nach Alter) dauern. Ob sie unmittelbar nach dem Gedächtnistraining oder erst nach einer Ruhepause durchgeführt werden können, hängt von der Motivation und Leistungsfähigkeit des Kindes ab. Grundsätzlich empfiehlt es sich, zwischen den beiden Übungsgruppen wenigstens eine kurze Pause einzuschieben.

Übung 1: Durchstreichaufgabe

Zeit – 2-3 Minuten

Übungsanweisung:

Du siehst unten mehrere Reihen mit Buchstaben, die ohne Zusammenhang nebeneinander geschrieben wurden, also keine Wörter ergeben. Suche jetzt in jeder Reihe den Buchstaben H heraus; er kommt aber nicht in jeder Reihe vor, das mußt Du selbst erkennen. Wenn das H nach einem Selbstlaut (das sind die Vokale A, E, I, O und U) in der Reihe steht, dann streichst Du es durch, folgt es auf einen anderen Buchstaben, beachtest Du es nicht weiter.

Lies die Buchstaben waagrecht, also immer von links nach rechts nebeneinander, nicht von oben nach unten.

C	D	K	H	I	B	L	N	P	O
M	R	A	H	E	S	V	M	K	E
S	M	D	U	E	R	C	E	H	F
U	K	S	P	G	I	E	H	P	V
N	R	T	A	M	Q	R	W	T	U
P	A	O	E	L	H	A	W	G	L
N	H	U	A	M	I	V	K	S	Q
G	L	D	Z	S	O	I	X	C	L
N	T	P	Y	U	H	V	T	N	U
K	V	I	D	T	B	P	E	H	I
L	E	R	E	F	U	S	R	A	K
E	R	X	T	Q	C	F	U	Z	H
O	L	M	U	E	T	N	G	C	B
I	T	E	O	H	L	Z	U	H	S
T	A	N	P	U	A	I	L	S	U
Z	Y	N	U	W	S	G	R	I	Q
E	H	F	L	O	H	M	K	R	H
G	T	R	H	E	F	N	O	B	T
C	I	H	U	X	A	W	T	E	K
P	G	V	L	Z	S	B	N	R	A
N	E	L	E	I	A	H	Z	U	O
K	U	N	R	F	T	P	K	G	A

Insgesamt befinden sich in den obigen Wortreihen elf Buchstaben H nach einem Selbstlaut. Für jedes H, das Du richtig durchgestrichen hast, darfst Du jetzt drei Punkte notieren. Schreibe die Gesamtpunktzahl aus dieser Übung auf, damit Du später, wenn Du die Aufgabe wieder einmal durchführst, die Ergebnisse vergleichen kannst.

Übung 2: Fehler in Buchstabengruppen finden

Unten siehst Du insgesamt 40 Buchstabengruppen mit je fünf Buchstaben. Unter jeder Gruppe steht eine weitere Gruppe, in der ein Buchstabe falsch ist; er stimmt also nicht mit dem Buchstaben der ersten Reihe an dieser Stelle überein. Versuche jetzt, so schnell wie möglich, alle diese 40 Fehler in den unteren Gruppen herauszufinden. Dazu mußt Du nur die Buchstaben der beiden Gruppen, die untereinander stehen, miteinander vergleichen und dann den falschen Buchstaben durchstreichen.

Übungen für besseres Gedächtnis

```
H A K T P     N C D F O     D I L Z S     R E N B H
H A G T P     N Z D F O     D I L C S     R O N B H

O N X G R     H L F N U     E T G W O     K Y H I R
O M X G R     K L F N U     E D G W O     K V H I R

N D B T H     L X K O C     W K T E V     M A I P G
N D P T H     L W K O C     V K T E V     M B I P G

A K H L O     R U C F W     F S R H W     E B T A N
A G H L O     R U Z F W     F S O H W     K B T A N

H M B K S     T I F M U     I L G W R     H B A N E
H M B K Z     D I F M U     I L G W S     H P A N E

T K A L O     E P Z X V     A S I H K     V E N T B
T K I L O     E B Z X V     A B I H K     W E N T B

P M S F G     S M A I G     R E C R D     C O A E G
P N S F G     T M A I G     N E C R D     Z O A E G

M X C R O     E G W K S     B I Z G O     T U L P O
M X C E O     U G W K S     P I Z G O     T U L P E

Q D L A V     N Z V E D     A T G U L     G R B E U
K D L A V     N Z V D D     A D G U L     K R B E U

Z N R E C     A R I Z T     N R B B K     H Z F E T
C N R E C     A R T Z T     N R P B K     H Z V E T
```

Für jede richtige Lösung bei der obigen Aufgabe schreibst Du Dir jetzt einen Punkt gut. Zähle alle Punkte zusammen – Du kannst höchstens 40 erreichen – und notiere sie für später zum Vergleich, wenn Du diese Übung wieder einmal machst.

Übung 3: Buchstaben finden

Bei dieser Übung müssen Dir Deine Eltern oder größere Geschwister helfen. Gib ihnen dieses Buch und bitte sie, Dir nacheinander die untenstehenden Wörter und die Zahlen dahinter vorzulesen. Die Zahl gibt jeweils den Buchstaben des Wortes an, den Du finden sollst. Dazu stellst Du Dir das Wort vor und zählst die Buchstaben von vorne; wenn Du bei dem angekommen bist, nach dem mit der Zahl gefragt wurde, sagst Du ihn laut.

Übungen für besseres Gedächtnis

Beispiel:
Man liest Dir das Wort Haus und die Zahl 3 vor. Jetzt stellst Du Dir vor, wie Haus geschrieben wird; Der 3. Buchstabe ist ein u – und den gibst Du als Antwort an.
Versuche, so schnell wie möglich zu antworten, aber laß Dich nicht drängeln.
Gib jetzt das Buch jemandem, damit er Dir nacheinander die folgenden Wörter und Zahlen vorliest. Deine Antwort gibst Du jeweils nach der Zahl.

Salbe	2	Turnen	6
Reiter	5	Katze	2
Motorrad	6	Schleier	3
Absatz	3	Autobahn	7
Wind	1	Uhrwerk	4
Bergsee	4	Zimmer	2
Winter	3	Lehrer	4
Schuhsohle	7	Radio	2
Baum	2	Keller	4
Wiese	5	Zahnbürste	8

Wenn Du diese Aufgabe gelöst hast, gibst Du Dir für jeden richtigen Buchstaben zwei Punkte, die Du dann wieder zusammenzählst und für später zum Vergleichen aufschreibst.
Nun machst Du die gleiche Übung, liest dabei die Wörter aber nicht von vorne nach hinten, sondern von hinten nach vorne. Die Zahl fragt also immer nach dem Buchstaben, der an der entsprechenden Stelle des Wortes steht, wenn Du es Dir von hinten nach vorne geschrieben vorstellst.

Beispiel:
Man liest Dir das Wort Haus und die Zahl 3 vor; im ersten Beispiel beim Vorwärtslesen war das der Buchstabe u. Jetzt liest Du das Wort aber umgekehrt und dann steht an 3. Stelle der Buchstabe a.
Bitte jetzt wieder jemanden, daß er Dir die 20 Wörter und Zahlen vorliest, die wir eben zum Üben verwendet haben. Jeder richtige Buchstabe bringt Dir wieder zwei Pluspunkte, die Du wie üblich zusammenrechnest und das Gesamtergebnis dann für später zur Erinnerung notierst.

Übung 4: Buchstaben zählen

Auch dabei muß Dir wieder jemand die einzelnen Worte vorlesen. Jedes Wort stellst Du Dir vor und zählst, wieviele Buchstaben es hat. Das Ergebnis sagst Du laut, dann kommt das nächste Wort an die Reihe.
Insgesamt haben wir 30 unterschiedlich lange Wörter ausgesucht, die Du bestimmt alle schon kennst.
Versuche wieder, so schnell wie möglich, aber ohne übergroße Eile zu antworten, sonst verzählst Du Dich nur.

Gib jetzt das Buch jemandem, damit er Dir die Wörter nacheinander vorliest, und nenne nach jedem Wort die Anzahl seiner Buchstaben.

Spaten	Buch
Kartoffel	Kette
Fahrrad	Baustelle
Schule	Katze
Haus	Meister
Aschenbecher	Aufzug
Mondlicht	Unfall
Zettel	Schulaufgaben
Fernsehgerät	Fenster
Ruhepause	Kerzenleuchter
Lungen	Vogelkäfig
Türrahmen	Bleistift
Feder	Foto
Blumenvase	Pult
Streichholz	Dosendeckel

Da waren einige lange Wörter dabei; für jedes dieser schwierigen Wörter mit mehr als zehn Buchstaben darfst Du Dir zwei Punkte gutschreiben (insgesamt sind es sechs dieser langen Wörter), wenn Du die Anzahl der Buchstaben richtig genannt hast; für alle anderen richtigen Lösungen bekommst Du je einen Punkt. Du kannst also insgesamt höchstens 36 Punkte erreichen, wenn alle Worte richtig ausgezählt wurden. Notiere Dir das Gesamtergebnis zum späteren Vergleich, wenn Du diese Übung wieder einmal durchführst.

Nach dem Muster dieser vier Übungen können neue entwickelt werden, an denen das Kind seine Konzentration trainieren und verbessern kann. Anstelle von Buchstaben und Worten kann man auch Zahlen verwenden; das hilft vor allem dann besser, wenn das Kind unter Konzentrationsstörungen beim Rechnen leidet. Aber neben den Zahlen dürfen die Wortübungen nicht vernachlässigt werden, denn man sollte stets die Konzentration ganzheitlich fördern.

„Gehirn-Jogging" trainiert die Intelligenz

Von der Intelligenz als wichtiger Grundvoraussetzung des Lernens und Leistens reden wir im Alltag alle recht unbefangen und selbstverständlich. Aber die moderne Psychologie kann diesen Begriff noch nicht genau definieren. Am besten versteht man sie als den Teil der Persönlichkeit, der uns in die Lage versetzt, Aufgaben und Schwierigkeiten in neuen Situationen sinnvoll zu lösen.

Denken und Gedächtnis gehören mit zur Intelligenz, aber sie dürfen nicht mit ihr gleichgesetzt werden, sondern bilden nur einzelne Komponenten der Intelligenz insgesamt.

Die Intelligenzforschung ging anfangs von der Theorie aus, daß allen Intelligenzleistungen ein allgemeiner General-(g-)faktor zugrundeliegt, den man als die allgemeine Intelligenz bezeichnete, und für jede Intelligenzleistung zusätzlich ein weiterer, spezifischer Intelligenzfaktor erforderlich ist. Später wurde diese Vorstellung noch durch die Gruppenfaktoren erweitert, die mehrere Funktionen der Intelligenz zu Gruppen zusammenfaßten, zum Beispiel zur praktischen Intelligenz.

In den 30er Jahren gewann eine neue Richtung in der Intelligenzforschung an Gewicht, die keinen allgemeinen Faktor mehr gelten ließ, sondern nur noch die Gruppen- und spezifischen Intelligenzfaktoren. Dadurch wurde das Intelligenzmodell aber zu unübersichtlich und unpraktisch.

Heute geht man wieder davon aus, daß einige wenige (etwa vier) grundlegende, sehr beständige Intelligenzfaktoren bestehen. Daneben spielen noch zahlreiche andere Faktoren im Einzelfall eine Rolle; sie werden jedoch nicht als grundlegend betrachtet, sondern hauptsächlich aus der Erfahrung beim Lösen spezieller Aufgaben erklärt und sind weniger stabil als die wenigen Grundfaktoren.

Die grundlegenden Intelligenzfaktoren stehen mit anderen Teilen der Persönlichkeit in enger Wechselbeziehung, insbesondere mit Gefühlen, Interessen und Motiven. Intelligenzförderung verlangt deshalb nicht nur Training der Intelligenz selbst, sondern stets Erziehung der Gesamtpersönlichkeit. Die Entwicklung der Intelligenz erfolgt in vier wichtigen Stadien und dauert das gesamte Leben an. Auch alte Menschen können durch geistige Aktivität noch ihre Intelligenz steigern, abgesehen von den Fällen, in denen das Gehirn zum Beispiel durch Arterienverkalkung, Schlaganfall oder Schwund geschädigt wurde.

Die folgenden Entwicklungsstufen der Intelligenz werden unterschieden:

- Sensumotorische Intelligenzausbildung – bis zum 18. Lebensmonat;
- präoperationale Vorstellungen – bis ungefähr zum 7. Lebensjahr;
- konkrete Operationen – bis etwa zum 11. Lebensjahr;
- formallogische Operationen – das ganze weitere Leben.

Das Intelligenzniveau eines Menschen kann durch spezielle Intelligenztests ermittelt werden. Sie bestehen aus unterschiedlichen Aufgaben, die einen möglichst großen Teil der Intelligenzleistungen erfassen sollen. Die Anzahl der richtigen Lösungen wird dann in Beziehung zum Durchschnitt aller Menschen gesetzt und danach der Intelligenzquotient (IQ) ermittelt.

Dieser Wert ist jedoch nicht unumstritten. Bei seiner Berechnung müssen zu viele Intelligenzleistungen unberücksichtigt bleiben. Deshalb darf man ihm auch nicht zu viel Bedeutung beimessen. Über den späteren Lebenserfolg eines Kindes sagt der IQ ohnehin kaum etwas aus.

Die Intelligenzquotienten verteilen sich statistisch wie folgt in der Gesamtbevölkerung:

IQ	Bewertung der Intelligenz	Anteil in der Gesamtbevölkerung
unter 50	Schwachsinn (Imbezillität)	0,75%
50-70	mittlere bis schwere geistige Schwäche (Debilität)	2,25%
70-80	leichte Geistesschwäche (Debilität)	6,00%
80-90	unterdurchschnittliche Intelligenz	16,00%
90-110	durchschnittliche Intelligenz	48,00%
110-120	überdurchschnittliche Intelligenz	16,00%
120-130	überlegene Intelligenz	8,00%
130-140	überragende Intelligenz	2,25%
über 140	geniale Intelligenz	0,75%

Der Intelligenzquotient kann immer erst dann einigermaßen zuverlässig ermittelt werden, wenn sich die Grundfaktoren der Intelligenz schon weitgehend stabilisiert haben, also nicht vor dem 12. Lebensjahr. Das bedeutet jedoch nicht, daß sich die Intelligenz danach nicht mehr verändern und der IQ erhöhen oder verringern könnte. Vielmehr geben die Intelligenztests im Grunde stets nur den augenblicklichen Intelligenzstand an. Das schränkt die praktische Bedeutung des IQ bei der Beurteilung zukünftiger individueller Entwicklungen eines Menschen erheblich ein.

Die Intelligenz hängt maßgeblich von zwei Einflüssen ab – Anlagen und Umwelt. Die Anlagen werden durch Vererbung von den Eltern auf das Kind übertragen. Unter den Umwelteinflüssen spielt vor allem die Erziehung im Elternhaus und in der Schule eine entscheidende Rolle. Bisher konnte allerdings noch nicht sicher geklärt werden, welcher Anteil den Anlagen und Umwelteinflüssen an der individuellen Intelligenz zukommt. Nach Erkenntnissen der Zwillingsforschung scheint es, daß Intelligenz bis zu 60% durch die Umwelt geprägt wird. (Zwillinge eignen sich für solche Forschungen besonders gut, weil ihre Anlagen identisch sind, Unterschiede in der Intelligenz sich also aus Umwelteinflüssen erklären.)

Wenn man davon ausgeht, daß in der Regel ungefähr die Hälfte der Intelligenz durch die Umwelt bestimmt wird, bedeutet das für Elternhaus und Schule natürlich eine hohe Verantwortung. In den ersten Lebensjahren liegt die Intelligenzförderung vor allem bei den Eltern, die sich mit dem Säugling und Kleinkind intensiv beschäftigen müssen. Später kommen dann Kindergarten und Schule hinzu. Die Schule übernimmt allmählich einen großen Teil der Intelligenzentwicklung. Trotzdem können auch die Eltern den Schulkindern und Jugendlichen noch bei der weiteren Ausbildung ihrer Intelligenz helfen. Das beginnt damit, daß alle Fragen eines Kindes ernstgenommen

und in kindgerechter Form beantwortet werden, und führt bis zum gezielten „Gehirn-Jogging" durch Intelligenzübungen, von denen wir im folgenden einige als Beispiele anführen wollen. Es würde den Rahmen dieses Buchs aber bei weitem überschreiten, an dieser Stelle ein umfangreiches vollständiges Übungsprogramm vorzustellen, dazu gibt es genügend einschlägige Literatur mit vielen Übungen. Darüber hinaus können Eltern auch anhand der folgenden Beispiele wieder selbst Aufgaben für ihre Kinder entwickeln. Für das Intelligenztraining gilt wieder als oberster Grundsatz: Keine Überforderungen und kein Leistungsdruck beim Training, sonst kann eher das Gegenteil eintreten. Es genügt, wenn man – abhängig vom Alter des Kindes – täglich oder 3-4mal wöchentlich je 5-15 Minuten lang „Gehirn-Jogging" betreibt.
Die folgenden Aufgaben, die nach Altersstufen unterteilt wurden, geben zugleich einen ersten Aufschluß über das Intelligenzniveau, denn ein durchschnittlich intelligentes, gesundes und ausreichend motiviertes Kind kann praktisch die meisten Aufgaben seiner Altersklasse und darüber hinaus oft auch noch einige der höheren Altersstufen lösen. Aber Vorsicht vor voreiligen Schlüssen, wenn das bei Ihrem Kind nicht der Fall sein sollte; die Berechnung des Intelligenzalters eines Kindes im Vergleich zu seinem Lebensalter erfordert mehrere spezielle Tests durch den Fachmann, der dann die Abweichungen von der Norm zuverlässiger feststellen und beurteilen kann.

Intelligenztraining
Zum Training können Sie dem Kind die Aufgaben vorlesen; besser ist es aber, wenn Sie die Aufgaben gemeinsam mit ihm durchgehen. Größere Kinder und Jugendliche können auch selbständig üben.
Beschränken Sie das Training anfangs auf die der Altersklasse entsprechenden Übungen, später können dann auch die Aufgaben höherer Altersstufen in Angriff genommen werden.

Übungen für 8-9jährige Kinder
Übung 1: Aus drei Wörtern einen Satz bilden
Du findest weiter unten eine Liste mit jeweils drei nebeneinandergeschriebenen Wörtern. Daraus sollst Du jeweils einen sinnvollen Satz bilden, in dem also alle drei Wörter vorkommen.
Beginne jetzt mit dieser Aufgabe; Du hast für jeden Satz 1/2 Minute Zeit.

    Ast – Baum – Eichhörnchen
    Mädchen – Bahnhof – Oma
    Kalb – Kuh – Stall
    Mutter – Einkaufstasche – Warenhaus
    Winter – Schnee – Schlitten
    Ferien – Autobahn – Gebirge

Für jeden vollständigen Satz gibst Du Dir jetzt 5 Punkte; wenn ein Satz nur 2 der Worte enthält, darfst Du noch 2 Punkte notieren.
Zähle alle Punkte zusammen und schreibe das Ergebnis zum Vergleich für später auf.

Übung 2: Oberbegriffe finden

Weiter unten stehen jeweils 3 Wörter nebeneinander, die irgend etwas gemeinsam miteinander haben. Deine Aufgabe besteht jetzt darin, so schnell wie möglich zu erkennen, welche Gemeinsamkeit zwischen den Wörtern besteht, und diese dann als Oberbegriff, der für alle 3 Wörter stehen kann, auf ein Blatt Papier zu schreiben.

Beispiel:
    Hund, Katze und Maus sind ..?... Antwort: Tiere

Beginne jetzt mit der folgenden Aufgabe.

    Hammer, Schraubenzieher und Zange sind ...?..............................
    Messer, Gabel und Löffel sind ...?..............................
    Veilchen, Nelken und Tulpen sind ...?..............................
    Tisch, Stuhl und Bank sind ...?..............................
    Bach, Fluß und See sind ...?..............................
    Amsel, Drossel und Meise sind ...?..............................

Für jede richtige Antwort schreibst Du Dir 6 Punkte gut und notierst die Gesamtpunktzahl für spätere Wiederholungen.

Übungen für 10-11jährige Kinder

Übung 1: Begriffsgegensätze finden

Wir wollen jetzt zu den unten stehenden Wörtern jeweils das Gegenteil finden. Frage Dich also bei jedem Wort „was ist das Gegenteil davon?", dann fällt Dir die Antwort leicht.

Beginne jetzt mit der folgenden Aufgabe.

Was ist das Gegenteil von ...

    Anfang   —   ....?..............................
    Frieden   —   ....?..............................
    Freund   —   ....?..............................
    Gesundheit   —   ....?..............................
    Mutter   —   ....?..............................
    Morgen   —   ....?..............................
    Norden   —   ....?..............................
    Vergangenheit   —   ....?..............................
    Meer   —   ....?..............................
    oben   —   ....?..............................

Für jede richtige Lösung gibt es 4 Punkte, die Du zusammenzählst und für später notierst, wenn Du diese Übung einmal wiederholst.

Übung 2: Textlücken ergänzen
Du findest weiter unten eine kleine Geschichte, bei der wir einige Wörter vergessen haben. Du sollst jetzt die Wörter finden, die in den Sätzen fehlen. Zunächst liest Du die Geschichte einmal ganz durch und dann Satz für Satz; bei jeder Lücke im Satz überlegst Du, welches Wort hierher gehört und trägst es dann ein. Es gibt nicht immer nur eine Lösung, in manche Lücken passen verschiedene Wörter; wenn Dir mehrere einfallen, dann wählst Du das aus, das Dir am besten gefällt.
Beginne jetzt mit dieser Aufgabe.

Besuch im Zoo
Am letzten Dienstag besuchte unsere Schulklasse den Zoologischen Garten in ...... Wir fuhren morgens um 9 Uhr ...... der Straßenbahn bis zum Zoo. Unser Lehrer kaufte an der ...... beim Eingang die Eintrittskarten, dann ging es hinein in den ......
Gleich neben dem Eingang ...... wir die Flamingos, die auf einer Wiese herumstolzierten. Danach ging es entlang des See...... zum Elefantenhaus. Die Elefanten befanden sich alle im Freigehege und kamen ...... zu dem tiefen Graben und bettelten um Futter. Aber ihre ...... reichten nicht bis zu uns herüber. Außerdem befand sich am Elefantengehege sowieso ein ......, auf dem stand, daß Füttern verboten ist.
Viel ...... hatten wir bei den Affen. Sie turnten munter durch ihre ......, manche lausten sich und hinten oben saß ein ganz alter, grauer Affe und versuchte, mit einem ...... eine Banane von einem Brett zu angeln.
Dann kamen wir zu den Raubtierkäfigen, in ...... Löwen und Tiger in der Sonne lagen. Ich hatte ein wenig ......, obwohl die Raubkatzen ganz friedlich dalagen. ...... Lehrer erklärte uns, daß sie wohl gerade gefüttert worden waren und sich jetzt ......
Zum Schluß kamen wir zu den Pinguinen ...... Seehunden. Die kleinen Pinguine sehen komisch aus, wenn sie so unbeholfen in ...... schwarzen „Fräcken" herumwatscheln – fast wie Kellner ...... Plattfüßen. Viel gelacht haben wir aber auch über die Seehunde, die wie kleine Unterseeboote durchs ...... schossen und Fangen miteinander spielten.
Als wir nach drei ...... den Zoo wieder verließen, waren wir alle müde. Aber der ...... hatte uns sehr gut gefallen. Ich werde noch lange an diesen ...... Tag denken und schon bald mit meinen Eltern wieder einmal den ...... besuchen.
Wenn Du alle fehlenden Wörter richtig eingetragen hast, so daß unsere Geschichte jetzt vollständig ist, darfst Du Dir für jedes richtige Wort 2 Punkte gutschreiben. Notiere Dir dann die Gesamtpunktzahl für später, damit Du das Ergebnis vergleichen kannst, wenn Du diese Übung wiederholst.

„Gehirn-Jogging" trainiert die Intelligenz

Übungen für Kinder über 11 Jahren und Jugendliche
Übung 1: Wortverständnis

Aufgabe A: nicht passende Wörter finden –
Du liest unten mehrere Reihen mit je 4 Wörtern; 3 davon sind einander ähnlich, das 4. paßt nicht dazu. Dieses nicht passende Wort sollst Du finden und aufschreiben.

    Geige, Gitarre, Gras, Flöte
    Stuhl, Auto, Schrank, Tisch
    Amsel, Kuckuck, Fink, Kuh
    Rose, Getreide, Nelke, Tulpe
    Zange, Hammer, Tasse, Bohrer
    Kiste, Papier, Pappdeckel, Karton
    Tasche, Beutel, Rucksack, Schirm
    Treppe, Leiter, Stiefel, Stiege
    Wiese, Wald, Weide, Stadt
    Meer, Wüste, Bach, Fluß

Für jede richtige Lösung darfst Du Dir 4 Pluspunkte gutschreiben. Zähle alle Punkte aus dieser Übung zusammen und notiere sie für später, wenn Du diese Aufgabe wieder einmal durchführst.

Aufgabe B: Worte mit ähnlicher Bedeutung finden –
Wir haben jetzt wieder mehrere Wortreihen aufgeschrieben. Daraus sollst Du jeweils das Wort finden, das zu dem ersten Wort in der Reihe am besten paßt. Frage Dich dazu immer: „Welches der folgenden 4 Wörter ist dem ersten Wort in der Reihe am ähnlichsten?" Das passende Wort schreibst Du dann auf.

Haus	– Omnibus, Zelt, Gebäude, Fahrstuhl
Töne	– Aussichten, Geräusche, Ferne, Heimat
Kind	– Mann, Lehrer, Mädchen, Frau
Blume	– Tier, Gewächs, Mensch, Hund
Wasser	– Küste, Meer, Ufer, Flüssigkeit
Laden	– Markt, Parkplatz, Kaufhaus, Eingang
Arm	– Bein, Glied, Muskel, Rücken
Schiff	– See, Hafen, Dampfer, Ozean
Freund	– Kamerad, Gegner, Rüpel, Knabe
klug	– lustig, nett, geschickt, schlau

Wenn Du alle Aufgaben gelöst hast, darfst Du Dir für jede richtige Lösung 4 Punkte gutschreiben. Vergiß nicht, die Gesamtpunktzahl zu notieren, damit Du später, wenn Du die Übung wieder einmal durchführst, die Ergebnisse vergleichen kannst.

Aufgabe C: Wortsinn erkennen –
Wir haben unten 10 Wortpaare aufgeschrieben. Zu jedem Wortpaar sollst Du nun erkennen, ob es sich dabei um Worte gleicher Bedeutung oder um Gegensätze handelt. Es gibt immer nur eine dieser beiden Möglichkeiten.

Entfernung – Nähe
Liebe – Zuneigung
Stachel – Dorn
kommen – gehen
Arbeit – Freizeit
entfernt – weit
Stier – Kuh
Gewinn – Verlust
Absender – Empfänger
Bote – Kurier

Auch hier darfst Du wieder für jede richtige Lösung 4 Punkte aufschreiben. Zähle alle Punkte dieser Aufgabe zusammen und notiere sie für später zum Vergleich.

Aufgabe D: Analogien bilden
Jetzt kommen wir zur letzten Wortaufgabe. Erschrick nicht, wenn Du das Fremdwort Analogie liest, die Übung ist überhaupt nicht so schwierig, wie das klingt. Analogie bedeutet Gleichartigkeit, das heißt, wir geben unten Sätze an, in denen jeweils ein Wort fehlt, das sinngemäß zum zweiten Teil des Satzes paßt. Am besten verstehst Du das an einem Beispiel.
Beispiel:
Mutter verhält sich zu Kind, wie Kuh zu ....?........... Antwort: Kalb
(die Kuh ist ja die Mutter des Kalbs)
Wenn Du dieses Beispiel verstanden hast, beginne jetzt mit der folgenden Übung.

Teller verhält sich zu Essen, wie Glas zu ....?..................
Abend verhält sich zu Morgen, wie Norden zu ....?.............
Griff verhält sich zu Hand, wie Klinke zu ....?..................
Apfel verhält sich zu Baum, wie Beere zu ....?..................
Huhn verhält sich zu Ei, wie Getreide zu ....?..................
Ofen verhält sich zu Feuer, wie Tank zu ....?..................
Dach verhält sich zu Haus, wie Kopf zu ....?..................
Vater verhält sich zu Sohn, wie Mutter zu ....?..................
Haus verhält sich zu Mensch, wie Garage zu ....?.............
Trommel verhält sich zu Schlegel, wie Geige zu ....?..........

Für jede richtige Antwort darfst Du Dir 4 Punkte gutschreiben. Zähle alle Punkte dieser Aufgabe zusammen und notiere sie für die spätere Wiederholung der Übung.

Übung 2: Zahlenreihen

Aufgabe A: Zahlenreihen fortsetzen

Die folgenden Zahlenreihen sind nach einem bestimmten System aufgebaut; dieses System sollst Du erkennen, dann kannst Du die fehlende Zahl am Ende jeder Reihe richtig eintragen. Wir erklären Dir das an einem Beispiel.

Beispiel:

1 – 3 – 5 – 7 – 9 – 11 – ....? .... Antwort: 13

Das System, nach dem diese Zahlenreihe aufgebaut ist, lautet ganz einfach: Zu jeder Zahl wird 2 dazugezählt. Stelle Dir das einmal so vor:

1 (+ 2) = 3 (+ 2) = 5 (+ 2) = 7 (+ 2) = 9 (+ 2) = 11 (+ 2) = 13

Wenn Du das Beispiel richtig verstanden hast, kannst Du jetzt die folgenden Zahlenreihen fortsetzen. Aber Vorsicht! Nicht immer wird die gleiche Zahl verwendet und nicht bei jeder Zahl wird nur dazugezählt, sondern zum Teil werden Zahlen auch abgezogen, malgenommen oder geteilt. Aber wenn Du Dir Zeit läßt und gut nachdenkst, findest Du das System der einzelnen Zahlenreihen sicher heraus.

```
1 –  5 –  9 – 13 – 17 –  21 – ..................?..............
3 –  9 – 27 – 81 – 243 – 729 – ..................?..............
5 –  7 – 10 – 14 – 19 –  25 – ..................?..............
2 –  4 –  8 – 16 – 32 –  64 – ..................?..............
9 –  3 – 27 –  9 – 243 – 81 – ..................?..............
7 – 13 – 18 – 22 – 25 –  27 – ..................?..............
6 –  2 –  8 –  4 – 16 –  12 – ..................?..............
4 –  8 – 16 – 32 – 64 – 128 – ..................?..............
8 – 24 – 16 – 48 – 40 – 120 – ..................?..............
7 – 11 – 15 – 19 – 23 –  27 – ..................?..............
```

Für jede richtig gelöste Aufgabe gibt es 4 Punkte. Zähle alle zusammen und notiere das Ergebnis wieder für spätere Vergleiche.

Aufgabe B: Zahlen durchstreichen

Auch hier haben wir wieder Zahlenreihen zusammengestellt. Sie sind aber vollständig, Du mußt sie also nicht ergänzen. Aber in jeder Reihe befindet sich eine Zahl, die nicht in das System paßt, nach dem die Reihe aufgebaut ist. Diese sollst Du herausfinden und durchstreichen.

Das folgende Beispiel zeigt Dir, wie das gemeint ist.

Beispiel:

1 – 3 – 4 – 5 – 7 – 9

Die Reihe ist nach der Regel 1 (+ 2) = 3 (+ 2) = 5 und so fort aufgebaut, deshalb stimmt die Zahl 4 nicht.

Beginne mit der Aufgabe, sobald Du das Beispiel verstanden hast.
   2 – 4 – 8 – 18 – 32 – 64
   44 – 22 – 11 – 33 – 97 – 297
   13 – 20 – 14 – 19 – 15 – 16
   27 – 22 – 18 – 16 – 13 – 12
   16 – 8 – 24 – 6 – 28 – 5
   63 – 126 – 42 – 168 – 33,6 – 210
   5 – 15 – 35 – 75 – 105 – 155
   20 – 100 – 500 – 2400 – 12500 – 62500
   14 – 11 – 13 – 10 – 14 – 9
   51 – 65 – 80 – 93 – 107 – 121

Gib Dir für jede richtige Lösung 4 Punkte, addiere sie dann alle und notiere Dir das Ergebnis für spätere Wiederholungen zum Vergleich.

Aufgabe C: Zahlenkolonnen ergänzen
Zum Abschluß haben wir noch eine Aufgabe mit Zahlenkolonnen zusammengestellt. Sie bestehen jeweils aus 3 Zahlenreihen untereinander, die alle 3 nach der gleichen Regel aufgebaut sind. Die beiden ersten Zahlenreihen sind vollständig, in der 3. Reihe fehlt die letzte Zahl. Wenn Du erkannt hast, wie die beiden ersten Reihen aufgebaut sind, kannst Du in der 3. Reihe der Kolonne die richtige Zahl eintragen.
Schau Dir das zunächst einmal an folgendem Beispiel an.
Beispiel:
   5 – 9 – 13
   8 – 12 – 16
   10 – 14 – ....?................ Antwort: 18
In allen 3 Reihen dieser Kolonne wird jeweils 4 zur vorangegangenen Zahl dazugerechnet.
Wenn Du das Beispiel richtig verstanden hast, kannst Du mit den folgenden Aufgaben beginnen.

   9 –   7 –   5   12 – 24 – 36   7 –   4 – 12
  25 – 23 – 21   7 – 14 – 21   14 – 11 – 33
  17 – 15 – ...?...   25 – 50 – ...?...   24 – 21 – ...?...

   1 –   5 – 25   11 – 44 – 176   10 – 100 – 1000
   3 – 15 – 75   5 – 20 – 80   8 – 64 – 512
   7 – 35 – ...?...   16 – 64 – ...?...   3 –   9 – ...?...

  50 – 40 – 20   36 – 18 –   9   19 – 48 – 87
  76 – 66 – 46   40 – 20 – 10   5 – 20 – 45
 144 – 134 – ...?...   68 – 34 – ...?...   11 – 32 – ...?...

15 –	25 –	50	3 –	9 –	81	8 –	40 –	200
28 –	38 –	76	6 –	36 –	1296	6 –	30 –	150
69 –	79 –	...?...	4 –	16 –	...?...	3 –	15 –	...?...
5 –	10 –	50	60 –	30 –	90	8 –	64 –	512
7 –	14 –	98	8 –	4 –	12	5 –	25 –	125
13 –	26 –	...?...	28 –	14 –	...?...	3 –	9 –	...?...
1/2 –	1 –	2	20 –	20 –	40	13 –	26 –	78
4 –	8 –	16	17 –	17 –	34	24 –	48 –	144
10 –	20 –	...?...	8 –	8 –	...?...	8 –	16 –	...?...
38 –	19 –	57	300 –	150 –	450			
64 –	32 –	96	24 –	12 –	36			
86 –	43 –	...?...	56 –	28 –	...?...			

Gib Dir für jede richtig gelöste Aufgabe 2 Punkte, höchstens also für alle richtig gelösten Fragen insgesamt 40 Punkte. Die schreibst Du wieder für später auf, dann kannst Du vergleichen, wenn Du diese Aufgabe wieder einmal durchführen willst.

Natürlich gibt es neben den hier aufgezeigten Möglichkeiten noch viele andere, um die Intelligenz zu fördern. Aber anhand dieser Übungen können Sie für Ihr Kind schon eine ganze Reihe abwechslungsreicher Aufgaben selbst entwickeln. In einem speziellen Buch zu diesem Thema finden Sie aber auch Übungen, die andere Bereiche der Intelligenz ansprechen. Deshalb empfehlen wir zusätzlich in jedem Fall einen solchen Ratgeber. Aber wenn Sie Zeit und Lust finden, selbst Übungen auszuarbeiten, dann werden Sie auch den Schwierigkeitsgrad besser nachvollziehen können; so einfach, wie die Aufgaben manchmal erscheinen mögen, sind sie nämlich meist nicht.

Wir haben ganz bewußt darauf verzichtet, die Lösungen zu den Aufgaben in diesem Buch anzugeben. Das Kind soll selbst als sein „Lehrer" arbeiten, indem es die Lösungen nachprüft. Dadurch geht es alle Aufgaben nochmals durch, versteht sie noch besser und kann aus den Fehlern mehr lernen, als wenn es die Lösungen nur passiv nachkontrolliert und sich dann vielleicht nicht mehr gedanklich weiter damit beschäftigt. Auf diese Weise wird zugleich auch die Selbständigkeit beim Lernen gefördert.

Um absichtliches oder unabsichtliches Schummeln bei der Selbstkontrolle zu vermeiden, sollten Eltern sich unbedingt die Zeit nehmen, um die Lösungen wenigstens stichprobenartig zu kontrollieren.

Die Kreativität fördern

Zum Abschluß noch einige Worte zur Kreativität, die in der Schule ebenso wie im Elternhaus – überhaupt in unserer modernen Industriegesellschaft

– viel zu wenig beachtet und gefördert wird. Dabei gehört gerade sie zu den menschlichen Fähigkeiten, die zur Lösung vieler Probleme und Konflikte entscheidend beitragen könnte. Von neuen, kreativen Denkansätzen hängt es wahrscheinlich sogar mit ab, ob wir die großen Probleme des nachindustriellen Zeitalters zufriedenstellend lösen können.
Die Kreativität wird erst seit kurzem vor allem in den USA gründlicher erforscht. Deshalb weiß man noch längst nicht alles über diese Fähigkeit. Sie zeichnet sich vor allem dadurch aus, daß man sich von alten, eingefahrenen Denkgewohnheiten löst und nichts als selbstverständlich hinnimmt, sondern sich auch dort noch Fragen stellt, wo es anscheinend nichts mehr zu fragen gibt. Das hat viel mit Wundern angesichts der vielen Rätsel unserer Welt zu tun, das leider schon im Kindesalter mit der Verfestigung des Weltbilds verlorengeht, und es hat auch mit gesunder Neugierde zu tun, die Kindern zu oft förmlich ,,ausgetrieben" wird, weil sie sich nicht schickt.
Die Lösung von den Denkgewohnheiten führt dazu, daß beispielsweise Objekte oder einzelne Elemente des Wissens oder von zu lösenden Fragen und Problemen in neuer, origineller und ungewöhnlicher, aber sinnvoller Weise zueinander in neue Beziehungen gesetzt werden. Daraus resultieren dann Ideen und Lösungen von Problemen, die der Norm nicht entsprechen, ja es werden sogar Fragen gestellt und Probleme erkannt, wo vorher bereits alles geklärt schien und niemand sich mehr um eine Weiterentwicklung kümmerte.
Wahrscheinlich erklären sich solche originellen, kreativen Denkgewohnheiten aus dem gleichzeitigen Ablauf mehrerer unbewußter Denkvorgänge, die nur dann ins Bewußtsein gelangen können, wenn die Kreativität nicht unterdrückt oder vernachlässigt wird.
Viele kreative Menschen empfinden ihre Ideen zunächst selbst als fremdartig. Ob sie sich trotzdem bemühen, sie durchzusetzen, oder sie resignierend rasch wieder vergessen, hängt entscheidend mit von ihrer Persönlichkeit ab. Vor allem die Angst, bei den anderen anzuecken, kann die Umsetzung kreativer Ideen in der Realität be- und verhindern. Deshalb gehört auch die Behandlung der Schulangst im weiteren Sinn zur Kreativitätsförderung. Ein Kind, das zur mutigen, selbständigen und selbstsicheren Persönlichkeit erzogen wird, setzt seine Kreativität auch gegen den Widerstand der Umwelt durch.
Die bisherigen Erkenntnisse der psychologischen Kreativitätsforschung deuten darauf hin, daß kreative Menschen häufig aus der sozialen Unterschicht stammen und keine qualifizierte Schulbildung erhielten; auffällig ist der überdurchschnittlich hohe Anteil der Analphabeten unter den Kreativen. Ihre Erziehung scheint vielfach vernachlässigt worden zu sein, insbesondere die Anpassung an soziale Normen.
Diese Feststellungen enthalten einen schweren Vorwurf gegen die übliche Erziehung durch Schule und Elternhaus, die offensichtlich kreativitätsfeind-

Die Kreativität fördern

lich ist. Über der Anpassung an die sozialen Normen, die zu Lasten der Selbstverwirklichung (sie bildet eine wichtige Voraussetzung jeglicher Kreativität) geht, und über der bloßen Vermittlung von Wissen vernachlässigt, ja unterdrückt die herkömmliche Erziehung die Kreativität. Das ist zum Teil sogar verständlich, wenn auch nicht entschuldbar, denn kreative Menschen sind wegen ihrer originellen Fragen und Ideen abseits der Normen und Gewohnheiten unbequem für die Erzieher und die Gesellschaft.

Daraus darf man jetzt freilich auch nicht die Konsequenz ziehen, daß Kinder einfach nur vernachlässigt werden sollten, um kreativ zu werden. Das kann tatsächlich ihre Kreativität entfalten, hat aber unerwünschte andere Folgen. Vielmehr muß es gelingen, einen Erziehungsstil zu finden, der die eigenständige Persönlichkeitsentwicklung und den Mut zu originellem Denken und Fragen fördert, ohne das unerläßliche Maß der Anpassung an die Gesellschaft zu vergessen, sonst droht leicht der Übergang in die Asozialität. Die Grundsätze der Erziehung, die wir weiter vorne beschrieben haben, schaffen im Elternhaus die günstigen Voraussetzungen zur Entfaltung der Kreativität. Darüber hinaus muß auch die Schule endlich umdenken und Kreativität nicht mehr länger unter Wissensballast ersticken, sondern gezielt fördern. Dazu bieten vor allem die Fächer Kunst und Werken, aber auch der Deutschunterricht viele Möglichkeiten. Aber auch alle anderen Unterrichtsfächer müssen nicht ausschließlich der Wissensvermittlung dienen; bei entsprechender Gestaltung des Unterrichts kann praktisch jedes Fach auch die Kreativität fördern. Das setzte jedoch voraus, daß die Lehrer entsprechend ausgebildet werden.

Im Elternhaus kann Kreativität ganz zwanglos und ohne spezielle Übungen durch entsprechendes Verhalten in der Erziehung gefördert werden. Dazu gehört neben dem Respekt vor der selbständigen Entwicklung des Kindes vor allem das freie Spiel. Es gibt viele Spiele, in denen ein Kind seine Kreativität üben kann; zum Teil werden sie gemeinsam mit Eltern, Geschwistern und Altersgenossen durchgeführt, teils kann man sie auch allein spielen. Besonders gut gefördert wird die Kreativität, wenn die Kinder ihre Spiele wenigstens teilweise selbst erfinden.

Zur weiteren Förderung der kindlichen Kreativität sollte man im Elternhaus unbedingt darauf achten, daß neben den Hausaufgaben genügend Zeit für phantasievoll-künstlerische Betätigung bleibt. Das klingt auf den ersten Blick vielleicht sehr anspruchsvoll, bedeutet aber im Grunde nichts anderes als die Förderung des kindlichen Drangs, seine Welt in Bildern und kleiner Geschichten phantasievoll ausgemalt darzustellen. Wenn dieser Drang zu schwach ausgeprägt ist, sollten Eltern anfangs die dazu notwendigen Anregungen geben. So fördert es zum Beispiel gut die Kreativität, wenn Kinder nach einem Ausflug ihre Eindrücke niederschreiben und malen, gemeinsam mit Geschwistern und/oder Eltern Geschichten erfinden, basteln und werken. Ausgediente Küchengeräte können die Kreativität beflügeln, sogar maßvoll-richtiges Fernsehen fördert diese Fähigkeit. Schließlich darf man natürlich auch die Musik nicht vergessen, vorausgesetzt sie wird aktiv, nicht nur als passiver Zuhörer vom Kind gepflegt. Die Hausmusik, früher weit verbreitet, heute leider weitgehend in Vergessenheit geraten, sollte bei jedem Kind gefördert werden, denn wahrscheinlich verfügt jedes Kind über eine natürliche Musikalität.

Viel Skepsis ist angebracht gegenüber den heute so beliebten Computerspielen, überhaupt gegen den Umgang der Kinder und Jugendlichen mit Computern. Das fördert die Kreativität kaum, sondern leitet viel zu früh zu streng logischem Denken an. Für den späteren Beruf kann das nützlich sein, aber die Kreativität verkümmert dabei. Und mit der Intelligenzerziehung durch Computer ist es auch nicht so weit her, wie lange Zeit angenommen wurde. Erste Untersuchungen legen vielmehr die Annahme nahe, daß intelligente Kinder die Lust am Computer rasch verlieren, weil die Anforderungen zu einseitig sind. Auch deshalb sollten Eltern darauf achten, daß die jugendlichen Computer-Freaks nicht ihre gesamte Freizeit mit dem Personalcomputer verbringen.

Zur regelrechten Übung sollte die Förderung der Kreativität nicht ausarten, das könnte ihr Tod sein. Das Kreativitätstraining erfolgt am besten zwanglos-spielerisch, dann erzielt man auf ganz natürliche Weise einen Übungseffekt.

Psychotherapie gegen Schulangst

Bei leichter Schulangst reichen die bisher beschriebenen erzieherischen Maßnahmen und das Training der Lernfähigkeit oft schon aus, um alle Probleme allmählich zu überwinden. Es empfiehlt sich aber trotzdem immer, das Kind zum Entspannungstraining anzuleiten, damit es dadurch seine Lern-, Konzentrations- und Leistungsfähigkeit weiter verbessern und sich in Streß- und Angstsituationen selbst beruhigen kann.

Darüber hinaus sollten Eltern bei Bedarf das Kind in seinen sozialen Beziehungen zu Gleichaltrigen fördern, denn Kameradschaft und Freundschaft bilden ebenfalls ein Bollwerk gegen Ängste.

Wenn alle diese Maßnahmen nicht genügen, muß eine gezielte Psychotherapie eingeleitet werden. Je früher sie beginnt, desto günstiger sind die Erfolgsaussichten, desto rascher tritt die Wirkung ein. Wenn man zu lange wartet, dann verfestigen sich die psychischen Fehlentwicklungen häufig und es dauert unnötig lange, bis sie überwunden werden – sofern das überhaupt noch vollständig gelingt. In schweren Fällen, wenn die Eltern jeden Einfluß auf ihre Kinder verloren haben, kann es sogar einmal angebracht und notwendig sein, das ,,schwererziehbare schwarze Schaf" für einige Zeit in ein Erziehungsheim zu bringen. Das gilt vor allem dann, wenn Kinder und

Jugendliche unter schweren Verhaltensstörungen leiden, zur hemmungslosen Aggressivität und/oder Kriminalität neigen.

Gegen eine psychotherapeutische Behandlung bestehen bei vielen Eltern erhebliche Vorbehalte. Diese müssen im Interesse des Kindes überwunden werden und sind ohnehin unberechtigt. Genauso selbstverständlich, wie man bei einer körperlichen Krankheit ohne Scheu den Arzt konsultiert, sollte man bei psychischen Störungen den Fachmann aufsuchen. Gerade heute, da immer mehr Menschen unter verschieden stark ausgeprägten psychischen Krankheiten leiden, hat das ganz gewiß nichts ,,Ehrenrühriges" an sich, sondern ist die natürlichste Sache der Welt.

Allerdings gibt es bei uns bislang viel zu wenig Psychologen, Psychotherapeuten und verwandte Berufe, als daß jeder psychisch gestörte Mensch sich in qualifizierte Behandlung begeben könnte. Aber das ist bei leichteren seelischen Störungen auch nicht erforderlich. Wie der Körper verfügt auch das Seelenleben über Selbstheilungsregulationen, die mit einfacheren Störungen aus eigener Kraft fertig werden können. Die Entspannungstherapie kann diese Selbstheilungskräfte zusätzlich gut aktivieren.

Entspannungsübungen für Kinder

Angst führt zu seelischen und körperlichen Spannungen. Deshalb läßt sie sich nicht mit der Entspannung vereinbaren. Das heißt, wer gelernt hat, sich bei Bedarf bewußt zu entspannen, kann dadurch seine Ängste sehr wirkungsvoll bekämpfen.

Es fällt allerdings schwer, sich bei akut auftretenden Angstzuständen zu entspannen, wenn man das vorher nicht eingeübt hat. Deshalb sollte man mit dem Entspannungstraining möglichst nicht warten, bis bereits Ängste bestehen, sondern schon vorbeugend die Entspannung auf Kommando trainieren. Dann kommt es oftmals überhaupt nicht zu ernsteren Angstzuständen und die unausweichlichen leichteren Ängste des Lebens lassen sich ohne bleibende Folgen leichter und schneller überwinden. Es ist aber auch nicht zu spät, wenn man erst dann mit dem Entspannungstraining beginnt, wenn bereits Angstzustände und andere seelische Probleme bestehen. Dann dauert es allerdings oft länger, ehe die Wirkung spürbar wird, aber erfolglos bleibt das Training nicht.

Eigentlich gehört die Entspannung zu den natürlichen Fähigkeiten eines jeden Menschen und müßte normalerweise überhaupt nicht eingeübt werden. Aber über dem Streß und der Hektik des Alltags gelingt es vielen Menschen – darunter auch immer mehr Kindern – heute nicht mehr, sich zu entspannen. Die Schulangst trägt als Streßfaktor ebenfalls viel mit dazu bei, daß Entspannung schon im Kindesalter kaum mehr möglich ist und gezielt trainiert werden muß.

Darüber hinaus bietet die Entspannungstherapie auch noch die Möglichkeit der positiven Selbstbeeinflussung, mit deren Hilfe Ängste, Konflikte und andere Schwierigkeiten individuell behandelt werden können.

Am besten bewährt hat sich zum Entspannen das systematisch aufgebaute autogene Training, das allerdings erst ab dem 8./10. Lebensjahr richtig durchgeführt werden kann. Vorher empfehlen sich einfache Entspannungsübungen, die auf die kindliche Vorstellungswelt abgestimmt sind.

Die wichtigste Voraussetzung für den Erfolg des Entspannungstrainings bildet das regelmäßige Üben 2-3mal täglich, damit der Zustand der Entspannung schließlich ganz selbstverständlich jederzeit bei Bedarf herbeigeführt werden kann. Bei kleineren Kindern sorgen die Eltern dafür, daß die Übungen regelmäßig absolviert werden, größeren Kindern kann man schon mehr Selbständigkeit einräumen, das fördert ihr Eigenverantwortungsgefühl; allerdings sollte auch bei ihnen unauffällig überwacht werden, ob sie täglich ausreichend trainieren. Wenn sie es vergessen, genügt meist nur die kurze Erinnerung, denn die Kinder erfahren das Training als angenehm und es wird ihnen bald zum selbstverständlichen Bedürfnis, sofern sie nicht durch übermäßigen erzieherischen Druck in die Verweigerung getrieben werden.

Einfache Entspannungstechniken

Die nachstehenden Übungen zur Entspannung und positiven Selbstbeeinflussung eignen sich besonders gut für Kinder bis zum 8./10. Lebensjahr. Zwar können auch größere Kinder noch danach üben, aber sie sollten besser das autogene Training erlernen, weil sie sich dadurch bereits auf die Fortsetzung der Entspannungsübungen als Jugendliche und Erwachsene vorbereiten. Außerdem wirkt das autogene Training ab der genannten Altersstufe oft besser, da es systematisch aufgebaut ist.

Die einfachen Entspannungsübungen sollten mindestens 2mal am Tag, am besten morgens vor dem Aufstehen und abends vor dem Einschlafen, durchgeführt werden. Zusätzlich empfiehlt es sich aber, am frühen Nachmittag noch einmal zu trainieren, das kann den Mittagsschlaf ersetzen und den toten Punkt überwinden, den viele Kinder um diese Zeit erleben. Der Erfolg der Entspannungsübungen wird dadurch beschleunigt. Häufiger als 3mal täglich sollte aber nicht trainiert werden, sonst kann die Wirkung ins Gegenteil umschlagen. Das Training wird stets von einem Elternteil gemeinsam mit dem Kind durchgeführt. Nach Möglichkeit sollte immer der gleiche Elternteil mit dem Kind üben, damit das Training stets in der gleichen Weise durchgeführt wird.

Voraussetzungen der Entspannungsübungen:

Einige Voraussetzungen müssen geschaffen werden, damit sich das Kind richtig entspannen kann, und zwar:

Einfache Entspannungstechniken

1. Ruhiger Übungsraum, am besten das dem Kind vertraute Zimmer, in dem es auch schläft.
2. Abdunkeln des Raums durch Vorhänge und Jalousien beim Training am Tag, so daß ein gedämpftes Licht (nicht völliges Dunkel) herrscht; bei Dunkelheit sorgt man durch entsprechende Lichtquellen für eine behagliche, entspannende Atmosphäre.
3. Richtige Raumtemperatur, bei der das Kind sich wohlfühlt (meist 21-22° C) und auch beim längeren Liegen nicht fröstelt; zu warm darf es im Raum aber auch nicht sein, denn das lenkt gleichfalls ab.
4. Öffnen aller beengenden Kleidungsstücke (zum Beispiel Gürtel, Kragen); am besten wird in einem bequemen Hausanzug trainiert, der nirgends einengt.
5. Bequeme Rückenlage auf dem Bett oder auf einer dicken, nicht zu weichen Matte am Boden; das Kind legt sich darauf nieder, die Arme leicht angewinkelt mit den Handflächen nach unten, die Beine ausgestreckt mit locker nach außen fallenden Fußspitzen; unter den Kopf schiebt man ein kleines Kissen, bei Bedarf werden Nacken, Schultern, Rücken und Kniekehlen noch durch Decken oder Schaumgummirollen abgepolstert, wenn dort in Rückenlage Verspannungen auftreten.

Nach diesen Vorbereitungen kann das eigentliche Entspannungstraining beginnen. Dabei unterscheidet man 2 Stufen. Auf Stufe 1 wird nur die Entspannung geübt, Stufe 2 beeinflußt zusätzlich gezielt Ängste und andere seelische Störungen. Die Übungen der Stufe 1 müssen mindestens 3 Monate lang konsequent Tag für Tag 2-3mal durchgeführt werden, ehe man zur Stufe 2 übergehen kann. Das Entspannungstraining muß in kindgerechter Form durchgeführt werden. Dazu gibt es verschiedene Möglichkeiten. Gut bewährt sich meist die Märchentechnik, die wir deshalb hier vorstellen wollen. Daneben können aber auch noch andere Techniken angewendet werden, auf die wir im Rahmen dieses Buchs nicht mehr weiter eingehen wollen. Interessierte Eltern finden dazu im Buchhandel genügend praktische Ratgeber.

Bei der Märchentechnik wird gemeinsam mit dem Kind eine Geschichte erarbeitet, in die zwanglos die entspannenden Vorstellungen eingebaut werden können. Die einmal ausgewählte Geschichte sollte zumindest während der ersten 12 Wochen gleich bleiben, später kann man bei Bedarf andere Geschichten verwenden.

Die nachstehende Geschichte von der Reise zum Mittelpunkt der Erde hat sich in der Praxis gut bewährt. Sie muß aber nicht unbedingt übernommen werden, sondern dient Eltern lediglich als ,,Muster'', nach dem sie auch selbst eine Geschichte erfinden können.

Die Geschichte wird vom Elternteil mit ruhiger, nicht zu lauter Stimme langsam vorgetragen. Falls das Kind dabei einschläft, spricht man einfach weiter, denn das Unbewußte kann auch im Schlaf Suggestionen aufnehmen. Wenn

das Kind geweckt würde, damit es nur ja bewußt die ganze Geschichte hört, müßte nochmals von vorne angefangen werden, weil das Wecken die Entspannung unterbricht.
Falls Sie die nachstehende Geschichte übernehmen wollen, müssen Sie sich nicht wortgetreu an den Text halten, sondern können zum Teil auch eigene Worte wählen, wenn nur der Sinn erhalten bleibt. Sprechen Sie auch mit dem Kind darüber, was ihm an der Geschichte gut und weniger gut gefällt, damit Sie danach den Text bei Bedarf etwas ändern können.

Entspannungsübung für Kinder – Stufe 1:

„Wir wollen jetzt eine Entdeckungsreise zum Mittelpunkt der Erde unternehmen. Du fühlst Dich dabei ganz ruhig, denn Du weißt, wir haben einen Zauberstab bei uns, der uns vor jeder Gefahr schützt." – Kurze Pause –
„Während Du einfach so daliegst und wartest, bis unsere Reise losgeht, schließen sich Deine Augen jetzt ganz von selbst. Sie bleiben zu, solange wir unterwegs sind, aber Du kannst auch mit geschlossenen Augen alles sehen, was ich sage." – Kurze Pause –
„Jetzt geht unsere Reise los. Du spürst, wie Dein ganzer Körper schön schwer wird, ganz, ganz schwer, so schwer wie Blei." – Kurze Pause –
„Nun ist Dein ganzer Körper schön schwer geworden und Du fühlst, wie Du langsam nach unten sinkst. Es ist ein Gefühl wie in einem Fahrstuhl, der uns langsam hinab zum Mittelpunkt der Erde bringt. Immer tiefer und tiefer sinkt Dein schwerer Körper hinein in die weichen Polster, bis Du ganz darin versunken bist und Dich ganz geborgen und glücklich fühlst. Ich bin mit unserem Zauberstab immer ganz nahe bei Dir und deshalb fühlst Du Dich ganz mutig und geborgen." – Kurze Pause –
„Du sinkst langsam und ganz weich immer tiefer und tiefer hinab. Ganz schwer läßt Du Dich einfach sinken. Dabei spürst Du, wie es wohlig warm um Dich herum wird. Ganz tief unten in der Erde ist es wohlig warm. Auch Dein Körper wird jetzt überall wohlig warm. Du fühlst Dich ganz geborgen und glücklich und weißt, ich bin ganz nahe bei Dir mit unserem Zauberstab, der uns vor jeder Gefahr beschützt." – Kurze Pause –
„Weit in der Ferne siehst Du nun im Dunkel ein wunderschönes Licht. Wir gehen näher auf dieses Licht zu und Du siehst, es ist ein wunderschönes tiefblaues Licht, das eine Höhle erfüllt. Das ist der Mittelpunkt der Erde, wir sind an unserem Ziel angekommen." – Kurze Pause –
„Das wunderschöne tiefblaue Licht wird immer klarer und deutlicher. Du stehst mitten in der Höhle in diesem Licht und fühlst Dich vollkommen ruhig, sicher und geborgen. In der Höhle ist es wohlig warm und Du bist ganz glücklich." – Längere Pause –
„Jetzt machen wir uns wieder auf den Rückweg aus der Erde. Ganz langsam tauchst Du wieder empor zur Oberfläche der Erde. Das blaue Licht ver-

schwindet langsam hinter Dir. Immer weiter steigst Du wie in einem Fahrstuhl aus der Erde empor und kommst jetzt wieder im Zimmer auf Deinem Bett an." – Kurze Pause –
„Wir sind zurück von unserem Ausflug zum Mittelpunkt der Erde. Dein Körper ist jetzt wieder locker und ganz frei beweglich. Du fühlst Dich ganz wohl und glücklich und geborgen." – Kurze Pause –
„Unser Ausflug war sehr schön, aber Du freust Dich doch, daß wir wieder zu Hause angekommen sind. Deshalb atmest Du jetzt einmal tief durch und streckst und beugst kräftig Deine beiden Arme." – Kurze Pause, in der das Kind die Arme strecken und beugen soll. –
„Nun liegst Du genau wie zu Anfang unserer Reise wieder auf Deinem Bett und Deine Augen öffnen sich ganz von selbst. Wir sind wieder angekommen und Du fühlst Dich ganz frisch und wach, ganz wohl und geborgen."
Jetzt soll das Kind noch einige Minuten liegenbleiben. Sprechen Sie mit ihm darüber, wie es den Ausflug erlebt hat. Wenn sich dabei herausstellt, daß einige Passagen der Geschichte negative Gefühle bei ihm hervorriefen, versuchen Sie, gemeinsam mit ihm andere Formulierungen für die nächste Übung zu finden.
Die Entspannungsübung der Stufe 1 wird mindestens 12 Wochen lang konsequent Tag für Tag durchgeführt. Dann hat sich das Kind in der Regel soweit an die Entspannung gewöhnt, daß sie rasch eintritt und sich immer mehr vertieft. Im Einzelfall kann es bis dahin aber auch wesentlich länger dauern. Dann darf das Kind unter keinen Umständen gedrängt werden, das verzögert nur die Vertiefung der Entspannung und wirft das Kind unter Umständen sogar weit in seinem bisherigen Übungserfolg zurück. Erzwingen läßt sich Entspannung nämlich nicht.
Wenn ein tiefer Entspannungszustand mit Stufe 1 erreicht wird, kann zur Stufe 2 übergegangen werden. Sie erweitert die Entspannung durch positive Selbstbeeinflussung, die sich beispielsweise gegen Angst, Lernstörungen oder Fehler des sozialen Verhaltens richtet. Auch dabei bleibt man wieder bei der Märchentechnik, konfrontiert das Kind also nicht unmittelbar mit seinen Ängsten und anderen seelischen Nöten.
Entspannungsübung für Kinder – Stufe 2:
„Wir unternehmen jetzt wieder unseren Ausflug zum Mittelpunkt der Erde. Du fühlst Dich dabei wieder ganz ruhig, obwohl Du weißt, daß wir heute etwas Neues erleben werden. Wir haben ja wieder den Zauberstab mit und deshalb kann uns nichts geschehen. Heute darfst Du diesen Zauberstab tragen. Wenn Du ihn brauchst, mußt Du ihn nur ganz fest mit der Hand umfassen, dann spürst Du sofort eine große Kraft und Mut in Dir und alles, was Du Dir wünschst, geht sofort in Erfüllung." – Kurze Pause –
„Während Du wartest, daß unsere Reise losgeht, schließen sich Deine Augen wieder und bleiben zu, bis wir von der Reise zurückgekehrt sind. Aber

Du siehst alles genau so mit geschlossenen Augen, wie ich es Dir sage." – Kurze Pause –

„Jetzt geht unsere Reise los. Du spürst, wie Dein ganzer Körper wohlig schwer wird und langsam wie in einem Fahrstuhl immer tiefer und tiefer in den weichen Polstern versinkt. Ganz schwer läßt Du Dich noch tiefer und tiefer sinken und fühlst, wie es wohlig warm um Dich wird. Dein ganzer Körper ist wohlig schwer und warm und Du fühlst Dich sicher, geborgen und sehr glücklich." – Kurze Pause –

„In der Ferne taucht unsere Höhle mit dem wunderschönen tiefblauen Licht auf, kommt langsam immer näher und näher. Jetzt stehst Du mitten in der wohlig warmen Höhle in diesem wunderbaren Licht und fühlst Dich sehr geborgen, sicher und glücklich." – Kurze Pause –

(Jetzt wird die Übung durch positive Selbstbeeinflussung ergänzt. Sie richtet sich danach, welche psychischen Störungen beeinflußt werden sollen; der Fortgang der Geschichte hängt also von der individuellen Konfliktsituation des Kindes ab und muß ausgearbeitet werden, bevor man mit der Übung der Stufe 2 beginnt. Das folgende Beispiel hilft bei sozialen Problemen, mit denen ängstliche Kinder häufig konfrontiert werden.)

„Aber was siehst Du da? Heute ist die Höhle nicht leer. Dort drüben bewegen sich Schatten an der Wand, die wir vorher nie gesehen haben. Du schaust hinüber zu ihnen, denn Du möchtest wissen, wer die Schatten sind und was sie tun. Aber aus der Ferne kannst Du das nicht richtig erkennen. Deshalb gehst Du jetzt langsam ein wenig näher. Dein Zauberstab begleitet Dich und Du fühlst Dich ganz ruhig, stark und mutig." – Kurze Pause –

„Während Du näher zu den Schatten kommst, erkennst Du, daß es Kinder sind, die mit einem Hund spielen. Sie sehen genauso aus wie Du und ihr Hund ist groß und hat ein dichtes, flauschiges Fell. Du bleibst in der Nähe stehen und schaust zu, wie die Kinder und der Hund spielen." – Kurze Pause –

„Jetzt hat der Hund Dich entdeckt und bellt Dir fröhlich zu. Du fühlst Dich mutig und stark und ruhig, denn der Hund ist so lieb – und außerdem hast Du ja Deinen Zauberstab." – Kurze Pause –

„Dort drüben, das eine Kind, es winkt Dir zu. Du sollst zu den Kindern kommen, sie warten auf Dich. Aber Du weißt noch nicht, ob Du das möchtest. Frag doch einfach Deinen Zauberstab. Fasse ihn fest an und wenn Du spürst, daß er in Deiner Hand warm wird, dann heißt das, Du sollst zu den Kindern gehen." – Kurze Pause –

„Spürst Du, wie Dein Zauberstab warm wird? Er möchte, daß Du zu den Kindern gehst, die auf Dich warten, und mit ihnen spielst. Der Hund kommt jetzt sogar zu Dir, stupst Dich sanft mit seiner Schnauze an und läuft dann wedelnd vor Dir her. Er will auch, daß Du mit zu seinen Spielgefährten kommst." – Kurze Pause –

„Jetzt bist Du drüben bei den Kindern angekommen. Sie strecken Dir die Hände entgegen, begrüßen Dich und laden Dich ein, mit ihnen zu spielen. Ich warte hier und Du erzählst mir jetzt, was ihr tut."
– In der folgenden längeren Pause soll das Kind seine Vorstellungen vom gemeinsamen Spiel mit den anderen aussprechen. Die wichtigsten Passagen notieren Sie am besten, um sie bei der nächsten Übung in die Geschichte einzubauen. Aus dem, was Ihr Kind sagt, können Sie auch Rückschlüsse auf seine sozialen Probleme ziehen und zukünftig besser verstehen und gezielter helfen –
„Nun wird es Zeit, daß wir uns wieder auf den Heimweg machen. Sag Deinen Freunden auf Wiedersehen bis zum nächsten Mal." – Kurze Pause –
„Jetzt tauchst Du wieder langsam empor zur Erdoberfläche. Die Höhle mit Deinen Freunden bleibt zurück, das wunderschöne blaue Licht verschwindet und Du kommst nun wieder in Deinem Zimmer auf dem Bett an. Wir sind zurück von unserem Ausflug. Dein Körper ist wieder locker und frei beweglich. Du atmest einmal tief durch und streckst und beugst kräftig Deine beiden Arme." – Kurze Pause, in der das Kind die Arme beugt und streckt –
„Nun fühlst Du Dich wieder ganz auf der Erde. Deine Augen öffnen sich, Du bist ganz frisch und wach, sehr glücklich, fühlst Dich wohl und geborgen."
Während das Kind noch einige Minuten liegenbleibt, sprechen Sie mit ihm über seine Erlebnisse und Gefühle. Daraus ergeben sich dann oft neue Ansätze für die Fortführung der Übungen mit etwas geänderten Vorstellungen. Die Übung der Stufe 2 wird täglich mindestens 1mal, besser am Morgen und Abend durchgeführt. Sie ermöglicht märchenhaft die positive Selbstbeeinflussung gegen viele Ängste und damit verbundene andere seelische Störungen.
Auch wenn diese „Märchen" scheinbar wenig mit Übung und Training zu tun haben, darf man ihre Wirksamkeit nicht unterschätzen. Die „Sprache" des Unbewußten sind die Bilder, Märchen und Mythen, die in unserer vom Verstand geprägten Industrie- und Leistungsgesellschaft vernachlässigt werden. Indem man so zum Unbewußten „spricht", erreicht man weit mehr als durch eine Erziehung, die hauptsächlich an den Verstand appelliert.

Autogenes Training mit Kindern

Zwischen dem 8. und 10. Lebensjahr werden Kinder reif für das systematische autogene (auto = selbst, Genesis = Entstehung) Training. Diese Methode der Selbstentspannung und positiven Selbstbeeinflussung wurde von dem Berliner Professor J. H. Schultz vor über 50 Jahren aufgrund von Erfahrungen mit der Hypnose und der altindischen Joga-Technik in die Therapie eingeführt und hat schon Millionen Menschen geholfen.
Von vielen anderen Entspannungs- und Meditationstechniken unterscheidet sich das autogene Training (AT) durch seinen systematischen Aufbau.

Schritt für Schritt wird im Rahmen der 6 Grundübungen die völlige Entspannung von Körper, Geist und Seelenleben herbeigeführt. Darin liegt die Stärke dieser Methode.

Für jede der 6 Grundübungen stehen 2 Wochen Zeit zur Verfügung. Nach knapp 3 Monaten beherrschen viele AT-Schüler alle Übungen und können sich dann praktisch auf Kommando rasch entspannen und beruhigen. Im Einzelfall kann es aber auch wesentlich länger dauern. Unabhängig davon wird aber der 2-Wochen-Rhythmus in jedem Fall eingehalten. Wenn das Kind nach 12 Wochen noch nicht in der Lage ist, sich völlig zu entspannen, wird konsequent weiter trainiert, bis das Ziel erreicht wird.

Auch beim AT hängt der Erfolg entscheidend vom regelmäßigen Üben 2-3mal täglich ab. Geübt wird wieder am besten morgens nach dem Erwachen und abends vor dem Einschlafen, möglichst zusätzlich auch noch am frühen Nachmittag. Ältere Kinder und Jugendliche können AT selbständig durchführen, bei Bedarf müssen die Eltern aber die formelhaften Vorstellungen auch vorlesen. Als Alternative dazu kann man die Vorstellungen des AT auch auf eine Tonkassette sprechen. (Fertige AT-Tonkassetten erhalten Sie zum Preis von DM 49,50 gegen Verrechnungsscheck oder zuzüglich DM 3,20 NN-Gebühren per Nachnahme beim Institut für praktische Psychologie, Postfach 21 07 37, D-7500 Karlsruhe 21.) Die Voraussetzungen des autogenen Trainings entsprechen denen, die wir bereits bei den einfachen Entspannungsübungen beschrieben haben.

Autogenes Training – Unterstufe – für Kinder und Jugendliche

Die AT-Unterstufe besteht also aus 6 Übungen. Sie ähneln schon weitgehend denen, die auch Erwachsene verwenden. Diese Übungen führen über Schwere und Wärme in einem Arm, Herz- und Atemberuhigung, Wärme im Bauchraum und Stirnkühle hin zur völligen Entspannung. Für jede Übung benötigt man 2 Wochen.

Am Anfang jeder Übung und nach je 6 Wiederholungen einer formelhaften Vorstellung wird die zielsetzende Grundformel „Ich bin ganz (vollkommen) ruhig." Bei der Atemübung steht an ihrer Stelle die Vorstellung „Es atmet mich." Nach jeder Übung wird – unabhängig davon, ob das Kind eine Wirkung angibt – der Übungszustand wieder zurückgenommen, da sonst Mißempfindungen für Stunden in den Gliedern und im Kopf zurückbleiben können. Die formelhafte Vorstellung zur Zurücknahme lautet: „Arme beugen und strecken (dabei die Arme kräftig bewegen) – tief atmen – Augen auf. – Ich bin jetzt wieder ganz wach."

1. und 2. Woche: Armschwere

Die Armschwere stellt man sich immer nur in einem Arm vor, das erleichtert die Konzentration. Rechtshänder denken dabei an ihren rechten Arm, Linkshänder an den linken. Später dehnt sich die Schwere automatisch auf den übrigen Körper aus.

    Ich bin ganz (vollkommen) ruhig. (1mal)
    Mein rechter (linker) Arm ist schwer, bleiern schwer. (6mal)
    Ich bin ganz (vollkommen) ruhig. (1mal)
    Mein rechter (linker) Arm ist schwer, bleiern schwer. (6mal)
    Ich bin ganz (vollkommen) ruhig. (1mal)
    Mein rechter (linker) Arm ist schwer, bleiern schwer. (6mal)
    Arme beugen und strecken – tief atmen – Augen auf. –
    Ich bin jetzt wieder ganz wach. (1mal)

    3. und 4. Woche: Armwärme

Auch für die Armwärme gilt, daß man sie sich immer nur im rechten oder linken Arm vorstellt. Sie dehnt sich ebenfalls automatisch auf den restlichen Körper aus.

    Ich bin ganz (vollkommen) ruhig. (1mal)
    Mein rechter (linker) Arm ist schwer, bleiern schwer. (6mal)
    Ich bin ganz (vollkommen) ruhig. (1mal)
    Mein rechter (linker) Arm ist wohlig warm. (6mal)
    Ich bin ganz (vollkommen) ruhig. (1mal)
    Mein rechter (linker) Arm ist wohlig warm. (6mal)
    Ich bin ganz (vollkommen) ruhig. (1mal)
    Mein rechter (linker) Arm ist wohlig warm. (6mal)
    Arme beugen und strecken – tief atmen – Augen auf. –
    Ich bin jetzt wieder ganz wach. (1mal)

Die Armwärme tritt häufig schon beim Üben der Armschwere auf. Trotzdem wird die Wärmeübung wie oben beschrieben durchgeführt, denn es kommt beim autogenen Training darauf an, durch Vorstellungen für jeden einzelnen Übungszustand die notwendigen Lernprozesse einzuleiten, die später dann die bewußte rasche Entspannung ermöglichen. Deshalb darf keine Übung ausfallen, weil ihr Ziel schon automatisch im Verlauf einer anderen Übung erreicht wurde.

    5. und 6. Woche: Herzübung

Diese Übung ist bei Angstzuständen besonders wichtig, weil diese oft die Herzfunktionen stören und zu Herzbeschwerden führen (das Herz schlägt „bis zum Hals" vor Angst). Zwar tritt schon bei den anderen Übungen des AT eine Beruhigung und Harmonisierung der Herzfunktionen ein, aber sie sollte mit dieser Übung verbessert werden.

Allerdings kann es bei einigen Kindern während der Herzübung, wenn sie ihr Herz bewußt wahrnehmen, auch zu Herzbeschwerden kommen, die zwar harmlos, aber unangenehm und angstfördernd sind. In solchen Fällen kann es helfen, wenn nicht vom Herzen, sondern vom Puls gesprochen wird.

Genügt das nicht, verzichtet man besser auf die Herzübung und geht gleich zur Atemübung weiter.
Im allgemeinen wird die Herzübung aber gut vertragen.
    Ich bin ganz (vollkommen) ruhig. (1mal)
    Mein rechter (linker) Arm ist schwer, bleiern schwer. (6mal)
    Ich bin ganz (vollkommen) ruhig. (1mal)
    Mein rechter (linker) Arm ist wohlig warm. (6mal)
    Ich bin ganz (vollkommen) ruhig. (1mal)
    Mein Herz (Puls) arbeitet (schlägt) ruhig und regelmäßig. (6mal)
    Ich bin ganz (vollkommen) ruhig. (1mal)
    Mein Herz (Puls) arbeitet (schlägt) ruhig und regelmäßig. (6mal)
    Ich bin ganz (vollkommen) ruhig. (1mal)
    Mein Herz (Puls) arbeitet (schlägt) ruhig und regelmäßig. (6mal)
    Arme beugen und strecken – tief atmen – Augen auf. –
    Ich bin jetzt wieder ganz wach. (1mal)

7. und 8. Woche: Atemübung

Auch die Atmung wird im Verlauf der anderen Übungen bereits harmonisiert. Diese Wirkung verstärkt sich bei der gezielten Atemübung. Sie bewährt sich ebenfalls sehr gut bei Angstzuständen, die meist mit kurzer, hektischer Atmung einhergehen.
Bei Kindern, die unter Bronchialasthma und anderen Lungen- oder Bronchialkrankheiten leiden, hilft die Atemübung meist auch sehr gut, aber sie muß dann vorher unbedingt mit dem Fachmann besprochen werden, um unerwünschte Nebenwirkungen zu vermeiden.
    Ich bin ganz (vollkommen) ruhig. (1mal)
    Mein rechter (linker) Arm ist schwer, bleiern schwer. (6mal)
    Ich bin ganz (vollkommen) ruhig. (1mal)
    Mein rechter (linker) Arm ist wohlig warm. (6mal)
    Ich bin ganz (vollkommen) ruhig. (1mal)
    Mein Herz (Puls) arbeitet (schlägt) ruhig und regelmäßig. (6mal)
    Mein Atem kommt und geht ganz natürlich, wie die ewig wiederkehrenden Wogen des Meeres – es atmet mich. (1mal)
    Atmung vollkommen ruhig und gleichmäßig. (6mal)
    Mein Atem kommt und geht ganz natürlich, wie die ewig wiederkehrenden Wogen des Meeres – es atmet mich. (1mal)
    Atmung vollkommen ruhig und gleichmäßig. (6mal)
    Mein Atem kommt und geht ganz natürlich, wie die ewig wiederkehrenden Wogen des Meeres – es atmet mich. (1mal)
    Atmung vollkommen ruhig und gleichmäßig. (6mal)
    Arme beugen und strecken – tief atmen – Augen auf. –
    Ich bin jetzt wieder ganz wach. (1mal)

9. und 10. Woche: Bauchübung

Mit dieser Übung wird ein Wärmegefühl in der Magengegend erzeugt, das sich automatisch in den gesamten Bauchraum fortsetzt. Vor allem das Sonnengeflecht, ein großes Nervengeflecht des vegetativen Nervensystems, das die Bauchorgane versorgt, kann dadurch günstig beeinflußt werden. Seine Fehlsteuerungen durch Nervosität, Angst und andere seelische Schwierigkeiten sind unter anderem verantwortlich für die häufigen Beschwerden des Kindes im Bauchraum, wie Nabelkoliken, Magenschmerzen, Durchfall, krampfartige Stuhlverstopfung, Darmkoliken, Appetitmangel und Übelkeit. Die Bauchübung kann solche Symptome meist allmählich zuverlässig beseitigen.

> Ich bin ganz (vollkommen) ruhig. (1mal)
> Mein rechter (linker) Arm ist schwer, bleiern schwer. (6mal)
> Ich bin ganz (vollkommen) ruhig. (1mal)
> Mein rechter (linker) Arm ist wohlig warm. (6mal)
> Ich bin ganz (vollkommen) ruhig. (1mal)
> Mein Herz (Puls) arbeitet (schlägt) ruhig und regelmäßig. (6mal)
> Mein Atem kommt und geht ganz natürlich, wie die ewig wiederkehrenden Wogen des Meeres – es atmet mich. (1mal)
> Atmung vollkommen ruhig und gleichmäßig. (6mal)
> Ich bin ganz (vollkommen) ruhig. (1mal)
> Wohlige Wärme breitet sich in meinem Bauch aus, als ob die Sonne von oben mild und warm darauf scheint. (6mal)
> Ich bin ganz (vollkommen) ruhig. (1mal)
> Wohlige Wärme breitet sich in meinem Bauch aus, als ob die Sonne von oben mild und warm darauf scheint. (6mal)
> Ich bin ganz (vollkommen) ruhig. (1mal)
> Wohlige Wärme breitet sich in meinem Bauch aus, als ob die Sonne von oben mild und warm darauf scheint. (6mal)
> Arme beugen und strecken – tief atmen – Augen auf. –
> Ich bin jetzt wieder ganz wach. (1mal)

11. und 12. Woche: Stirnkühle

Mit kühlem, klarem Kopf kann man besser lernen und Klassenarbeiten schreiben, aber auch Nervosität und Angst besiegen. Deshalb trägt auch diese letzte Übung der AT-Unterstufe viel mit zur Bewältigung der Schulangst und ihrer Ursachen bei. Wer es versteht, sich bei Aufregungen, Streß und aufkommender Angst rasch einen kühlen, klaren Kopf vorzustellen, wird dadurch viele Alltagsprobleme vermeiden oder rasch meistern.
Allerdings darf man des Guten nicht zuviel tun und sich eine „kalte" Stirn vorstellen, sonst kann es zu Schwindel und heftigen Kopfschmerzen kommen.

Ich bin ganz (vollkommen) ruhig. (1mal)
Mein rechter (linker) Arm ist schwer, bleiern schwer. (6mal)
Ich bin ganz (vollkommen) ruhig. (1mal)
Mein rechter (linker) Arm ist wohlig warm. (6mal)
Ich bin ganz (vollkommen) ruhig. (1mal)
Mein Herz (Puls) arbeitet (schlägt) ruhig und regelmäßig. (6mal)
Mein Atem kommt und geht ganz natürlich, wie die ewig wiederkehrenden Wogen des Meeres – es atmet mich. (1mal)
Atmung vollkommen ruhig und gleichmäßig. (6mal)
Ich bin ganz (vollkommen) ruhig. (1mal)
Wohlige Wärme breitet sich in meinem Bauch aus, als ob die Sonne von oben mild und warm darauf scheint. (6mal)
Ich bin ganz (vollkommen) ruhig. (1mal)
Leichte Kühle legt sich auf meine Stirn, wie ein Windhauch. (6mal)
Ich bin ganz (vollkommen) ruhig. (1mal)
Leichte Kühle legt sich auf meine Stirn, wie ein Windhauch. (6mal)
Ich bin ganz (vollkommen) ruhig. (1mal)
Leichte Kühle legt sich auf meine Stirn, wie ein Windhauch. (6mal)
Arme beugen und strecken – tief atmen – Augen auf. –
Ich bin jetzt wieder ganz wach. (1mal)

Wenn die AT-Grundstufe gut beherrscht wird und die Entspannung sich immer rascher einstellt, können die Vorstellungen wie folgt stark abgekürzt werden:

Ich bin ganz (vollkommen) ruhig. (1mal)
Bleierne Schwere und wohlige Wärme erfassen meinen ganzen Körper. (1mal)
Herz (Puls) und Atmung ganz ruhig und gleichmäßig. (1mal)
Bauch wohlig warm – Stirn angenehm ein wenig kühl. (1mal)

Durch diese einfachen Vorstellungen kann sich der AT-Geübte praktisch überall bei Bedarf in Minutenschnelle vollkommen entspannen. Das hilft im Alltag sehr viel, beispielsweise zur Beruhigung und Konzentrationssteigerung vor einer Prüfung, bei aufkommender Angst oder Aggressivität. Dazu muß sich der Geübte nicht mehr niederlegen, wie es während des Grundtrainings zu empfehlen ist; es genügt, unauffällig im Sitzen eine entspannte Körperhaltung einzunehmen, um die Entspannung zu erreichen. Es nützt jedoch wenig, wenn Eltern versuchen, ihr Kind im AT so rasch wie möglich bis zu dieser Stufe zu bringen. Zwang und Entspannung lassen sich nun einmal nicht miteinander vereinbaren. Dadurch erreicht man vielleicht nur, daß die bereits erfolgreich eingeübten Entspannungszustände auch nicht mehr gelingen oder das Kind das weitere Training verweigert. Am besten überläßt man dem Kind selbst die Entscheidung, wann es zur verkürzten Übung übergehen möchte, indem man ihm sagt: „Wenn Du spürst, daß sich die Entspannung schon bald nach dem Beginn des Trainings einstellt, sagst Du mir das, dann können wir die Übung verkürzen."

Die tiefe Entspannung, durch konsequentes AT erreicht, bietet auch die Möglichkeit zur positiven Selbstbeeinflussung (Autosuggestion), denn mit der Entspannung öffnet sich das Unbewußte. Nun nimmt es positive Vorstellungen, die sich gegen Schulangst und andere Probleme richten können, viel besser auf und sorgt nach einiger Übung dafür, daß sie sich automatisch im täglichen Leben verwirklichen.

Autogenes Training mit Selbstbeeinflussung für Kinder und Jugendliche

Die positiven Vorstellungen müssen sorgfältig überlegt werden, damit man das Problem genau trifft und keine seelischen Gegenreaktionen provoziert. Ältere Kinder und Jugendliche können ihre Vorstellungen zunächst selbständig entwickeln und dann mit den Eltern durchsprechen, um Fehler zu vermeiden. Jüngere Kinder werden ihre Vorstellungen immer gemeinsam mit den Eltern erarbeiten, die sie ihnen beim Training dann auch vorlesen. Die Eltern dürfen ihnen jedoch nicht ihre eigenen Vorstellungen aufzwingen, sonst kann die Selbstbeeinflussung mißlingen oder gar ins Gegenteil umschlagen.

Bei der Formulierung der positiven Vorstellungen werden die Probleme möglichst nicht direkt angesprochen. Es hilft zum Beispiel wenig, wenn ein Kind sich immer wieder einprägt „ich habe keine Angst", dadurch wird nur die Erkenntnis in ihm verstärkt, daß es eben doch unter Ängsten leidet. Besser wirkt die Selbstbeeinflussung, wenn von Angst überhaupt nicht die Rede ist, sondern die ihr entgegengesetzten Eigenschaften gestärkt werden. So kann man Lebensmut, innere Kraft und Zuversicht durch geeignete Vorstellungen als Gegengewichte zur Angst aktivieren. Allenfalls darf die Angst noch durch die Indifferenzformel „... ganz gleichgültig" angesprochen werden, die ebenfalls zufriedenstellend helfen kann.

Die positiven Vorstellungen werden bei jeder Übung – also 2-3mal täglich – ungefähr 30mal wiederholt, sobald die Stirnkühle eingetreten ist. Erst danach nimmt man dann in der üblichen Weise den Trainingszustand wieder zurück.

Mehr als 1-2 Vorstellungen dürfen beim Üben nicht gleichzeitig verwendet werden, sonst läßt die Wirkung nach. Erst wenn nach durchschnittlich 4-6 Wochen (es kann aber auch viel länger dauern) die Wirkung im Alltag spürbar geworden ist, kann man bei Bedarf zu anderen Vorstellungen übergehen. Drängen nützt auch hier wenig, das Unbewußte braucht Zeit, um die Vorstellungen anzunehmen und das bisherige Verhalten entsprechend der Selbstbeeinflussung positiv zu verändern.

Wir geben jetzt noch einige Formulierungsbeispiele für verschiedene Schulprobleme an, die veranschaulichen sollen, worauf es dabei ankommt. Man muß sich daran jedoch nicht strikt halten. Wenn die Vorstellungen dem Kind nicht genau zusagen, können sie individuell abgeändert oder auch ganz anders formuliert werden. Es kommt lediglich darauf an, die obigen Grundregeln der positiven Selbstbeeinflussung dabei strikt zu beachten.

Vorstellungen gegen Angstzustände:

„Ich bin und bleibe ruhig und gelassen,
mutig, frei und froh."

„An jedem Ort, zu jeder Zeit,
stets Mut und Kraft, Ruhe und Gelassenheit."

„Ich bin mutig, frei und froh,
Angst vollkommen gleichgültig."

Vorstellungen gegen Depressionen:

„Immer und überall bin und bleibe ich ruhig und gelassen,
froh und glücklich."

„Ich fühle mich wohl und glücklich,
bin froh, mutig und frei."

Vorstellungen gegen Hemmungen und Minderwertigkeitsgefühle:

„Ich bin und bleibe mutig und stark."

„Ich nehme mich an, so wie ich bin –
an jedem Ort, zu jeder Zeit
bin ich mutig, stark und froh."

Vorstellungen gegen Lernstörungen:

„Ich lerne gut, aufmerksam und konzentriert –
alles gelingt mir leicht und gut."

„Ich lerne und arbeite mit kühlem, klarem Kopf
gut und rasch und leicht –
ich schaffe mein Ziel (meine Aufgabe)."

„Lernen gelingt leicht und rasch und gut,
Gedanken strömen frei – ich schaffe alles."

Vorstellungen gegen Verhaltensstörungen:

„Ich bin und bleibe immer und überall
ganz ruhig und gelassen –
nichts regt mich auf, nichts bringt mich in Wut."

„An jedem Ort, zu jeder Zeit
bin und bleibe ich ruhig, frei und sicher –
andere Menschen (Klassenkameraden, Lehrer usw.)
sind freundlich zu mir."

„Ich nehme mich und andere an,
bin und bleibe ruhig, sicher und freundlich zu jedermann."

Vorstellungen gegen Sprachstörungen:

„Ich bin und bleibe immer und überall
ganz ruhig, gelassen und frei,
Sprechen gelingt klar und deutlich,
macht mich froh und sicher."

„Ich bin beim Sprechen ruhig, frei und mutig,
spreche klar und deutlich und sicher."

Vorstellungen gegen Schlafstörungen und Nervosität:

„Immer und überall bin und bleibe ich
ruhig, gelassen, mutig und frei –
Schlafen gelingt rasch und tief."

„Ich schlafe tief und fest die ganze Nacht,
erwache am Morgen frisch und munter und mutig."

„Schlaf vollkommen gleichgültig, gelingt rasch und tief –
Ruhe und Gelassenheit sind wichtig
an jedem Ort, zu jeder Zeit."

Vorstellungen gegen Bettnässen:

„Ich bin und bleibe ruhig, frei und froh,
spüre den Harndrang auch im Schlaf."

„Harndrang vollkommen gleichgültig –
ich bin ruhig und gelassen und behalte den Harn bis zum Morgen."

„Ich schlafe des Nachts tief und fest durch,
Harndrang kommt morgens nach dem Aufstehen."

Vorstellungen gegen Verdauungsstörungen:

„Ich bin frei, mutig und froh,
esse mit Lust und Freude, was mir schmeckt."

„Bauch wohlig warm und frei –
Stuhlgang gelingt ganz selbstverständlich jeden Morgen."

„Ich fühle mich frei und wohl,
Magen und Darm behalten alle Nahrung."
„Ich bin ruhig, gelassen und mutig,
Bauch (Nabelgegend) frei, locker und wohlig warm."

Diese Formulierungsbeispiele genügen, um zu veranschaulichen, wie positive Vorstellungen gegen Schulangst und damit verbundene andere Probleme erarbeitet werden sollten. Wenn die Formulierungen individuell richtig ausgearbeitet und oft genug in tiefer Entspannung wiederholt wurden, finden sie unweigerlich den Weg ins Unbewußte und erfüllen sich schließlich daraus ganz automatisch und unwiderstehlich.

Mit der Technik der Selbstbeeinflussung steht dem Kind und Jugendlichen eine natürliche Methode zur Verfügung, die auch später, nach Überwindung der Schulangst, bei anderen Schwierigkeiten des täglichen Lebens jederzeit eingesetzt werden kann. Es empfiehlt sich deshalb auch, das autogene Training nicht abzubrechen, wenn die Schulangst überwunden wurde, sondern dauernd auch ohne akuten äußeren Anlaß zu üben. Dann kann man bei Bedarf jederzeit wieder ohne Vorbereitung mit der positiven Selbstbeeinflussung beginnen.

Kameradschaft und Freundschaften fördern

Schulängste stehen nicht selten mit gestörten sozialen Beziehungen in der Klasse in Zusammenhang. Sie kommen heute häufig vor, weil schon unter Schülern der unteren Klassen der Konkurrenzkampf weit verbreitet ist. Aber auch wenn sich die Schulangst nicht aus solchen sozialen Problemen erklärt, kann der Aufbau guter Freundschaften viel zur Behandlung beitragen. In einer kleinen Gruppe guter Kameraden kann ein Kind seine Ängste allmählich überwinden, weil es sich dort angenommen und geborgen fühlt und mit seinen Problemen nicht alleine steht.

Bei Freundschaften kommt es keinesfalls auf die Quantität an, sondern nur auf die Qualität, das gilt nicht nur für Kinder. Man kann sehr einsam bleiben, auch wenn man viele oberflächliche Beziehungen unterhält, und mit wenigen guten Freunden seine sozialen Bedürfnisse vollkommen befriedigen. Das hängt auch mit von der Persönlichkeit ab, deren soziale Wünsche individuell unterschiedlich stark ausgeprägt sind.

Eltern können dem Kind die Aufnahme sozialer Kontakte nie abnehmen, aber günstigere Voraussetzungen dafür schaffen.

Dazu gehört zunächst ihr eigenes Vorbild. Wenn ein Kind erlebt, wie die Eltern auf andere zugehen, gute Kontakte aufbauen und pflegen, kann es daraus für sein eigenes Sozialverhalten lernen. Natürlich fällt das nicht allen Eltern leicht, denn soziale Schwierigkeiten sind unter Erwachsenen heute sehr weit verbreitet. Aber wenn sie darunter leiden und durch ihr ungünstiges Vorbild auch dazu beitragen, daß ihr Kind nur schwer Kontakte findet, dann sollte das ein dringender Anlaß sein, gezielt und bewußt etwas dagegen zu unternehmen. Das kommt dem Kind zugute, weil es dann wieder ein positives Vorbild zur Nachahmung erhält, und nützt natürlich auch den Eltern selbst. In der Praxis klagen die Menschen heute immer wieder über ihre Vereinsamung. Wenn man genauer nachforscht, stellt man meist fest, daß es auch an ihnen selbst liegt. Sie sitzen schmollend vereinsamt im Winkel und warten, bis die anderen den ersten Schritt auf sie zu tun – und da sich viele so verhalten, ändert sich überhaupt nichts.

Es kann nicht die Aufgabe eines Buchs über Schulprobleme sein, Erwachsenen zu zeigen, wie man soziale Kontakte anknüpft und pflegt. Gelegenheiten dazu gibt es heute genug, man muß sie nur aktiv wahrnehmen. Wenn das infolge psychischer Störungen – vor allem Hemmungen und Minderwertigkeitsgefühlen – nicht möglich ist, hilft meist nur die fachmännische Psychotherapie. Sie sollte ohne falsche Scheu in Anspruch genommen werden, denn Vereinsamung schadet nicht allein der Lebensfreude, sondern kann das Leben um Jahre verkürzen.

Jedenfalls braucht ein Kind immer in seinen Eltern ein positives soziales Vorbild, um gute Freundschaften mit seinen Altersgenossen anzuknüpfen und zu pflegen.

Darüber hinaus müssen Eltern auch für die notwendigen äußeren Voraussetzungen guter Freundschaften sorgen, soweit das in ihrer Macht steht. Dazu gehört insbesondere, daß das Kind seine Freunde mit nach Hause bringen und ungestört mit ihnen spielen kann. Das mag mit lästiger Mehrarbeit für die Eltern verbunden sein, aber sie muß im Interesse des Kindes in Kauf genommen werden. Wenn ein Kind immer nur zu den anderen eingeladen wird, aber nie seine Freunde zu sich nach Hause mitbringen darf, dann wird es oft allein deshalb über kurz oder lang isoliert werden. Am besten versucht man, sich mit den Eltern der Mitschüler, Nachbarskinder und anderer Freunde zu einigen, so daß die Kinder abwechselnd zueinander kommen können und nicht nur eine Familie die damit verbundene Mehrarbeit hat.

Ferner sollten Eltern unbedingt darauf achten, daß ihr Kind neben Lernen, Fernsehen und – vielleicht – auch dem Computer nicht das Spielen im Freien mit anderen vernachlässigt. Da ein gesundes Kind das natürliche Bedürfnis danach verspürt, fällt es normalerweise nicht schwer, es dazu anzuregen. Zwang sollte aber nicht dahinter stehen, er kann die ganze Freude von vornherein zunichte machen. Auch Kinder haben ab und zu das Bedürfnis und das Recht, sich zurückzuziehen. Erst wenn das häufiger oder regelmäßig vorkommt, muß nach den Ursachen geforscht und bei Bedarf eine fachmännische Behandlung eingeleitet werden.

Bei der Auswahl der Freunde ihres Kindes dürfen Eltern keine zu strengen Maßstäbe anlegen. Zunächst bleibt es dem Kind selbst überlassen, welche Freunde es sich aussucht, denn es muß ja schließlich auch gut mit ihnen auskommen. Eingreifen sollten die Eltern nur dann, wenn ein Freund offensichtlich schlechten Einfluß auf das Kind nimmt. Dabei müssen sie aber so objektiv wie möglich bleiben. Nicht was die Eltern aus ihren persönlichen Einstellungen und Erwartungen heraus als negativ betrachten, zählt dabei, sondern einzig und allein das Interesse des Kindes. Darüber sprachen wir bereits weiter vorne bei der Erziehung zur selbständigen Persönlichkeit, die sich auch dann frei entfalten soll, wenn das nicht in vollem Umfang den Vorstellungen der Eltern entspricht.

Es schadet einem Kind zum Beispiel nicht, wenn es mit einem Freund aus einer unteren sozialen Schicht verkehrt, der vielleicht auch noch keine guten schulischen Leistungen erbringt und auch nicht sonderlich „wohlgezogen" wirkt. Solange er das Kind nicht veranlaßt, gegen die unerläßlich notwendigen sozialen Normen zu verstoßen, sich vielleicht gar an kriminellen Handlungen zu beteiligen, gibt es gegen diesen Umgang objektiv keine vernünftigen Einwände. Es kann der kindlichen Entwicklung sogar nützen, wenn es auf diese Weise Einblick in andere soziale Verhältnisse erhält.

Positives Vorbild, günstige Voraussetzungen für Kontaktpflege und keine übertriebene Kontrolle des Umgangs bilden also die Grundlagen guter sozialer Kontakte eines Kindes, die vom Elternhaus geschaffen und gefördert werden sollen. Wenn dennoch soziale Schwierigkeiten auftreten, können die Eltern ihrem Kind zunächst durch die beschriebene Entspannungs- und Selbstbeeinflussungstherapie helfen. Genügt das immer noch nicht, darf die dann meist erforderliche psychotherapeutische Behandlung nicht unnötig lange aufgeschoben werden.

Gute Freundschaften genügen sicher nicht bei jedem Kind, um Schulangst und andere seelische Probleme zu beseitigen. Aber unabhängig davon, was sonst noch an therapeutischen Maßnahmen durchgeführt wird, gehören sie als eine Art „Laien-Gruppentherapie" doch unbedingt zu den Hilfen, die ein Kind benötigt, um wieder gesund und lebensfroh zu werden.

Die fachmännische seelische Behandlung

Entspannungsübungen, positive Selbstbeeinflussung, gute soziale Kontakte und richtige Erziehung helfen vielen Kindern, ihre Schulangst zu meistern. Aber nicht alle Eltern schaffen es, solche günstigen Voraussetzungen zu schaffen. Sie sind ja selbst in ihren eigenen Problemen befangen und Opfer ihrer früheren Erziehung. Außerdem können schwere Formen der Schulangst allein durch solche Maßnahmen kaum ausreichend beeinflußt werden. Hier reichen die Wurzeln der seelischen Störung zu tief, als daß sie ohne fachmännische Therapie beseitigt werden könnten. Das ist keine Schande und kein Eingeständnis von Schuld und Versagen, wie immer noch viele Eltern befürchten.

Aber auch wenn der Fachmann die Behandlung übernimmt, werden die in diesem Buch beschriebenen Maßnahmen – vor allem die richtige Erziehung – keineswegs überflüssig. Am besten bespricht man sie dann aber mit dem Therapeuten, um sie mit seiner Behandlung abzustimmen.

Beratungslehrer und Schulpsychologen –
die erste Anlaufstelle bei Schulangst

Auch wenn die Schulangst keineswegs immer durch die Schule verursacht werden muß, macht sie sich doch in erster Linie im Zusammenhang mit dem Unterricht bemerkbar und kann deshalb auch von der Schule her günstig mit beeinflußt werden. Somit führt bei Schulproblemen, die von den Eltern allein nicht zufriedenstellend gebessert werden können, der erste Weg im allgemeinen in die Schule.

Das erste Gespräch sollte mit dem Klassenlehrer geführt werden. Da heute die Vielfalt der Fächer und die Spezialisierung der Lehrer dazu führte, daß er viel zu wenig Zeit in seiner Klasse verbringt, kann er allerdings meist nur wenig helfen. Er kennt die Persönlichkeit der einzelnen Schüler viel zu wenig, weil er sie nur einige Stunden pro Woche erlebt, und hat wegen des Zeitmangels, den die Stoffvielfalt der Lehrpläne diktiert, auch viel zu wenig Gelegenheit, einzelne Schüler gezielt individuell zu fördern. Aber es ist doch schon etwas gewonnen, wenn der Lehrer von den Ängsten und anderen psychischen Schwierigkeiten eines Schülers weiß und darüber auch mit den anderen Fachlehrern spricht. Selbst wenn ihnen beim besten Willen keine Einzelförderung im Rahmen des Unterrichts möglich sein wird, können sie auf Grund dieser Information wenigstens den Schüler besser verstehen, seine Leistungen und Verhaltensweisen anders beurteilen. Außerdem wird der Lehrer die Eltern bei Bedarf über die weiteren Beratungs- und Hilfsmöglichkeiten informieren.

Der nächste Ansprechpartner bei Schulangst ist dann meist der Beratungslehrer. Solche Lehrer gibt es heute an allen Schulen. Sie haben sich durch eine Zusatzausbildung für die Beratung qualifiziert. Allerdings darf man von ihnen keine Psychotherapie erwarten. In erster Linie sind sie zuständig für die Beratung über die schulische Laufbahn. Deshalb geht es bei der Beratung in erster Linie darum, sicher zu erkennen, ob ein Kind, das unter Schulangst leidet, überhaupt die richtige Schule besucht oder im Unterricht über- oder unterfordert (Hochbegabte) wird. Aus dem Ergebnis der Beratung müssen dann die praktischen Konsequenzen gezogen werden, auch wenn dabei die Erwartungen der Eltern auf der Strecke bleiben.

An der Beratung sollten auch der Klassenlehrer und – bei Bedarf – einzelne Fachlehrer teilnehmen, wenn in den Fächern, die sie vertreten, besonders auffällige Leistungen des Kindes festzustellen sind; ob auch das Kind selbst mit in die Gespräche einbezogen wird, läßt sich immer nur im Einzelfall beurteilen.

Falls auch das Gespräch mit dem Beratungslehrer bei den Schulproblemen noch nicht weiterhelfen kann, bietet sich als letzte schulische Instanz der Schulpsychologe an. Er arbeitet in der Regel bei den für mehrere Schulen zuständigen Aufsichtsbehörden. Auf Grund seiner kombinierten pädagogischen und psychologischen Ausbildung ist er besonders zur Hilfe bei Schulproblemen qualifiziert. Unter anderem kann er psychodiagnostisch die Schulreife, spezielle Begabungen und Fähigkeiten oder die Ursachen neurotischer Schulängste und damit verbundener anderer seelischer Probleme ermitteln. Ob er darüber hinaus auch eine Therapie durchführt oder das Kind zu diesem Zweck an einen niedergelassenen Therapeuten überweist, richtet sich nach den Umständen des einzelnen Falls.

Die Beratung durch den Schulpsychologen bietet stets die Gewähr dafür, daß die psychischen Schwierigkeiten eines Kindes durchleuchtet und aus dem Ergebnis der Psychodiagnostik die notwendigen therapeutischen Konsequenzen gezogen werden. Eltern sollten sich deshalb nicht scheuen, seine Hilfe so früh wie möglich in Anspruch zu nehmen.

Kinderpsychiatrie in schweren Fällen

Die Entwicklung des Kindes beginnt nach heutigem Wissen bereits im Mutterleib und dauert bis zum Beginn der Pubertät. In dieser Zeit wird das gesamte weitere Leben entscheidend vorgeprägt, ihr kommt also größte Bedeutung zu. Da die Psychologie und Psychiatrie für Erwachsene die damit verbundenen seelischen Prozesse nur teilweise berücksichtigen kann, gibt es in der modernen Psychologie eine spezielle Fachrichtung für die Zeit bis zur Pubertät. Zwar können auch Psychologen und Psychiater, die sich nicht auf Kinder spezialisiert haben, bei Ängsten und anderen seelischen Störungen schon helfen, aber auf Grund seines Fachwissens ist der Kinderpsychologe oder -psychiater darauf besser vorbereitet. Man kann ihn mit dem Kinderarzt vergleichen, den man bei körperlichen Krankheiten im Kindesalter normalerweise als Spezialisten konsultiert.

Im Prinzip beruht die Kinderpsychotherapie und -psychiatrie auf der seelischen Behandlung Erwachsener. In erster Linie kommen Gesprächstherapie, Psychoanalyse und Verhaltenstherapie zum Einsatz, bei sozialen Problemen vermehrt auch die Gruppentherapie und bei familiären Konflikten die Familientherapie, die weiter vorne bereits ausführlich vorgestellt wurde. Im Vergleich zur Erwachsenentherapie wird bei der Kindertherapie aber vermehrt die kindliche Form des Lernens und das Spiel berücksichtigt. Dabei kommt dem Therapeuten auch eine wichtige Rolle als Vorbild zu, das die Kinder nachahmen.

Als einfachste Form der Kindertherapie kennen wir die Spielbehandlung, die auf dem natürlichen „Spieltrieb" jedes Kindes basiert. Spielen bedeutet für ein Kind ja keineswegs nur lustvolle, zweckfreie körperliche und seelisch-geistige Betätigung, wie Erwachsene oft annehmen, sondern „Arbeit", die viele Funktionen übt, die für die Entwicklung wichtig sind, und mit zum Erwerb von Fertigkeiten und zur Verwirklichung von Anlagen beiträgt. Das gemeinsame Spielen mit anderen Kindern übt zusätzlich soziales Verhalten ein.

In der Spieltherapie wird der „Spieltrieb" kontrolliert und gesteuert genutzt, um seelische Konflikte, Ängste und andere Störungen spielerisch abzubauen, Fehlentwicklungen zu korrigieren und richtiges soziales Verhalten einzuüben.

Die Kinderpsychotherapie bedient sich unter anderem auch der Spieltherapie, arbeitet aber umfassender, weil zusätzlich noch tiefgreifendere psychotherapeutische Maßnahmen angewendet werden. Deshalb eignet sich die Psychotherapie auch bei ernsteren seelischen Störungen. In schweren Fällen schließlich wird die Kinderpsychiatrie im engeren Sinne durchgeführt. Sie kommt vor allem bei schweren seelisch-geistigen Störungen mit Asozialität, starker Aggressivität, Selbstmordgefahr, Suchtkrankheiten und Kriminalität in Frage und muß zum Teil in Kliniken und Heimen durchgeführt werden.

Eine Sonderform der Psychotherapie, die Psychagogik, kann zwar in jedem Lebensalter durchgeführt werden, hat sich aber besonders gut bei seelisch nicht zu schwer gestörten Kindern und Jugendlichen bewährt. Sie vereinigt Psychotherapie und Pädagogik (Erziehung), um seelische Fehlentwicklungen durch psychologisch untermauerte erzieherische Maßnahmen zu beseitigen.

Die Psychagogik besteht hauptsächlich aus dem beratend-therapeutischen Gespräch. Es vermittelt den Patienten Einsicht in die eigene Persönlichkeit (also vertiefte Selbsterkenntnis), leitet zur Selbstverwirklichung an und stärkt Selbstvertrauen und Selbstwertgefühl. Ergänzt wird diese Gesprächstherapie vor allem noch durch das autogene Training und verwandte Methoden nach fachmännischer Anleitung.

Psychotherapeutische Hilfe ist bei allen ernsteren seelischen Störungen von Kindern und Jugendlichen unverzichtbar. Nur dadurch werden die tief im Seelenleben verwurzelten Ursachen beseitigt und die Voraussetzungen für eine ungestörte, angstfreie Weiterentwicklung geschaffen. Es ist unverantwortlich, wenn Eltern aus falscher Scheu und Scham wegen ihres vermeintlichen Versagens bei der Erziehung ihren Kindern diesen Weg zur seelischen Gesundheit vorenthalten; dadurch können sie ihr ganzes weiteres

Leben zerstören. Immer dann, wenn durch einfachere Selbsthilfemaßnahmen nicht bald die ersten positiven Ergebnisse erreicht werden, führt an der fachmännischen Therapie kein Weg mehr vorbei – und je früher sie einsetzt, desto günstiger sind die Aussichten auf baldigen und vollständigen Erfolg.

Einweisung ins Erziehungsheim – die letzte Chance?
Weiter vorne wiesen wir bereits bei der Erziehungsberatung darauf hin, daß deren Ziel keinesfalls, wie Eltern oft fürchten, darin besteht, ein Kind ins Erziehungsheim zu bringen. Vielmehr sollten auch seelisch stark gestörte Kinder nach Möglichkeit in ihrer Familie bleiben. Das setzt allerdings voraus, daß in der Familie günstige Voraussetzungen für den weiteren Lebensweg des Kindes bestehen. Andernfalls kann die Einweisung ins Erziehungsheim die letzte Chance für die seelische Gesundung und ungestörte Weiterentwicklung eines Kindes sein. Unter bestimmten Voraussetzungen kann diese Einweisung sogar zwangsweise gegen den Willen uneinsichtiger Eltern erfolgen, wenn sie zum Wohle des Kindes gerichtlich angeordnet wird.

In erster Linie wird die Heimerziehung dann erforderlich, wenn Eltern ein Kind vernachlässigen und/oder mißhandeln und dadurch seelische und körperliche Schäden verursachen. Falls es in solchen Fällen nicht gelingt, die Eltern zu einer Psychotherapie gemeinsam mit dem Kind zu veranlassen, kann die Erziehung in einem geeigneten Heim dringend erforderlich werden. Sonst lassen sich die von den Eltern angerichteten seelischen Schäden bald nicht mehr beseitigen, denn bei der ambulanten Psychotherapie muß das Kind ja nach jeder therapeutischen Sitzung wieder zurück in das Milieu, durch das es erst in die Krankheit getrieben wurde.

Solche Fälle werden allerdings viel zu selten überhaupt bekannt. Mißhandelte, seelisch gequälte, vernachlässigte, vielleicht auch sexuell mißbrauchte Kinder sind häufig so überängstlich, daß sie es nicht wagen, andere um Hilfe zu bitten. Um so mehr ist die Umwelt gefordert, hier Hilfe zu leisten. Es ist unvorstellbar, daß Nachbarn, Lehrer und andere Erwachsene, die mit den Kindern zu tun haben, nicht bemerken, wenn ein Kind vernachlässigt wird, und Mißhandlungen bleiben im allgemeinen auch nicht ohne äußerlich sichtbare Folgen. Die Umwelt darf die Augen vor solchen Beobachtungen nicht verschließen und sich auf den Standpunkt stellen, das alles gehe sie nichts an, sonst macht sie sich mitschuldig. Es hat nichts mit Denunziation zu tun, wenn man beim Verdacht auf Kindesmißhandlung die Jugendbehörden verständigt, die dann die notwendige Hilfe veranlassen können.

Umgekehrt gibt es aber auch genügend Eltern, die mit ihren Kindern nicht mehr zurechtkommen und von sich aus einen Antrag auf Heimerziehung stellen. Das kann vor allem dann notwendig sein, wenn ein Kind oder Jugendlicher in die Kriminalität und/oder Sucht abzugleiten droht oder bereits abgeglitten ist und sich jedem erzieherischen Einfluß entzieht. Dadurch werden die Eltern meist hoffnungslos überfordert. Hinzu kommt, daß bei kriminellen Delikten je nach Einzelfall die Heimerziehung von den Gerichten angeordnet werden kann und auch Suchtkrankheiten immer nur vom Fachmann zu heilen sind. Eltern können in solchen Fällen meist nur dadurch helfen, daß sie freiwillig die Erziehung und Therapie in die Hände geschulter Fachleute in einem guten Heim legen. Das fällt zwar vielen sehr schwer, aber im Interesse des Kindes gibt es meist keinen anderen Ausweg. Vorurteile und eigene Schuldgefühle der Eltern dürfen dem nicht im Wege stehen.

Ob die Kinder irgendwann einmal wieder aus der Heimerziehung in die Familie entlassen werden können oder bis zu ihrer Volljährigkeit dort bleiben, hängt hauptsächlich von der weiteren Entwicklung des Kindes im Heim und von der Veränderung des gestörten familiären Milieus ab. Bei günstigem Verlauf kann der Heimaufenthalt eine vorübergehende hilfreiche Episode bleiben, besonders dann, wenn auch die Eltern sich bei Bedarf während des Heimaufenthalts ihres Kindes einer Therapie unterziehen. Andernfalls wird es dem Wohl des Kindes meist mehr nützen, wenn es nicht mehr in das krankmachende familiäre Milieu zurückkehren muß, sondern bis zur Selbständigkeit in fachmännischer Obhut bleibt, sonst könnte der gesamte Behandlungserfolg binnen kurzem wieder zunichte gemacht werden.

Medizinische Behandlung der Schulangst

Neben der seelischen Hilfe für das unter Schulangst leidende Kind kommt auch der allgemeinmedizinischen Behandlung einige Bedeutung zu. Das gilt vor allem dann, wenn auch körperliche Krankheiten und Lernstörungen als Ursachen oder Folgen der Schulangst eine Rolle spielen. Allerdings kann die medizinische Behandlung nie die Psychotherapie – sei es nun in Form der Selbsthilfe oder durch den Fachmann – überflüssig machen. Angst, Depressionen, Verhaltensstörungen und andere Symptome der Schulangst stammen aus dem Seelenleben und ihre Ursachen lassen sich deshalb nur durch Beeinflussung der Psyche vollständig beseitigen.

Diese Grundregel wird heute leider oft nicht gebührend beachtet. Eine Untersuchung einer großen deutschen Wochenzeitschrift ergab zum Beispiel, daß Ärzte viel zu rasch chemische Psychopharmaka gegen seelische Störungen bei Kindern und Jugendlichen verordnen – manche sogar ausschließlich aufgrund der Symptomschilderung der Mutter, ohne das Kind überhaupt gesehen und untersucht zu haben. Das ist mehr als verantwortungslos, denn abgesehen davon, daß so vielleicht auch einmal eine behandlungsbedürftige körperliche Krankheit unnötig verschleppt wird und Psychopharmaka gerade bei Kindern und Jugendlichen zu besonders ernsten Nebenwirkun-

gen bis hin zur Sucht führen können, werden so Erwachsene herangezogen, die später kritiklos bei jeder kleinen Unpäßlichkeit oder seelischen Verstimmung gleich zu chemischen Medikamenten greifen.
Wenn Schulangst und andere psychische Störungen tatsächlich eine medikamentöse Therapie erfordern, dann kommen dazu in erster Linie die bei richtiger Anwendung gut verträglichen, unschädlichen Naturheilmittel in Frage.
Mit der Problematik der medikamentösen Behandlung von Ängsten und ihren Folgen im Kindes- und Jugendalter wollen wir uns jetzt noch eingehender befassen und dabei auch eine Auswahl geeigneter Bio-Arzneimittel vorstellen, die Eltern bei Bedarf selbst verabreichen können.

Psychopharmaka – keine bequemen Alternativen

Als Psychopharmaka bezeichnet man alle Arzneimittel, die Einfluß auf das Seelenleben nehmen, indem sie körperliche Funktionen verändern. Sie wirken vor allem auf die Stimmungslage, den Antrieb, das Verhalten und Erleben.
Nach der Einführung dieser Medikamente in den 50er Jahren feierte man sie als einen bedeutenden Fortschritt in der Psychotherapie. Seelisch kranke Menschen wurden dadurch rasch von ihren quälenden Symptomen befreit, ohne sich einer langwierigen und nicht immer erfolgreichen analytischen und Gesprächstherapie unterziehen zu müssen, vielen schwerer Kranken blieb der oft lange Aufenthalt in einer psychiatrischen Klinik erspart. Das alles kann und darf nicht gering geschätzt werden. Aber man darf auch den Preis für diesen Fortschritt nicht übersehen. Kein Psychopharmakon kann die Ursachen seelischer Störungen überwinden. Wenn Patienten doch auf diese Weise geheilt werden, dann nur deshalb, weil die vorübergehende seelische Entlastung, die solche Arzneimittel bewirken, die Selbstheilungskräfte ihres Seelenlebens aktivierte. Die Heilung verdanken sie also nicht dem Medikament, sondern der eigenen Selbstheilungskraft. Diese läßt sich aber meist auch auf andere, unschädlichere Weise aktivieren.
Wenn die Selbstheilungstendenz des Seelenlebens durch die Psychopharmaka nicht in Gang gesetzt wird, kehren die Symptome der psychischen Störung unweigerlich zurück, sobald man das Medikament absetzt. Es versteht sich von selbst, daß der Patient deshalb von seinem Arzt immer wieder die Verordnung verlangt, um seine Probleme und Schwierigkeiten auf diese bequeme Weise rasch unterdrücken zu können. Und wenn sein Arzt so verantwortungsbewußt ist, die Medikamente nicht mehr zu verschreiben, sucht er sich oft einfach einen anderen. So gerät er allmählich unmerklich in die suchtartige Abhängigkeit von den Medikamenten, die ihm überhaupt nicht richtig bewußt wird, handelt es sich doch um vom Therapeuten verschriebene Arzneimittel. Aber es gibt keinen Zweifel mehr daran, daß Psycho-

pharmaka zur regelrechten Sucht führen können, aus der nur eine Entziehungskur wieder heraushilft.

Das Problem der Medikamentenabhängigkeit wurde heute überhaupt noch nicht klar genug erkannt, obwohl inzwischen schon viele Fachleute vor der Flut von Arzneimittelsüchtigen warnen, die in den nächsten Jahren auf uns zukommen wird. Schon jetzt schätzt man die Zahl der Menschen in der Bundesrepublik, die regelmäßig Tag für Tag mehrere Medikamente einnehmen zu müssen glauben, auf ungefähr 3 Millionen; die Zahl der bereits Süchtigen unter ihnen ist bisher nicht bekannt.

Angesichts der Suchtrisiken erscheint es unverantwortlich, wenn man schon Kinder und Jugendliche ohne zwingende Indikation durch chemische Psychopharmaka behandelt. Das läßt sich allenfalls dann vorübergehend rechtfertigen, wenn ernste seelische Störungen auf andere Weise nicht rasch genug beeinflußt werden können. Dabei darf man aber nicht vergessen, daß sogar schon eine kurze Therapie die Grundlagen für die Abhängigkeit schaffen kann, auch wenn sie nicht sofort beginnen muß. Kinder und Jugendliche werden durch die Therapie förmlich dazu erzogen, auch später ohne kritische Überlegung zu solchen Arzneimitteln zu greifen und deshalb schließlich als Erwachsene in die Abhängigkeit geraten.

Abgesehen von den Suchtgefahren führen chemische Psychopharmaka noch zu einer Reihe anderer unerwünschter Nebenwirkungen. Das Risiko erhöht sich, je länger sie eingenommen werden, und liegt bei Kindern und Jugendlichen oft besonders hoch, weil deren Organismus auf chemische Stoffe empfindlicher reagiert.

Es ist unmöglich, hier alle möglichen Nebenwirkungen aufzuführen, wir beschränken uns auf einige besonders häufige. Wenn Eltern solche Begleiterscheinungen bei ihren Kindern bemerken, sollten sie unverzüglich mit dem Kind den Therapeuten aufsuchen, damit die Behandlung geändert wird.

- Grundsätzlich können alle Psychopharmaka die Reaktionsfähigkeit (zum Beispiel im Straßenverkehr) verändern, die Konzentrations-, Lern- und Leistungsfähigkeit stören und das Verhalten in unerwünschter Weise beeinflussen.

  Hinzu kommen noch verschiedene spezielle Nebenwirkungen je nach Wirkstoff, unter anderem:

- Trockenheit im Mund durch mangelnde Speichelbildung;
- Abnahme der Schweißausscheidung, die schlimmstenfalls zum Wärmestau im Körper führt;
- Störungen der Harnentleerung und/oder Stuhlverstopfung;
- Seh- und/oder Sprachstörungen;
- Herz-Kreislauf-Beschwerden, wie anfallsweises Herzjagen, abnorm verlangsamter Herzschlag, Schwindel und zu niedriger Blutdruck;

- Leber- und Nierenschäden, die vor allem bei längerem Gebrauch drohen, weil die Leber alle chemischen Stoffe entgiften und die Nieren sie dann ausscheiden muß;
- schwere Blutschäden, die ebenfalls hauptsächlich bei Langzeitgebrauch zu befürchten sind;
- Magen-Darm-Störungen, verminderter Gallenfluß mit Störungen der Fettverdauung, Appetitmangel oder abnorm gesteigerter Appetit;
- anfallsweise Kopfschmerzen oder Migräneanfälle;
- abnorme Muskelschwäche und Störungen der Bewegungskoordination;
- abnorme Erregungszustände und Muskelzittern;
- epilepsieartige Krampfanfälle;
- paradoxe Wirkungen, die dem Zweck der Therapie genau entgegengesetzt sind, zum Beispiel abnorme Erregung oder Dämpfung, wenn Beruhigung oder Anregung erwartet wurde, Verstärkung von Depressionen und Selbstmordneigung und ähnliche unvorhersehbare Wirkungen.

Damit sind noch längst nicht alle möglichen Nebenwirkungen der chemischen Psychopharmaka genannt, aber die Aufzählung der häufigsten mag genügen, um eindringlich zu verdeutlichen, wie riskant eine solche Behandlung im Einzelfall werden kann.

Natürlich treten vor allem die ernsteren Nebenwirkungen relativ selten auf – aber das kann auch nicht beruhigen, denn es gibt keine Möglichkeit, das Risiko schon zu Beginn der Behandlung zuverlässig zu beurteilen. Deshalb nochmals der dringende Rat:

> Psychopharmaka lösen keine Schulprobleme (überhaupt keine seelischen Störungen), sondern können nur ihre Symptome unterdrücken und verschleiern, was sich dann im späteren Leben verhängnisvoll auswirken kann. Deshalb ist ihre Einnahme nur bei schweren, anders nicht rasch genug zu beeinflussenden Störungen vertretbar und muß so kurz wie möglich dauern, denn bei längerem Gebrauch nehmen Sucht- und Nebenwirkungsrisiken erheblich zu. Es gibt also keine bequeme Pille, die „reparieren" kann, was im Elternhaus und in der Schule falsch gelaufen ist – so einfach läßt sich das Seelenleben und vor allem das Unbewußte nicht zufriedenstellen.

Neben dem Suchtrisiko und den unerwünschten Begleiterscheinungen darf man eine letzte Folge der Behandlung durch Psychopharmaka nicht vergessen, die gleichfalls eine sehr große Rolle spielen kann. Indem die Arzneimittel die Symptome unterdrücken, setzen sie den Leidensdruck herab. Gerade er ist aber notwendig, damit das Kind (und oft auch seine Eltern) überhaupt bei der ursächlichen Psychotherapie mitwirken. Die psychologische Behandlung bringt ja immer unangenehme Einsichten in Fehlentwicklungen mit sich und erfordert unbequeme Lernprozesse; dazu sind die meisten Kinder und ihre Eltern nur dann ausreichend motiviert, wenn sie unter dem augenblicklichen Zustand leiden und ihn verändern wollen. Psychopharmaka unterdrücken diesen Leidensdruck und damit auch die Motivation zur unbequemen Psychotherapie, die aber allein die Krankheitsursachen dauerhaft beseitigen kann.

Ehe wir biologische Alternativen zu den chemischen Psychopharmaka aufzeigen, zunächst noch ein kurzer Überblick über die Arzneimittel dieser Gruppe. Man teilt sie heute wie folgt ein:

- Analeptika, die unmittelbar erregend auf bestimmte Zentren des Gehirns oder auf das gesamte zentrale Nervensystem wirken; als einfachste Substanz dieser Art kennen wir alle das Koffein im Kaffee und Schwarztee, das aber nicht zu Psychopharmaka verwendet wird.
- Ataraktika (Tranquilizer), die wohl am meisten verordnete Art der Psychopharmaka mit dem Hauptwirkstoff Benzodiazepin, die entspannend, beruhigend, angst- und krampflösend wirken und in höherer Dosierung auch als Schlafmittel geeignet sind.
- Hypnotika wirken in niedriger Dosis beruhigend und entspannend, bei ausreichend hoher Dosierung erzwingen sie einen künstlichen Schlaf.
- Monoaminfreisetzer aus der Gruppe der Neuroleptika (siehe dort), die allgemein dämpfend wirken; ihr Effekt kommt hauptsächlich durch Verarmung des Gehirns an hormonellen Botenstoffen zustande.
- MAO- (Monoaminooxidase-) Hemmstoffe mit antriebssteigernder Wirkung bei Depressionen; sie werden heute nur noch selten verabreicht.
- Neuroleptika mit dämpfender Wirkung, die in niedriger Dosis auch als Ataraktika verwendet werden, in hoher Dosis dann hauptsächlich gegen Geisteskrankheiten (Psychosen) angezeigt sind.
- Psychotonika mit anregender, antriebssteigernder und schlafhemmender Wirkung; sie werden oft auch noch als Appetitzügler bei Übergewicht angewendet, da sie den Appetit dämpfen, so daß man sich auch während einer Schlankheitskur seelisch wohlfühlt.
- Thymoleptika (Antidepressive) mit stimmungsaufhellender, teils antriebssteigernder, teils beruhigender Wirkung, die auch gegen Geisteskrankheiten in hoher Dosis verabreicht werden können und dann ähnlich wie Neuroleptika wirken.

Einer dieser Arzneimittelarten lassen sich praktisch alle chemischen Psychopharmaka zuordnen. Sie stehen teils unter Rezeptpflicht, teils sind sie aber auch rezeptfrei in der Apotheke erhältlich. Wenn man ein solches Medikament rezeptfrei erhält, besagt das aber noch lange nicht, daß keine unerwünschten Nebenwirkungen möglich sind und keine Suchtgefahren bestehen. Deshalb dürfen auch sie nie längere Zeit verabreicht werden. Im Grunde

gibt es ja überhaupt keine chemischen Arzneimittel ohne mögliche Nebenwirkungen, weil die Wirkstoffe für den Körper immer Fremdstoffe bedeuten, die er entgiften und ausscheiden muß.
Das gilt nicht für biologische Psychopharmaka. Bei sachgerechter Anwendung drohen von ihnen auch dann keine unerwünschten Begleiterscheinungen oder Suchtgefahren, wenn sie zur Langzeittherapie eingenommen werden, denn sie bestehen aus pflanzlichen oder hochverdünnten homöopathischen Wirkstoffen, die der Körper problemlos verträgt. Gerade Kinder sprechen auf solche Naturheilmittel besonders gut an.
Natürlich können auch biologische Psychopharmaka die seelischen Ursachen von Ängsten und anderen psychischen Störungen nicht beseitigen. Sie schaffen lediglich ohne unerwünschte Risiken die Voraussetzungen dafür, daß die Selbstheilungsregulationen des Seelenlebens die Ursachen aus eigener Kraft überwinden oder die Psychotherapie unterstützen. Deshalb gilt im Prinzip auch hier wieder, daß ernstere psychische Störungen nicht allein durch Medikamente behandelt werden dürfen, sondern seelische Heilverfahren die Basis der erfolgreichen Behandlung bilden.
Es gibt zahlreiche, in der Praxis gut bewährte, zum Teil auch schon in klinischen Untersuchungen erfolgreich überprüfte natürliche Psychopharmaka, die sich bei psychischen Störungen im Kindes- und Jugendalter eignen. Wir können hier nicht alle vorstellen, sondern beschränken uns auf die wichtigsten, die in den meisten Fällen ausreichen. Dabei unterscheiden wir zwischen den pflanzlichen und homöopathischen Psychopharmaka und führen zur Selbsthilfe jeweils einige fertige, rezeptfrei erhältliche Arzneimittel auf.

Pflanzliche Psychopharmaka
Zu den Hauptmitteln der Pflanzenheilkunde gehören Baldrian, Hopfen und das wie ein Tranquilizer wirkende Johanniskraut. Außerdem können versuchsweise auch noch Basilikum, Melisse, Mistel und Weißdorn verabreicht werden.

Baldrian:
Die altbewährte Heilpflanze zeichnet sich durch ihre beruhigende, schlaffördernde Wirkung aus; nach neueren Erkenntnissen fördert sie außerdem die Konzentration. Diese Wirkung kommt zum Teil direkt über die Großhirnrinde, zum Teil über das vegetative Nervensystem zustande.
Hervorzuheben ist auch noch, daß Baldrian nervös-seelische Organstörungen vor allem am Herzen und Verdauungssystem günstig beeinflußt. Nicht angezeigt ist er bei Epilepsie (Fallsucht mit anfallsweisen Krämpfen). Überdosierung führt zur leichten Vergiftung mit Kopfschmerzen, Übelkeit und Verdauungsbeschwerden, deshalb darf man niemals versuchen, die Wirkung durch höhere Dosen zu erzwingen.

Es gibt zahlreiche fertige Medikamente mit Baldrian, zum Teil noch ergänzt durch Hopfen und andere Heilpflanzen. Sie werden nach Gebrauchsanweisung verabreicht. Wichtig für eine zufriedenstellende Wirkung ist die kurmäßige Einnahme über mindestens 2-3 Monate hinweg, bei Bedarf auch viel länger.

Wer keine fertigen Baldrian-Medikamente verwenden will, kann die Tinktur oder den Tee gebrauchen; auch Pulver aus der Baldrianwurzel ist im Handel erhältlich, aber nur schwach wirksam. Von der Tinktur gibt man täglich 2mal 1 Teelöffel unverdünnt, Jugendliche können bis zu 2mal 2 Teelöffel am Tag einnehmen. Vom Pulver benötigt man mindestens 3mal 1-2 g, die in etwas Wasser verabreicht werden, um eine zufriedenstellende Wirkung zu erreichen. Der Tee wird am besten als Kaltauszug mit 2 Teelöffeln auf 1/4 l kaltes Wasser für 12-24 Stunden angesetzt, davon gibt man morgens und abends je 1 Tasse, bei Schlafstörungen abends auch 2 Tassen.

Da fertige Baldrian-Medikamente die Wirkstoffe in standardisierter (stets gleichbleibender) Dosis enthalten, gibt man ihnen nach Möglichkeit immer den Vorzug.

Basilikum

Diese Heilpflanze gehört zu den ,,Außenseitern" unter den pflanzlichen Psychopharmaka, denn man kennt sie hauptsächlich als Gewürz und verdauungsförderndes Mittel. Aber schon in alten Kräuterbüchern findet man den Hinweis, daß ,,Basilikum eyn blödt Haupt kuriert", was als Steigerung des geistigen Leistungsvermögens zu verstehen ist. Die alten Ärzte scheinen die Droge sogar bei Geisteskrankheiten und Epilepsie verwendet zu haben. Dagegen stehen uns heute natürlich wirksamere Arzneimittel zur Verfügung. Aber bei Angstzuständen, wenn alle anderen Mittel versagen, und zur Tagesberuhigung und Förderung des Schlafs lohnt sich doch ein Versuch. Er kann manchmal zu überraschend guten Erfolgen führen.

Die Heilpflanze wird mit 1 Teelöffel Kraut pro Tasse kochendes Wasser zubereitet, muß 10-15 Minuten ziehen und wird dann mit 2-3 Tassen täglich verabreicht.

Zu empfehlen ist Basilikum ergänzend zu den anderen Psychopharmaka auch, wenn als körperliches Symptom der Schulangst nervöse Magen-Darm-Funktionsstörungen bestehen. Sie werden durch den oben genannten Tee, jeweils nach den Mahlzeiten eingenommen, günstig beeinflußt.

Hopfen:

Die Hopfenschuppen ähneln in ihrer Wirkung dem Baldrian und werden in fertigen pflanzlichen Beruhigungsmitteln auch oft gemeinsam mit diesem verarbeitet, um eine stärkere Wirkung zu erzielen. Im Vordergrund der Heilanzeigen stehen Nervosität, Schlafstörungen, Angstzustände, Erregung

Unruhe und damit in Zusammenhang stehende Aggressivität. Bei Jugendlichen in der Pubertät kann Hopfen wegen seiner hormonartigen Inhaltsstoffe auch noch die damit verbundenen hormonellen Störungen harmonisieren.
Auch vom Hopfen darf man aber nur dann zufriedenstellende Wirkungen erwarten, wenn er kurmäßig über mehrere Monate hinweg verabreicht wird. Durch Überdosierung erzielt man keine bessere Wirkung, sondern unerwünschte Begleiterscheinungen, die denen der Hopfenpflücker ähneln, insbesondere abnorme Müdigkeit, Hautreizungen und bei Mädchen während und nach der Pubertät sogar Störungen der Monatsblutung.
Die Behandlung erfolgt am besten mit fertigen Arzneimitteln, wobei die Kombinationspräparate mit Baldrian und Hopfen oft vorzuziehen sind. Sie werden nach Gebrauchsanweisung eingenommen. Wird ausnahmsweise doch einmal der Tee vorgezogen, bereitet man ihn mit 1 Teelöffel getrockneter Hopfenschuppen auf 1 Tasse kochendes Wasser zu, läßt 10-15 Minuten ziehen und gibt davon täglich 3-4 Tassen.

Johanniskraut:
Neben dem Baldrian ist das Johanniskraut die wichtigste Heilpflanze bei Schulangst und anderen seelischen Störungen. In wissenschaftlichen Untersuchungen wurde inzwischen zweifelsfrei nachgewiesen, daß die Droge ähnlich wie chemische Tranquilizer wirkt, ohne daß deren Nebenwirkungen in Kauf genommen werden müßten.
Zu den wichtigsten Heilanzeigen des Johanniskrauts gehören leichte bis mittelschwere Depressionen, Nervosität, Schlaf-, Lern-, Konzentrations- und geistig-seelische Entwicklungsstörungen, Abgespanntheit durch Überforderung (Streß) sowie alle Formen der nervösen Erschöpfung. Ein Versuch lohnt sich außerdem bei Bettnässen. Angstzustände erfordern neben Johanniskraut oft auch noch Baldrian, um die Wirkung zu verbessern.
Johanniskraut wird in Form rezeptfreier Arzneimittel allein oder kombiniert mit anderen Wirkstoffen verwendet. Besonders zu empfehlen sind die Kombinationen mit Baldrian oder den „Nervenvitaminen" der B-Gruppe, aber auch Johanniskraut allein wirkt in vielen Fällen schon zufriedenstellend.
Anstelle fertiger Arzneimittel kann man auch den schwächer wirkenden Heiltee in leichteren Fällen anwenden. Dazu gibt man 2 Teelöffel Johanniskraut auf 1 Tasse kochendes Wasser, läßt 15-20 Minuten ziehen und nimmt davon – je nach Alter – täglich 2-3 Tassen ein.
Die Wirkung tritt normalerweise nach 10-14 Tagen deutlicher ein. Dann darf die Behandlung aber noch nicht abgebrochen werden, sonst drohen Rückfälle. Vielmehr sollte man mindestens noch 4-6 Wochen lang weiter behandeln.
Johanniskraut kann zur Überempfindlichkeit gegen UV-Strahlen führen, die mit unangenehmen Hautausschlägen einhergeht. Während der Therapie

sollten deshalb weder Sonnenbäder noch Bestrahlungen mit UV-Licht durchgeführt werden.

Melisse:
Diese seit der Antike geschätzte Heilpflanze wirkt mild beruhigend und fördert den Schlaf. Ferner ist ihre krampflösende Wirkung hervorzuheben, die nervös-seelische Verkrampfungen im Bauchraum (Nabel-, Magen-, Darmkoliken) und andere Funktionsstörungen der Bauchorgane lindert. Außerdem kann die Melisse auch noch Übelkeit, Brechreiz, nervöse Spannungskopfschmerzen und nervöse Herzbeschwerden günstig beeinflussen.

Unter den zahlreichen fertigen Spezialitäten, die neben Melisse oft noch andere Heilpflanzen enthalten, ist vor allem der Melissengeist zu nennen. Er wird nach Gebrauchsanweisung innerlich, ergänzend auch äußerlich angewendet. Ferner gibt es verschiedene andere fertige Heilmittel zur inneren Anwendung.

Wer den Tee vorzieht, bereitet ihn mit 1 Teelöffel Melisse auf 1 Tasse siedendes, gerade nicht mehr sprudelnd kochendes Wasser zu; die Tagesdosis beträgt 2-3 Tassen nach den Mahlzeiten, bei anfallsweise auftretenden Koliken auch unabhängig davon 1-2 Tassen auf einmal zur raschen Hilfe.

Mistel:
Die Mistel wurde von den alten Kelten unter anderem dazu verwendet, den ,,Besessenen" die ,,Dämonen" auszutreiben, indem man sie mit Mistelzweigen schlug. Wenn wir Besessenheit heute als seelische Störung verstehen, dann geht aus der Überlieferung hervor, daß die Mistel als pflanzliches Psychopharmakon auf eine lange Tradition zurückblicken kann.

Wissenschaftliche Untersuchungen aus neuerer Zeit ergaben, daß die Mistel das von vielen seelischen Störungen betroffene vegetative, unserem Willen nicht unterstehende Nervensystem wieder stabilisiert und harmonisiert. Das erklärt ihre Wirkung bei psychischen Krankheiten, denn das vegetative Nervensystem ist das Bindeglied zwischen Körper und Seelenleben. Allerdings darf man von der Mistel nur dann eine ausreichende Wirkung auf Nervensystem und Seelenleben erwarten, wenn man sie einspritzt; die Einnahme durch den Mund kann bei seelisch-nervösen Beschwerden nicht zufriedenstellen. Lediglich bei Bluthochdruck durch seelische Faktoren hilft auch die Misteleinnahme in Form von Kapseln und ähnlichen Zubereitungen.

Mit der Mistel steht uns ein gut wirksames und verträgliches Arzneimittel zur Verfügung, das gerade bei Kindern und Jugendlichen auf natürliche Weise die seelisch-nervösen Symptome beseitigt. Sprechen Sie deshalb getrost Ihren Therapeuten darauf an, wenn er ihrem Kind gleich ein chemisches Psychopharmakon verordnen will. Vielleicht läßt er sich überzeugen und versucht es zunächst mit der Injektion von Mistellösungen.

Weißdorn:
Der Weißdorn hilft besonders dann gut, wenn Angst, Streß und andere seelisch-nervöse Störungen zu Funktionsstörungen am Herzen und Kreislaufsystem führten. Dann normalisiert und harmonisiert er diese Körperfunktionen wieder und schützt zugleich vor dem Übergang der seelisch-nervösen Beschwerden in körperliche Herz-Kreislauf-Erkrankungen.
Darüber hinaus kann der Weißdorn auch noch mild beruhigend bei leichteren Formen von Nervosität, Schlafstörungen, Schulangst und Depressionen wirken. Allerdings muß er dann oft durch andere Heilpflanzen ergänzt werden, denn er gehört nicht zu den Beruhigungsmitteln im eigentlichen Sinn.
Die beste Wirkung darf man von der kurmäßigen Einnahme fertiger Weißdorn-Spezialitäten über mindestens 3 Monate hinweg erwarten. Dabei sind auch jene Medikamente zu empfehlen, die neben Weißdorn zusätzlich den Mineralstoff Magnesium enthalten; er beeinflußt Herz und Gefäße ebenfalls günstig, harmonisiert das vegetative Nervensystem und schützt vor Streßfolgen.
Der Weißdorntee genügt nur in leichten Fällen, meist zur Ergänzung anderer Psychopharmaka. Er wird mit 1 Eßlöffel pro Tasse kochendes Wasser zubereitet, muß 10 Minuten ziehen und wird mit täglich 3 Tassen kurmäßig mindestens 3 Monate lang verabreicht.

Homöopathische Psychopharmaka

Die Homöopathie, vor über 150 Jahren von dem deutschen Arzt Samuel Hahnemann in die Therapie eingeführt, gehört zwar immer noch zu den nicht allgemein anerkannten Heilverfahren, hat sich in der Praxis aber so gut bewährt, daß an ihrer Wirksamkeit keine vernünftigen Zweifel mehr bestehen können. Vereinfacht ausgedrückt verwendet die Homöopathie pflanzliche, mineralische, tierische und zum Zeil auch chemische Wirkstoffe, die bei Gesunden in normaler Dosis unerwünschte Reaktionen provozieren. Zur Behandlung von Krankheiten werden diese Wirkstoffe in hoher Verdünnung (Potenz) verabreicht, und zwar nach der Ähnlichkeitsregel. Das heißt, ein verdünnter Wirkstoff wird gegen die Symptome einer Krankheit verwendet, die den unerwünschten Reaktionen ähneln, die der gleiche Wirkstoff unverdünnt beim Gesunden provoziert. Wenn jemand unter Darmkoliken leidet, dann erhält er beispielsweise den verdünnten (potenzierten) Arzneistoff, der unverdünnt beim Gesunden ähnliche Koliken verursacht.
Die Wirkung der Homöopathie erklärt sich aus dem ,,biologischen Grundgesetz'', wonach schwache Reize die Lebensfunktionen anregen, während starke Reize sie hemmen und lähmen. Die Krankheitsursache stellt einen starken Reiz dar, das hochverdünnte Arzneimittel einen schwachen, der die körpereigenen Abwehr- und Selbstheilungsregulationen gezielt gegen die Krankheitsursachen anregt. Auch seelisch-nervöse Krankheiten stehen mit biochemischen Veränderungen im Körper in Zusammenhang und lassen

sich deshalb durch homöopathische Arzneimittel, von denen keinerlei unerwünschte Nebenwirkungen zu befürchten sind, oft erstaunlich rasch und gut lindern.
Wir wollen eine kleine Auswahl homöopathischer Wirkstoffe gegen Schulangst und damit verbundene andere psychische Störungen vorstellen. Grundsätzlich sollten diese Arzneimittel zwar vom Fachmann individuell verordnet werden, aber ein Selbstversuch kann dann empfohlen werden, wenn der Therapeut über keine Erfahrung mit der Homöopathie verfügt und/oder sie nicht anwenden will. Alle genannten Mittel sind rezeptfrei in Apotheken erhältlich.
Der Buchstabe D hinter dem Arzneistoff gibt jeweils an, daß es sich um eine Verdünnung in der Zehner-(Dezimal-)potenz handelt, die Zahl danach nennt den Grad der Potenzierung. So stehen zum Beispiel D 1 für 1:10, D 2 für 1:100, D 3 für 1:1000 und so fort; wird keine Potenz, sondern die homöopathische Urtinktur verwendet, erkennt man das am Zusatz ⌀.
Die verschiedenen Mittel werden in alphabetischer Reihenfolge aufgeführt.

Acidum phosphoricum D 6 (Phosphorsäure)
Phosphorsäure wirkt auf das Nervensystem und eignet sich vor allem bei Jugendlichen in der Pubertät.
Heilanzeigen: Nervenschwäche, Nervosität, geistig-seelische Erschöpfungszustände, Leistungsschwäche, Überforderung, Apathie, abnorme Ermüdung und Schwächezustände.

Aconitum napellus D 8 (Blauer Eisen-/Sturmhut)
Die Giftpflanze wirkt in homöopathischer Zubereitung auf Gehirn, Nervensystem und Herz.
Heilanzeigen: Allgemeine Unruhe, Angstzustände, Todesangst, insbesondere dann, wenn zusätzlich Herzrhythmusstörungen (Herzjagen) auftreten.

Agaricus muscarius D 12 (Fliegenpilz)
Der Giftpilz wird in der Homöopathie wegen seiner Wirkung auf das zentrale Nervensystem und den Vagusnerven verwendet.
Heilanzeigen: Reizbarkeit, Gedächtnisstörungen, depressive Stimmungsschwankungen, geistige Trägheit, Herzklopfen vor allem am Morgen beim Erwachen, Zittern, Verkrampfungen der Muskulatur, Mißempfindungen (wie Jucken, Brennen, Stechen) in den Gliedern.

Ambra grisea D 12 (Ambra, ein Ausscheidungsprodukt des Pottwals)
Ambra, auch in der Parfümindustrie verwendet, zeichnet sich in homöopathischer Zubereitung durch seine gute Wirkung auf das Nervensystem aus.
Heilanzeigen: Nervenschwäche, Nervosität, Schlafstörungen, Überempfind-

lichkeit, seelisch-nervöse asthmaartige Atembeschwerden, nervöse Durchblutungsstörungen.

Argentum nitricum D 12 (Höllenstein)
Dieses homöopathische Mittel wirkt gut auf das zentrale und vegetative Nervensystem und empfiehlt sich deshalb oft als Basisheilmittel neben anderen Wirkstoffen.
Heilanzeigen: Nervosität, Angstneurosen, vor allem bei gleichzeitigen Herzbeschwerden oder Magengeschwüren und -schleimhautentzündungen, seelisch-nervöse Darmstörungen, Gedächtnis- und Lernstörungen, Lampenfieber vor Prüfungen und Klassenarbeiten, Todesahnungen, Kopfschmerzen bei Aufregungen und Streß, nervöse Durchblutungsstörungen. Wenn die geistigen Symptome überwiegen, kann anstelle von Argentum nitricum D 12 auch Argentum metallicum (Silber) D 12 verabreicht werden.

Aurum metallicum D 15 (Blattgold)
Blattgold wirkt besonders auf das Nervensystem, aktiviert darüber hinaus die Körperabwehr und normalisiert Funktionsstörungen der Arterien mit Bluthochdruck und Durchblutungsstörungen.
Heilanzeigen: Eines der Hauptmittel bei Depressionen und Selbstmordgedanken, insbesondere bei Schuldgefühlen oder depressiven Verstimmungen, die mit ziellosem Tätigkeitsdrang abwechseln; ferner bei Bluthochdruck und Störungen der Durchblutung aus seelisch-nervösen Ursachen.

Avena sativa ⌀, D 1 oder D 2 (Hafer)
Der Hafer wird nicht nur als vollwertiges Lebensmittel (zum Beispiel im Müsli) bei Schulangst empfohlen, sondern auch in homöopathischer Zubereitung, um die Symptome zu mildern; er wirkt über das vegetative Nervensystem.
Heilanzeigen: Nervosität, Schlafstörungen, seelisch-nervöse Erschöpfungszustände.

Castoreum D 6 (Bibergeil, ein Sekret aus der Bauchdrüse des Bibers)
Bibergeil wirkt auf das Nervensystem und kann die Symptome der Schulangst bald mildern.
Heilanzeigen: Nervosität, Schlafstörungen, seelisch-nervöse Erschöpfung, Bauchkrämpfe und Nabelkoliken durch nervöse Einflüsse.

China D 12 (China-, Fieberrindenbaum)
Die Rinde des Chinabaums gehört zwar nicht zu den homöopathischen Psychopharmaka im eigentlichen Sinn, hat sich im Einzelfall aber besonders gut bei seelisch-nervösen Herzbeschwerden bewährt.
Heilanzeigen: Nervöse Gereiztheit, Überempfindlichkeit gegen Gerüche, Appetitmangel, Schlafstörungen, Unfähigkeit zum Denken und Lernen, all-

gemeine nervöse Schwäche, Herzklopfen und Blutandrang mit Atemnot durch seelisch-nervöse Ursachen.

Coffea D 4 (ungeröstete Kaffeebohnen)
Während Kaffee bei Gesunden zu Schlafstörungen, Nervosität und Unruhe führen kann, wirkt er in homöopathischer Zubereitung genau entgegengesetzt; allerdings lindert Coffea nur Symptome, so daß man zusätzlich andere Medikamente verabreichen muß.
Heilanzeigen: Nervosität mit Denk- und Schlafstörungen, Herzbeschleunigung durch seelisch-nervöse Einflüsse, nervöse Kopfschmerzen, allgemeine Unruhe durch Fehlsteuerung des vegetativen Nervensystems.

Conium maculatum D 15 (gefleckter Schierling)
Der giftige Schierling, der einst den griechischen Philosophen Sokrates tötete, wirkt in homöopathischer Potenz auf das zentrale Nervensystem und verschiedene Hormondrüsen.
Heilanzeigen: Seelisch-nervöse Schwäche bis hin zur Erschöpfung, geistige Trägheit, Unfähigkeit zu geistiger Arbeit, Gedächtnisschwäche, allgemeine Nervosität und übertriebene Angst vor Krankheiten (Hypochondrie).

Lachesis muta D 30 (Gift der Buschotterschlange)
In hoher Potenz kann das starke Schlangengift verschiedene seelisch-nervöse Störungen gut beeinflussen, die Funktionen der Hormondrüsen und des Kreislaufs normalisieren.
Heilanzeigen: Neigung zur abnormen Erregtheit, Unruhe, zum Teil auch Aggressivität, Überempfindlichkeit, Angstzustände und Herzbeschwerden, die mit seelisch-nervösen und hormonellen Störungen in Beziehung stehen.

Magnesium chloratum D 15 (Magnesiumverbindung)
Das weiter vorne beim Weißdorn bereits genannte „Anti-Streß-Mineral" wirkt in homöopathischer Zubereitung ebenfalls sehr gut auf seelisch-nervöse Beschwerden.
Heilanzeigen: Nervenschwäche, Nervosität, nervöse Gereiztheit und Unruhe, abnorme Müdigkeit am Tag und nächtliche Unruhe mit Angstzuständen, krampfartige Stuhlverstopfung, seelisch-nervöse Symptome während und nach der Pubertät.
Magnesium gilt als eines der Hauptmittel bei Fehlfunktionen des vegetativen Nervensystems; neben der Verbindung Magnesium chloratum können je nach Einzelfall auch noch Magnesium carbonicum D 12, Magnesium fluoratum D 12 oder Magnesium sulfuricum D 6 verabreicht werden.

Moschus D 4 (Geruchsstoff aus den Drüsen des Moschusochsen)
Auch Moschus kennt man in der Parfümherstellung; die homöopathische

Zubereitung wirkt gut auf verschiedene seelisch-nervöse Symptome, ohne die Ursachen zu beseitigen.
Heilanzeigen: Nervenschwäche, nervöse Erschöpfung, Erregungszustände, Zornausbrüche, Aggressivität, Engegefühl im Hals, asthmaartige Atemnot, seelisch-nervös verursachtes Herzklopfen.

Platinum metallicum D 15 (Platinmetall)
Das Metall wirkt auf das zentrale Nervensystem und empfiehlt sich auch dann, wenn die psychischen Probleme mit sexuellen Schwierigkeiten in der Pubertät in Zusammenhang stehen.
Heilanzeigen: Neigung zu depressiven Verstimmungen, wobei die Beschwerden zwischen Körper und Seele wechseln, Weinerlichkeit, Launenhaftigkeit, rasch wechselnde Stimmungslagen, Gereiztheit, Kloßgefühl im Hals, Darmkoliken und andere Krampfzustände, krampfartige Stuhlverstopfung.

Zincum metallicum D 12 (Zink)
Das Spurenelement wirkt auf das zentrale Nervensystem und die Nervenbahnen, die Bewegungsimpulse weiterleiten.
Heilanzeigen: Unruhe, Gereiztheit, Nervosität mit Zittern, mürrisch-bedrückte Grundstimmung, Schweigsamkeit, Überempfindlichkeit gegen Geräusche, aggressiv und zornig.

Zincum valerianicum D 4 (eine Zinkverbindung)
Eines der Hauptmittel bei Nervosität und seelischen Störungen, das die Symptome bald bessern kann.
Heilanzeigen: Nervosität, Unruhe, Schlafstörungen.

Homöopathische Einzelmittel werden nach verschiedenen Kriterien individuell verordnet. Darauf konnten wir bei der Auflistung bewährter Heilmittel nicht eingehen, weil dazu Fachkenntnisse notwendig sind. Um die schwierige Auswahl des individuell „maßgeschneiderten" Einzelmittels, die auch dem Fachmann nicht immer leicht fällt, zu umgehen, wurde die Komplex-Homöopathie begründet. Sie eignet sich besonders gut zur Selbsthilfe. Die fertigen Komplexmittel bestehen aus mehreren einzelnen Wirkstoffen, die sich bei vielen Patienten gut bewährt haben. Das erhöht die Wahrscheinlichkeit, daß sich auch das individuell ähnlichste, am besten passende Einzelmittel darunter befindet und erspart die komplizierte, dem Einzelfall genau angemessene Auswahl eines einzigen homöopathischen Wirkstoffs. Allerdings ist die Komplex-Homöopathie unter den orthodoxen Homöopathen umstritten. In der täglichen Praxis und vor allem in der Selbsthilfe sind die

Komplexmittel aber unentbehrlich und haben sich gut bewährt. Deshalb stellen wir weiter unten noch einige geeignete, rezeptfrei erhältliche Komplexmittel vor.
Die nachstehende kurze Auswahl fertiger pflanzlicher und homöopathischer Heilmittel erhebt keinen Anspruch auf Vollständigkeit. Es gibt zu viele geeignete Naturheilmittel, als daß sie hier vollständig aufgeführt werden könnten. Die Auswahl erfolgte aufgrund praktischer Erfahrungen des Autors. Wenn ein Medikament hier nicht genannt wird, spricht das selbstverständlich nicht gegen seine Eignung.

Fertige pflanzliche und homöopathische Psychopharmaka (Auswahl)

Ardeytropin Tabletten (Firma Ardeypharm GmbH, Herdecke)
Zusammensetzung: 1 Tablette enthält 500 mg L-Tryptophan, eine natürliche Aminosäure, die zum Aufbau des Botenstoffs Serotonin im Hirnstoffwechsel benötigt wird; Mangel an Serotonin, das selbst nicht durch den Mund eingenommen werden kann, weil es nicht ins Gehirn übertritt, trägt oft entscheidend mit zu Depressionen und Schlafstörungen bei.
Heilanzeigen: Depressionen, Schlafstörungen.
Gegenanzeigen: Schwere Leber- und Nierenschäden.
Dosierung: Bei Depressionen 2-4mal täglich 1-2 Tabletten; bei Schlafstörungen 1/2 Stunde vor dem Schlafengehen 2-4 Tabletten. Zur kurmäßigen Behandlung chronischer Schlafstörungen empfiehlt sich die Intervallbehandlung nach Gebrauchsanweisung.

Calmed Rot Liquidum (Firma Galmeda GmbH, Düsseldorf)
Zusammensetzung: Komplexmittel mit verschiedenen homöopathischen Wirkstoffen und Urtinkturen.
Hinweis: 1 Eßlöffel entspricht 0,14 Broteinheiten (bei Zuckerkrankheit zu beachten); das Medikament enthält 18% Alkohol und eignet sich deshalb nicht für kleine Kinder, Leber-, Hirngeschädigte, Alkoholkranke und Schwangere.
Heilanzeigen: Nervosität, Unruhe und Erregungszustände durch Überfunktion der Sympathikusnerven.
Dosierung: 2-4mal 1 Eßlöffel nach den Mahlzeiten.

Calmed Weiß Liquidum (Firma Galmeda GmbH, Düsseldorf)
Zusammensetzung: Komplexmittel mit verschiedenen homöopathischen Wirkstoffen und Urtinkturen.
Hinweis: 1 Eßlöffel entspricht 0,12 Broteinheiten (bei Zuckerkrankheit beachten); das Medikament enthält 19% Alkohol (siehe Calmed Rot); wegen des Gehalts an Johanniskraut sind während der Therapie Sonnenbäder und UV-Bestrahlungen zu vermeiden.

Heilanzeigen: Abgespanntheit, seelisch-nervöse Erschöpfung und Depressionen, wenn der Vagus-(Parasympathikus-)nerv überwiegt.
Dosierung: 2-4mal 1 Eßlöffel nach den Mahlzeiten.

Chorea-Gastreu R 36 Tropfen (Firma Dr. Reckeweg GmbH & Co., Bensheim)
Zusammensetzung: Komplexmittel mit verschiedenen homöopathischen Wirkstoffen.
Heilanzeigen: Nervosität, Nervenschwäche, Fehlregulationen des vegetativen Nervensystems.
Dosierung: 3mal 10-15 Tropfen, bei stärkeren akuten Beschwerden bis zu 5mal 10-15 Tropfen.

Dormi-Gastreu R 14 Tropfen (Firma Dr. Reckeweg GmbH & Co., Bensheim)
Zusammensetzung: Komplexmittel mit verschiedenen homöopathischen Wirkstoffen.
Heilanzeigen: Nervosität, Unruhe, Erregungszustände, Überreizung des Nervensystems, ergänzend bei Schlafstörungen und Depressionen.
Dosierung: 3mal 10-15 Tropfen, bei stärkeren akuten Beschwerden bis zu 5mal 10-15 Tropfen; gegen Schlafstörungen abends 1 Stunde vor dem Schlafengehen 15-20 Tropfen.

DS-Hypericum Tabletten (Firma D. Schumacher GmbH, Waldbröl)
Zusammensetzung: Baldrian, Hopfen, Johanniskraut, Melisse und andere Heilpflanzen mit Vitamin-B-reicher Hefe.
Heilanzeigen: Stärkung der Nerven, Nervosität, Schlafstörungen, Streß, seelisch-nervöse Herzbeschwerden.
Dosierung: 3-4mal 2-4 Tabletten.

Formica-rufa Komplex Tropfen (Firma PGM mbH & Co., München)
Zusammensetzung: Komplexmittel mit homöopathischen Urtinkturen und verschiedenen Heilpflanzen.
Heilanzeigen: Schwäche des vegetativen Nervensystems, Nervosität, Unruhe, Antriebshemmung, Leistungsminderung, Schlafstörungen, Streß.
Dosierung: 3-4mal 20 Tropfen in Wasser.

Hyperforat Dragees/Tropfen (Firma Dr. Klein, Zell-Harmersbach)
Zusammensetzung: Die Tropfen enthalten Johanniskraut, die Dragees zusätzlich Vitamine der B-Gruppe.
Heilanzeigen: Leichte bis mittelschwere Depressionen, Erwartungsangst, Unruhe, Nervosität, nervöse Erschöpfungszustände, Bettnässen, nächtliches Aufschrecken aus dem Schlaf, neurotische Störungen im Kindesalter, nervös-seelische Spannungskopfschmerzen und Migräneanfälle.

Dosierung: 3mal 1-2 Dragees oder 3mal 20-30 Tropfen; bei Bedarf kann diese Dosis einleitend in schweren Fällen erhöht werden.

Hinweis: Johanniskraut kann die Haut überempfindlich gegen UV-Strahlen machen; deshalb während der Behandlung keine Sonnenbäder oder UV-Bestrahlungen durchführen.

Nervobisan Liquidum (Firma Bock GmbH & Co. KG, Gelsenkirchen)

Zusammensetzung: Verschiedene homöopathische Wirkstoffe, Vitamine der B-Gruppe und Spurenelemente.

Heilanzeigen: Nervenschwäche, Nervosität, seelisch-nervöse Organstörungen, Schlafstörungen, neurotische Beschwerden.

Dosierung: 3mal 1 Teelöffel; bei Schlafstörungen 1 Teelöffel 1/2 Stunde vor dem Schlafengehen.

Nervipan Kapseln (Firma Medopharm KG, Gräfelfing/Deutsche Chefaro, Waltrop)

Zusammensetzung: Die Kapseln bestehen aus mexikanischer Baldrianwurzel.

Heilanzeigen: Nervosität, Unruhe, Gereiztheit, Streß, Konzentrations- und Schlafstörungen.

Dosierung: Kinder 1-2mal täglich 1 Kapsel, Jugendliche und Erwachsene 1-2mal 1-2 Kapseln.

Nervoregin Dragees (Firma Pflüger KG, Rheda-Wiedenbrück)

Zusammensetzung: Baldrian, Melisse, andere pflanzliche und homöopathische Wirkstoffe, Kalzium, Vitamin B 12 und Glutaminsäure.

Heilanzeigen: Nervosität, Fehlfunktionen des vegetativen Nervensystems, Schlafstörungen, allgemeine Unruhe und Ängste.

Dosierung: Kinder 3mal 1 Dragee, Jugendliche und Erwachsene 3mal 2 Dragees.

Nervostress Tonikum (Firma Rödler GmbH, Flörsheim-Dalsheim)

Zusammensetzung: Verschiedene homöopathische Wirkstoffe, Ginseng-Urtinktur, Vitamin B 1 und B 6.

Heilanzeigen: Nervosität, nervöse Erschöpfung, Gereiztheit, Stimmungsschwankungen, Wetterfühligkeit, depressive Verstimmungen, Streß, Angst-, Spannungs- und Unruhezustände, Erwartungs- und Prüfungsangst, vegetative Fehlfunktionen.

Dosierung: Zur Anregung 3mal 1/2-1 Likörglas, zur Beruhigung 3mal höchstens 1 Teelöffel.

Fertige pflanzliche und homöopathische Psychopharmaka

Neuronika-Kapseln (Firma Klinge Pharma, München)
Zusammensetzung: Die Kapseln enthalten Kavain aus Kava-Kava (auch als Rauschpfeffer bekannte Heilpflanze).
Heilanzeigen: Nervosität, Angst, innere Spannungen und Unruhe, Antriebs-, Konzentrations- und Leistungsschwäche, Abgespanntheit, abnorm rasche Ermüdung.
Dosierung: 2-3mal 1 Kapsel mit etwas Flüssigkeit.
Hinweis: Alkohol, Schlaf-, Beruhigungsmittel und andere Psychopharmaka können bei gleichzeitiger Einnahme in ihrer Wirkung unerwünscht verstärkt werden.

Neuro-Presselin Tropfen (Firma Presselin GmbH & Co. KG, Kirchlengern)
Zusammensetzung: Johanniskraut, Passionsblume und verschiedene homöopathische Wirkstoffe.
Heilanzeigen: Übererregbarkeit des vegetativen Nervensystems, nervöse Erschöpfung, Unruhe, innere Spannungen, Schlafstörungen, seelisch-nervöse Funktionsstörungen der Organe.
Dosierung: 3-4mal 15-20 Tropfen in etwas Wasser; bei Schlafstörungen vor dem Schlafengehen 25 Tropfen.

Röwo-Rytesthin Tropfen (Firma Pharmakon GmbH, Flörsheim-Dalsheim)
Zusammensetzung: Verschiedene homöopathische Wirkstoffe.
Heilanzeigen: Funktionsstörungen des Nervensystems, Nervosität, Unruhe, Erregungs- und Spannungszustände.
Dosierung: 3-5mal 15-25 Tropfen in etwas Flüssigkeit.

Sensinerv Perlen (Firma Redel-Cesra GmbH & Co., Baden-Baden)
Zusammensetzung: Baldrian, Hopfen, andere Heilpflanzen und verschiedene homöopathische Mittel.
Heilanzeigen: Nervosität, nervöse Leistungsschwäche, Kopfschmerzen, Schlafstörungen, seelisch-nervöse Organfunktionsstörungen.
Dosierung: Kinder 3-4mal 2-3 Perlen, Jugendliche und Erwachsene 3-4mal bis zu 5 Perlen.

Tropain Dragees (Firma Jura KG, Konstanz)
Zusammensetzung: Melisse, andere Heilpflanzen und homöopathische Wirkstoffe.
Heilanzeigen: Fehlfunktionen des vegetativen Nervensystems, nervöse Schwäche, Unruhe, Gereiztheit, innere Spannungen, Kopfschmerzen, seelisch-nervöse Störungen innerer Organe.
Dosierung: 3mal 2 Dragees; für kleinere Kinder genügen 3mal 1 Dragee.

Valeriana comp. Dragees (Firma Hevert, Sobernheim)
Zusammensetzung: Baldrian, Hopfen, Kava-Kava (Rauschpfeffer), andere pflanzliche und homöopathische Wirkstoffe.
Heilanzeigen: Nervenschwäche, Nervosität, Schlafstörungen, Angstzustände, Unruhe, Gereiztheit, innere Spannungen, Überforderung, seelisch-nervöse Organfunktionsstörungen.
Dosierung: Kinder je nach Alter morgens und abends je 1-2 Dragees, Jugendliche und Erwachsene morgens 1-2 Dragees, abends 1/2 Stunde vor dem Schlafengehen 2-4 Dragees.
Gegenanzeigen: Nicht anwenden bei Grünem Star und Vorsteherdrüsenvergrößerung.
Hinweis: Das Reaktionsvermögen kann beeinträchtigt werden.
Nebenwirkungen: In hoher Dosis vor allem anfangs trockener Mund, Hautreaktionen und Harnentleerungsstörungen in seltenen Einzelfällen; die Wirkung von Alkohol, anderen Beruhigungs-, Schlafmitteln und Psychopharmaka wird bei gleichzeitiger Einnahme unerwünscht verstärkt.

Valometten Dragees (Firma Hormosan-Kwizda GmbH, Frankfurt)
Zusammensetzung: Baldrian, Menthol und Kalzium
Heilanzeigen: Nervosität, Schlafstörungen, Unruhe, Erregungszustände, Angst, nervöse Herzbeschwerden, Fehlfunktionen des vegetativen Nervensystems, seelisch-nervöse Organfunktionsstörungen.
Dosierung: Kinder 3mal 1 Dragee, Jugendliche und Erwachsene 3mal 1-3 Dragees.

Vita-C 15 Liquidum (Firma Dr. Reckeweg & Co. GmbH, Bensheim)
Zusammensetzung: Ascorbinsäure, verschiedene Heilpflanzen und homöopathische Wirkstoffe.
Heilanzeigen: Nervenschwäche, nervöse Erschöpfung, Nervosität, Unruhe, Leistungsschwäche, nervöse Kopfschmerzen, Schlafstörungen, Antriebshemmungen.
Dosierung: 3mal 1 Teelöffel, nach Besserung kurmäßig noch längere Zeit 1mal 1 Teelöffel bis 1 Likörglas; bei stärkerer Erschöpfung anfangs bis zu 3mal 1 Likörglas.

Zincum valerianicum Tropfen (Firma Hevert, Sobernheim)
Zusammensetzung: Komplexmittel mit verschiedenen homöopathischen Wirkstoffen.
Heilanzeigen: Nervenschwäche, Nervosität, Gereiztheit, innere Unruhe, Erregungs- und Angstzustände, Stimmungsschwankungen, depressive Verstimmungen, neurotische Fehlentwicklungen, Schlafstörungen, Muskelverspannungen, Organfunktionsstörungen, zur Steigerung der Gedächtnis-, Konzentrations-, Lern- und Leistungsfähigkeit.

Dosierung: Anfangs 3-4mal 50 Tropfen, nach Besserung zur Langzeitbehandlung (mindestens 4 Wochen) 3mal 20-25 Tropfen; bei Bedarf kann die Dosis auch erhöht werden. Die Wirkung tritt besonders rasch ein, wenn man die Tropfen 1/2-1 Minute im Mund behält.

Mit dieser kurzen Auswahl gut bewährter biologischer Psychopharmaka lassen sich viele psychisch-nervöse Schulprobleme günstig beeinflussen. Sie schaffen dadurch die Voraussetzungen dafür, daß die seelischen Selbstheilungsregulationen mit den eigentlichen Ursachen dann aus eigener Kraft fertig werden oder unterstützen zumindest die gezielte Psychotherapie wirksam. Etwas Geduld ist aber immer erforderlich, denn die biologischen Medikamente wirken nicht von heute auf morgen; bei längerem Gebrauch sind sie aber, wie inzwischen auch verschiedene klinische Untersuchungen beweisen, ähnlich gut wirksam wie die chemischen Psychopharmaka, ohne daß unerwünschte Nebenwirkungen in Kauf genommen werden müßten.
Zu Beginn einer Behandlung kann man die biologischen Psychopharmaka in schweren Fällen auch durch schnell wirksame, vom Therapeuten zu verordnende chemische Medikamente unterstützen, die aber so rasch wie möglich wieder abgesetzt werden sollten.

Unschädliche Bio-Heilmittel
– Therapievorschläge bei körperlichen Symptomen der Schulangst –
Die Schulangst geht oft mit erheblichen körperlichen Funktionsstörungen einher, die bei längerer Dauer auch zu organischen Krankheiten werden können. Davor bewahrt die rechtzeitige Behandlung der funktionellen Störungen. Wenn die im vorigen Kapitel genannten Psychopharmaka dazu nicht ausreichen, gibt man zusätzlich gezielter auf die gestörten Organfunktionen wirkende Bio-Heilmittel.

Pflanzliche Beruhigungs- und Schlafmittel
Zu den häufigsten Begleiterscheinungen der Schulangst gehören Nervosität und Schlafstörungen. Dadurch werden dann oft die anderen Symptome auch noch verschlimmert, denn wenn man schlecht geschlafen hat und sich unruhig fühlt, erscheinen alle Anforderungen des Alltags noch schwieriger. Deshalb gehört die Beseitigung solcher Beschwerden unbedingt zu den Aufgaben der Therapie. Im Grunde eignen sich dazu viele Medikamente, die im vorangegangenen Kapitel als biologische Psychopharmaka bereits vorgestellt wurden. Sie unterscheiden sich von den meisten chemischen Schlaf- und Beruhigungsmitteln dadurch, daß sie nicht künstlich ruhigstellen und synthetisch den Schlaf erzwingen, sondern allmählich das Nervensystem und Seelenleben wieder harmonisieren und stabilisieren, so daß das Kind dann auch nach dem Absetzen der Arzneimittel weiterhin ruhig bleibt und

besser schläft. Die chemischen Medikamente dagegen führen oft zur Müdigkeit am Tag, die das Lern- und Leistungsvermögen weiter beeinträchtigt, und fördern zwar das Ein- und Durchschlafen, wirken sich aber am Morgen danach häufig – trotz ausreichendem Schlaf – mit abnormer Ermüdung („hang over" der Medikamente) aus und behindern überdies zum Teil auch noch den für die Erholung unentbehrlichen Traumschlaf. Deshalb kommen sie grundsätzlich nicht in Frage, allenfalls vorübergehend einmal nach fachmännischer Verordnung, um bei sehr ausgeprägten, hartnäckigen Symptomen die Therapie einzuleiten.

Unter den pflanzlichen Beruhigungs- und Schlafmitteln sind wiederum hauptsächlich Baldrian und Hopfen hervorzuheben, die sich bei ausreichend langer Einnahme bestens bewährt haben. Ferner empfehlen sich Passionsblume und Melisse; letztere wirkt allerdings nur bei leichteren Schlafstörungen allein schon zufriedenstellend, ansonsten verwendet man sie kombiniert mit anderen geeigneten Heilmitteln.

Zum Teil können bei kleineren Kindern auch schon Arzneimittel mit Anis und Fenchel zur Tagesberuhigung und Förderung des Nachtschlafs ausreichen. Gut bewährt hat sich auch noch der Ginseng, der zwar nicht zu den Schlaf- und Beruhigungsmitteln gehört, aber durch Harmonisierung und Stabilisierung des Nervensystems und Beseitigung von Überreizung und Erschöpfung indirekt beruhigend und schlaffördernd wirkt. Nicht zuletzt seien auch noch Herzgespann und Weißdorn genannt, die vor allem dann geeignet sind, wenn Nervosität und Schlafstörungen die Herzfunktionen in Mitleidenschaft ziehen.

Abgesehen von den pflanzlichen Mitteln kennt auch die Homöopathie zahlreiche Wirkstoffe zur Tagesberuhigung und für guten Schlaf ohne unerwünschte Nebenwirkungen. Unter anderem verwendet sie Baldrian, Hafer und Hopfen mit gutem Erfolg auch in homöopathischer Zubereitung, außerdem verschiedene metallische Elemente (wie Argentum, Zincum), Arnika, Johanniskraut, Kamille und Lavendel, um nur die häufigsten zu nennen. Manche dieser Mittel, die man bevorzugt als Komplexarzneimittel verwendet, enthalten auch noch das „Anti-Streß-Mineral" Magnesium in homöopathischer oder „normaler" Zubereitungsform, um das Nervensystem zu stabilisieren und das Seelenleben zu harmonisieren.

Schließlich sei bei Schlafstörungen noch die Aminosäure L-Tryptophan hervorgehoben, die bereits bei den Psychopharmaka genannt wurde. Sie normalisiert den Serotoningehalt des Gehirns, der maßgeblich für den Schlaf zuständig ist, und hat sich in der Praxis und in klinischen Untersuchungen schon sehr gut bewährt.

Wir wollen noch einige spezielle biologische Beruhigungs- und Schlafmittel vorstellen, die man bei Bedarf auch mit den weiter vorne aufgeführten Psychopharmaka kombinieren kann.

Ardeydystin Kapseln (Firma Ardeypharm GmbH, Herdecke)
Zusammensetzung: Baldrian, Weißdorn und Kavain aus Kava-Kava (Rauschpfeffer).
Heilanzeigen: Nervosität, Schlafstörungen.
Dosierung: 2-3mal 1-2 Kapseln mit etwas Flüssigkeit.

Ardeysedon Dragees (Firma Ardeypharm GmbH, Herdecke)
Zusammensetzung: Baldrian und Hopfen.
Heilanzeigen: Nervosität, Schlafstörungen.
Dosierung: 3mal 2-3 Dragees; bei Schlafstörungen 1/2-1 Stunde vor dem Schlafengehen 2-4 Dragees mit etwas Flüssigkeit.

Baldrian-Dispert Dragees (Firma Luyssia GmbH, Wiesbaden)
Zusammensetzung: Trockenextrakt aus Baldrianwurzel.
Heilanzeigen: Nervosität, Schlafstörungen.
Dosierung: 3mal 1-3 Dragees nach den Mahlzeiten; bei Schlafstörungen 1/2-1 Stunde vor dem Schlafengehen 3-5 Dragees.

Baldrisedon Kapseln (Firma Scheurich GmbH, Appenweier)
Zusammensetzung: Extrakt aus mexikanischer Baldrianwurzel.
Heilanzeigen: Nervosität, Schlafstörungen, seelisch-nervöse Funktionsstörungen innerer Organe.
Dosierung: Kinder 1-2mal 1 Kapsel, Jugendliche und Erwachsene 2-3mal 1 Kapsel, bei starken Beschwerden bis zu 3mal 2 Kapseln.

Cosmochema Schlaftropfen (Firma Cosmochema GmbH, Baden-Baden)
Zusammensetzung: Baldrian und verschiedene homöopathische Wirkstoffe.
Heilanzeigen: Nervosität, Schlafstörungen.
Dosierung: 3-4mal 10 Tropfen; bei Schlafstörungen vor dem Schlafengehen 20-30 Tropfen.

Euvegal-Saft (Firma Spitzner GmbH, Ettlingen)
Zusammensetzung: Baldrian, Hopfen und krampflösendes Gänsefingerkraut.
Heilanzeigen: Nervosität, Schlafstörungen, ängstliches Aufschrecken in der Nacht aus dem Schlaf, Koliken.
Dosierung: Kinder 3mal 1-2 Teelöffel, Jugendliche und Erwachsene 3mal 2 Teelöffel bis 3mal 1-2 Eßlöffel.

Gutnacht-Kräuter-Dragees (Firma Salus-Haus, Bruckmühl)
Zusammensetzung: Baldrian, Hopfen, Johanniskraut, Passionsblume und andere Heilpflanzen, Sojalecithin und Vitamin B 1.

Pflanzliche Beruhigungs- und Schlafmittel

Heilanzeigen: Nervosität, Schlafstörungen.
Dosierung: 2-3mal 1-2 Dragees; bei Schlafstörungen für Kinder abends 1/2-1 Stunde vor dem Schlafengehen 1-2 Dragees, Jugendliche und Erwachsene 2-4 Dragees.

Hopfen-Baldrian-Kapseln (Firma Roleca KG, Ratingen)
Zusammensetzung: Baldrian und Hopfen.
Heilanzeigen: Nervosität und Schlafstörungen.
Dosierung: Morgens und mittags je 1 Kapsel, abends 2 Stunden vor dem Schlafengehen 2-3 Kapseln.

Isosedat Tropfen (Firma Iso-Werk, Regensburg)
Zusammensetzung: Hafer, Hopfen, Passionsblume und Zincum valerianicum in homöopathischer Zubereitung.
Heilanzeigen: Nervosität, Schlafstörungen.
Dosierung: Am Tag 2-3mal 5-15 Tropfen; bei Schlafstörungen abends 1/2-1 Stunde vor dem Schlafengehen für Kinder 5-10 Tropfen, für Jugendliche und Erwachsene 20-30 Tropfen.

Logo-Dragees/-Tropfen (Firma Logopharm GmbH, München)
Zusammensetzung: Dragees enthalten Baldrian, Hopfen, Melisse und andere Heilpflanzen, die Tropfen zusätzlich Vitamin B 6 und Wirkstoffe zur Unterstützung der Magen-Darm-Funktionen.
Heilanzeigen: Nervosität, Schlafstörungen, nervös-seelische Herzbeschwerden, die Tropfen ferner bei seelisch-nervösen Magen-Darm-Störungen.
Dosierung: Morgens und mittags je 1 Dragee oder 10-15 Tropfen vor den Mahlzeiten; bei Schlafstörungen abends 1/2-1 Stunde vor dem Schlafengehen 1-2 Dragees oder 20-25 Tropfen.

Nervostabil Dragees (Firma Schuck KG, Schwaig)
Zusammensetzung: Baldrian, Hopfen, Passionsblume und andere Wirkstoffe.
Heilanzeigen: Nervosität, Schlafstörungen.
Dosierung: Kinder 2-3mal 1 Dragee, bei Schlafstörungen 1/2 Stunde vor dem Schlafengehen 1-2 Dragees; Jugendliche und Erwachsene 2-3mal 1-2 Dragees und 1/2 Stunde vor dem Schlafengehen 2-3 Dragees.

Passiflora-Nerventonikum (Firma Wala GmbH, Eckwälden)
Zusammensetzung: Baldrian, Hopfen, Johanniskraut, Passionsblume und andere Wirkstoffe, zum Teil in homöopathischer Zubereitung.
Heilanzeigen: Nervosität, Schlafstörungen.
Dosierung: Vor dem Schlafengehen schluckweise 1-3 Teelöffel in etwas heißem Wasser einnehmen.

Recvalysat Tropfen (Firma Bürger GmbH, Bad Harzburg)
Zusammensetzung: Preßsaft aus frischer Baldrianwurzel in spezieller Ysat-Zubereitung.
Heilanzeigen: Nervosität, Schlafstörungen.
Dosierung: 2-4mal 20-30 Tropfen; bei Schlafstörungen abends 1/2-1 Stunde vor dem Schlafengehen 40-50 Tropfen.

Sanadormin Dragees/Tropfen (Firma Dr. Mayer, Stuttgart)
Zusammensetzung: Baldrian, Hopfen, Passionsblume und andere Wirkstoffe.
Heilanzeigen: Nervosität, Schlafstörungen
Dosierung: 3mal 1 Dragee oder 10 Tropfen; bei Schlafstörungen 1/2-1 Stunde vor dem Schlafengehen 2-4 Dragees oder 20-40 Tropfen.

Somnium Dragees (Firma Reinecke GmbH & Co. KG, Hannover)
Zusammensetzung: Baldrian, Hopfen, Passionsblume, Magnesium phosph., und andere biologische Wirkstoffe.
Heilanzeigen: Nervosität, Schlafstörungen.
Dosierung: 3mal 1-2 Dragees; bei Schlafstörungen 1/2 Stunde vor dem Schlafengehen 2-3 Dragees.

Visinal Dragees (Firma Stada AG, Bad Vilbel)
Zusammensetzung: Baldrian, Hopfen und Passionsblume.
Heilanzeigen: Nervosität, Schlafstörungen.
Dosierung: Kinder 3mal 1 Dragee, bei Schlafstörungen 1/2 Stunde vor dem Schlafengehen 1-2 Dragees; Jugendliche und Erwachsene 3mal 1-2 Dragees, bei Schlafstörungen 1/2 Stunde vor dem Schlafengehen 2-3 Dragees.

Zappelin-Kügelchen (Firma Iso-Werk, Regensburg)
Zusammensetzung: Verschiedene homöopathische Wirkstoffe.
Heilanzeigen: Nervosität, Unruhe, Appetitmangel, Bettnässen, Schlafstörungen.
Dosierung: Kinder 3mal 1 Kügelchen pro Lebensjahr (Beispiel: 8jähriger = 3mal 8 Kügelchen); Jugendliche und Erwachsene 3mal 10-15 Kügelchen; die Kügelchen läßt man vor den Mahlzeiten auf der Zunge zergehen.

Wenn die hier genannten Naturheilmittel bei kurmäßiger Einnahme über mehrere Wochen hinweg nicht bald zur ersten Besserung führen, sollte der Therapeut konsultiert werden.

Was tun gegen Bettnässen?

Auch gegen Bettnässen als Ausdruck seelischer Störungen genügen oftmals die weiter vorne genannten biologischen Psychopharmaka zur

Behandlung. Allerdings müssen auch Erziehungsfehler, die beim Bettnässen häufig eine Rolle spielen, unbedingt beseitigt werden, sonst ist keine dauernde Heilung möglich oder es kommt zur Verschiebung der Symptome mit anderen Beschwerden. Ergänzend haben sich bei Bettnässen die folgenden Maßnahmen gut bewährt:
- Reiz- und salzarme Ernährung und ab spätestens 17 Uhr keine Getränke mehr; die Flüssigkeitszufuhr darf aber nicht generell eingeschränkt werden, denn der Organismus des Kindes benötigt unbedingt ausreichend Flüssigkeit.
- Ausgeglichene Lebensweise mit regelmäßigen Essens- und Schlafenszeiten, ergänzt durch autogenes Training mit gezielter positiver Selbstbeeinflussung gegen das Bettnässen.
- Abhärtung durch reichlich Bewegung an der frischen Luft, ergänzt durch Wassertreten, kalte Knie- und Schenkelgüsse.
- Heiltees mit Eichenrinde, Johanniskraut oder Wermut.

Darüber hinaus können bei Bedarf noch die folgenden Fertigarzneimittel zur Therapie verabreicht werden:

Blasina II Tropfen (Firma Dr. Willig, Schonach)
Zusammensetzung: Komplexmittel mit verschiedenen homöopathischen Wirkstoffen.
Heilanzeigen: Bettnässen, Reizblase.
Dosierung: 3mal 20-25 Tropfen vor den Mahlzeiten.

Enuresibletten Dragees (Firma Fides GmbH, Baden-Baden)
Zusammensetzung: Pflanzliche und homöopathische Wirkstoffe.
Heilanzeigen: Bettnässen.
Dosierung: Morgens und abends 1-2 Dragees.

Enuresis-Gastreu R 74 Tropfen (Firma Dr. Reckeweg & Co. GmbH, Bensheim)
Zusammensetzung: Komplexmittel mit verschiedenen homöopathischen Wirkstoffen.
Heilanzeigen: Bettnässen, Blasenschwäche.
Dosierung: 3mal 10-15 Tropfen, bei Bedarf auch mehr.

Hyperforat Dragees/Tropfen (Firma Dr. Klein, Zell-Harmersbach)
Zusammensetzung: Tropfen enthalten Johanniskraut, Dragees zusätzlich Vitamin-B-Komplex.
Heilanzeigen: Bettnässen; weitere Anwendungsmöglichkeiten bei Psychopharmaka.
Dosierung: 3mal 1-2 Dragees oder 3mal 20-30 Tropfen.

In jedem Fall muß bei Bettnässen aber durch fachmännische Untersuchung ausgeschlossen werden, daß organische Erkrankungen der Harnorgane bestehen, die mit den vorstehenden Arzneimitteln nicht geheilt werden können.

Naturheilmittel gegen Verdauungsstörungen

Verdauungsbeschwerden gehören zu den häufigsten organischen Folgen der Schulangst. Sie können unter Umständen schon im Kindesalter in echte körperliche Krankheiten übergehen oder auch bald zu Mangelkrankheiten führen, die dann die psychisch-nervösen Beschwerden weiter verschlimmern. Deshalb dürfen auch leichte Symptome nicht vernachlässigt werden, sondern erfordern frühzeitige gezielte Therapie. Wenn die biologischen Psychopharmaka dazu allein nicht ausreichen, empfehlen sich appetitanregende, verdauungsfördernde Heilpflanzen und homöopathische Mittel. Einige davon wollen wir jetzt zur Selbsthilfe vorstellen. Wenn sie nicht bald spürbar helfen, sollte die fachmännische Untersuchung nicht unnötig aufgeschoben werden, sonst verschleppt man vielleicht eine ernste organische Krankheit unnötig.

abdomilon Liquidum (Firma Redel GmbH & Co., Baden-Baden)
Zusammensetzung: Enzian, Wermut, Melisse und andere Heilpflanzen.
Heilanzeigen: Verdauungsschwäche mit Reizungen und Koliken der Bauchorgane.
Dosierung: Kinder 3mal 1 Teelöffel, Jugendliche und Erwachsene 3mal 1 Eßlöffel 1/2 Stunde vor den Mahlzeiten.

Absinthium Tropfen (Firma Nestmann + Co., Zapfendorf)
Zusammensetzung: Wermut, Tausendgüldenkraut, Fenchel und andere pflanzliche Wirkstoffe.
Heilanzeigen: Verdauungsschwäche, nervöse Magen-, Darm-, Gallenfunktionsstörungen, Appetitmangel, Blähungen, Völlegefühl, Sodbrennen, Magenkatarrhe und -geschwüre.
Dosierung: 1/2-1 Stunde vor dem Essen 10-20 Tropfen in etwas Flüssigkeit; bei Bedarf nach dem Essen die gleiche Dosis.

Anethol ,,36" Dragees/Tabletten/Tropfen (Firma Lohmann GmbH KG, Emmerthal)
Zusammensetzung: Wermut, Fenchel, verschiedene andere Heilpflanzen und Nux vomica D 2.
Heilanzeigen: Funktionsstörungen des Magen-Darm-Trakts, Blähungen, Völlegefühl, Erbrechen, Appetitmangel, Nabelkoliken.
Dosierung: 3mal 1-2 Dragees oder Tabletten oder 3mal 10-30 Tropfen vor den Mahlzeiten einnehmen.

Aspasmon Lösung (Firma Norgine GmbH, Marburg)
Zusammensetzung: Anis, Kümmel, Pfefferminze und andere pflanzliche Öle.
Heilanzeigen: Nervöse Magen-Darm-Beschwerden, Koliken und Blähungen.
Dosierung: Mehrmals täglich nach Bedarf 15-25 Tropfen.

Cefatropin Tropfen (Firma Cefak, Kempten)
Zusammensetzung: Wermut, andere Heilpflanzen und homöopathische Wirkstoffe.
Heilanzeigen: Nervöser Reizmagen, Völlegefühl, Blähungen, Magendruck und -koliken.
Dosierung: 3mal 10-20 Tropfen vor oder nach den Mahlzeiten.

Cosmochema Magen-Darmtropfen (Firma Cosmochema GmbH, Baden-Baden)
Zusammensetzung: Komplexmittel mit verschiedenen homöopathischen Wirkstoffen.
Heilanzeigen: Nervöser Reizmagen, Aufstoßen, Sodbrennen, Blähungen, Appetitmangel, Darmkoliken, Durchfall.
Dosierung: In akuten Fällen einleitend bis zur Besserung alle 10-15 Minuten 5-10 Tropfen; danach 3-4 Tage lang 3mal 10 Tropfen; zur Langzeitbehandlung 2-4mal 10 Tropfen.

Gastricard Tabletten/Tropfen (Firma Artesan GmbH, Lüchow)
Zusammensetzung: Enzian, Fenchel, Kümmel, Pfefferminze und andere Kräuter.
Heilanzeigen: Funktionelle Magen-Darm-Beschwerden mit Blähungen, vor allem, wenn davon das Herz in Mitleidenschaft gezogen wird.
Dosierung: Kinder 3mal 1-2 Tabletten oder 5-15 Tropfen, Jugendliche und Erwachsene 3-4mal 1-2 Tabletten oder 10-30 Tropfen jeweils nach dem Essen.

Gastritol Tropfen (Firma Dr. Klein, Zell-Harmersbach)
Zusammensetzung: Gänsefingerkraut, Kamille, Wermut und andere Heilpflanzen.
Heilanzeigen: Nervöser Reizmagen, Magen-Darm-Verkrampfungen, Magenschmerzen, akute und chronische Magenschleimhautentzündung oder -geschwüre, Blähungen, Sodbrennen.
Dosierung: 3mal 15-30 Tropfen vor dem Essen in etwas Flüssigkeit.

Iberogast-Tropfen (Firma Steigerwald GmbH, Darmstadt)
Zusammensetzung: Kamille, Kümmel, Pfefferminze und andere Heilpflanzen.
Heilanzeigen: Funktionsstörungen von Magen und Darm, Sodbrennen, Völlegefühl, Blähungen, Magen-Darm-Reizungen, chronische Magenschleimhautentzündung.
Dosierung: Kinder 3mal 10 Tropfen, Jugendliche und Erwachsene 3mal 20 Tropfen vor oder zu den Mahlzeiten in etwas Flüssigkeit.

Isostoma Tabletten (Firma Iso-Werk, Regensburg)
Zusammensetzung: Komplexmittel mit verschiedenen homöopathischen Wirkstoffen.
Heilanzeigen: Nervöse und funktionelle Magenbeschwerden, Magenschleimhautentzündung, Blähungen, Sodbrennen, allgemeine Verdauungsschwäche.
Dosierung: 3mal 1-2 Tabletten vor den Mahlzeiten; bei akuten Beschwerden alle 1-2 Stunden 1 Tablette auf der Zunge zergehen lassen.

Kalmacal Pulver (Firma Fides GmbH, Baden-Baden)
Zusammensetzung: Verschiedene Heilpflanzen, Vitamin B und C.
Heilanzeigen: Verdauungsbeschwerden durch Fehlfunktionen des vegetativen Nervensystems.
Dosierung: Morgens nüchtern und abends vor dem Schlafengehen 1 Messerspitze, mittags vor dem Essen 4 Messerspitzen Pulver in etwas Wasser.

Multiplex Nr. 9 Tropfen (Firma Plantina GmbH, Muggensturm)
Zusammensetzung: Komplexmittel mit verschiedenen homöopathischen Wirkstoffen.
Heilanzeigen: Nervöser Reizmagen, Blähungen, Koliken, Magenschmerzen, Magen- und Zwölffingerdarmgeschwür, Verdauungsschwäche.
Dosierung: 3mal 15 Tropfen nach dem Essen in etwas Wasser; bei akuten Magenbeschwerden mit Koliken alle 15-30 Minuten 15 Tropfen in etwas Wasser bis zur Besserung.

Secerna Tropfen (Firma Fides GmbH, Baden-Baden)
Zusammensetzung: Kamille, andere pflanzliche und homöopathische Wirkstoffe.
Heilanzeigen: Funktionelle Magen-Darm-Störungen durch Fehlsteuerungen des vegetativen Nervensystems.
Dosierung: 3mal 15-25 Tropfen mit etwas Flüssigkeit vor den Mahlzeiten.

Stovalid Tropfen (Firma Redel GmbH & Co., Baden-Baden)
Zusammensetzung: Anis, Fenchel, Kamille, Kümmel und andere Heilpflanzen.

Heilanzeigen: Nervöse Funktionsstörungen des Magens, Appetitmangel, Blähungen, Sodbrennen und Durchfall.
Dosierung: 3mal 15-25 Tropfen während oder nach dem Essen; zur Appetitanregung die gleiche Dosis 1/2 Stunde vor dem Essen.

ventri-loges-Tropfen (Firma Dr. Loges + Co. GmbH, Winsen)
Zusammensetzung: Enzian, Wermut und andere Heilpflanzen.
Heilanzeigen: Verdauungsschwäche, Blähungen, Völlegefühl, Appetitmangel, Magenkoliken.
Dosierung: 3mal 10-15 Tropfen in Flüssigkeit vor den Mahlzeiten.

Abgesehen von der medikamentösen Behandlung der Verdauungsbeschwerden muß bei Bedarf auch die Ernährung umgestellt werden. Die Grundsätze vollwertiger Kost wurden weiter vorne schon beschrieben. Im Einzelfall kann nach Verordnung des Therapeuten eine spezielle Schonkost erforderlich werden.

Allergie- und Asthmabehandlung

Die Behandlung allergischer und asthmatischer Erkrankungen, die nicht selten mit durch die Schulangst verursacht werden, erweist sich häufig als langwierig und schwierig. Vielen der allergieauslösenden Stoffe kann man nicht dauernd ausweichen, so daß es immer wieder zum Kontakt mit ihnen kommt. Außerdem „lernen" Allergie- und Asthmakranke im Laufe der Zeit nicht selten unbewußt, auch ohne Kontakt mit einem solchen Stoff aus seelischnervöser Ursache mit allergischen Symptomen zu reagieren, was die Therapie zusätzlich erschwert.
Zunächst sollte trotzdem versucht werden, durch Allergietests möglichst viele der allergieauslösenden Stoffe zu ermitteln. Dann kann dagegen eine gezielte Desensibilisierung durchgeführt werden. Sie dauert mehrere Jahre und soll die Überempfindlichkeit allmählich normalisieren. Das gelingt aber oft nicht vollständig, zuweilen erlebt man überhaupt keine Wirkung. Dann muß versucht werden, durch geeignete Arzneimittel, ergänzt durch autogenes Training und Psychotherapie, die Allergiebereitschaft herabzusetzen und die Symptome zu lindern.
In schweren Fällen, vor allem bei Asthma, kann es im Einzelfall auch einmal erforderlich werden, nach Verordnung des Fachmanns vorübergehend chemische Arzneimittel oder sogar das Nebennierenrindenhormon Cortison zu verabreichen. Diese Therapie sollte dann aber so rasch wie möglich wieder beendet werden, denn es drohen gerade von Cortison erhebliche Nebenwirkungen, ohne daß die Ursachen beseitigt würden. Naturheilmittel wirken auf längere Sicht besser und können auch die Ursachen überwinden, ohne daß unerwünschte Nebenwirkungen zu befürchten sind.

Allergie- und Asthmabehandlung

Bei bekannter Nahrungsmittelallergie müssen natürlich alle bekannten unverträglichen Speisen strikt gemieden werden. Ohnehin empfiehlt es sich, wenigstens für einige Zeit auf vollwertige vegetarische Ernährung umzustellen, weil sie die Therapie unterstützt.
Allergien führen zu Hautausschlägen, Ekzemen, Heuschnupfen, Asthma, Durchfall und Erbrechen, je nachdem, ob die allergieauslösenden Stoffe auf die Haut, in die Atemwege oder Verdauungsorgane gelangen.
Einige bewährte Antiallergika der Biomedizin wollen wir jetzt vorstellen; sie eignen sich auch zur Selbsthilfe. Zusätzlich kann es angezeigt sein, die weiter vorne aufgeführten biologischen Psychopharmaka einzunehmen, um die Allergie ganzheitlich zu behandeln.

Allerg-Jurat Tropfen (Firma Jura KG, Konstanz)
Zusammensetzung: Kamille, Echinacea (eine abwehrsteigernde Heilpflanze) und homöopathische Wirkstoffe.
Heilanzeigen: Heuschnupfen, Asthma, allergische Hautleiden und Kopfschmerzen.
Dosierung: 3mal 10-15 Tropfen auf etwas Zucker im Mund zergehen lassen.

Allergo-Dolan-Liquidum (Firma Gripp, Hamburg)
Zusammensetzung: Pflanzliche und homöopathische Wirkstoffe.
Heilanzeigen: Heuschnupfen, Asthma, Nesselsucht, Ekzeme, andere allergische Hautreaktionen und Schwellungen.
Dosierung: Vorbeugend und in chronischen Fällen 3mal 1 Teelöffel; in akuten Fällen während der ersten 2 Tage 6mal 1 Teelöffel, dann 3mal 1 Teelöffel.

Delmasthin Tropfen (Firma Iso-Werk, Regensburg)
Zusammensetzung: Komplexmittel mit verschiedenen homöopathischen Wirkstoffen.
Heilanzeigen: Asthma und asthmaartige Bronchitis.
Dosierung: 3mal 5-15 Tropfen; nach Besserung zurückgehen auf 1-3mal 5 Tropfen; bei akuten Asthmaanfällen anfangs alle 2 Stunden 5-8 Tropfen, nach Besserung zurückgehen auf 1-3mal 5 Tropfen.

Derma-Gastreu R 23 Tropfen (Firma Dr. Reckeweg & Co. GmbH, Bensheim)
Zusammensetzung: Komplexmittel mit verschiedenen homöopathischen Wirkstoffen.
Heilanzeigen: Ekzeme, Nesselsucht, andere allergische Hauterscheinungen.
Dosierung: 3mal 10-15 Tropfen, in akuten Fällen häufiger.

Allergie- und Asthmabehandlung

Gerner Mixtura antiallergica Pulver (Firma Gernerpharma, München)
Zusammensetzung: Komplexmittel mit verschiedenen homöopathischen Wirkstoffen.
Heilanzeigen: Asthma, Heuschnupfen, Ekzeme, andere allergische Hautleiden, allergische Verdauungsstörungen.
Dosierung: 2-3mal 1 Teelöffel.

Heuschnupfenmittel DHU Tropfen (Firma DHU, Karlsruhe)
Zusammensetzung: Komplexmittel mit verschiedenen homöopathischen Wirkstoffen.
Heilanzeigen: Vorbeugung und Therapie bei Heuschnupfen.
Dosierung: Vorbeugend 3mal 10 Tropfen, in akuten Fällen stündlich 10 Tropfen.

Luffacur Tropfen (Firma Media Pharmaceutica GmbH, München)
Zusammensetzung: Komplexmittel mit verschiedenen homöopathischen Wirkstoffen.
Heilanzeigen: Vorbeugung und Therapie bei Heuschnupfen.
Dosierung: Vorbeugend 3mal 10 Tropfen, in akuten Fällen stündlich 10 Tropfen.

Neolin-Tropfen (Firma Kleine + Steube GmbH, Frankfurt)
Zusammensetzung: Komplexmittel mit verschiedenen homöopathischen Wirkstoffen und Urtinkturen.
Heilanzeigen: Allergische Krankheiten, wie Heuschnupfen und Nesselsucht.
Dosierung: 3mal 20 Tropfen mit 1 Teelöffel Wasser.

Proaller Tropfen (Firma Pekana GmbH, Kißlegg)
Zusammensetzung: Komplexmittel mit verschiedenen homöopathischen Wirkstoffen und Heilpflanzen.
Heilanzeigen: Allergische Reaktionen mit Juckreiz, Niesen, Tränenfluß und Schwellungen.
Dosierung: Kinder 4-5mal 6-13 Tropfen, Jugendliche 14-17 Tropfen, Erwachsene 20 Tropfen; zur Vorbeugung Kinder 2mal 6 Tropfen, Jugendliche 8 Tropfen, Erwachsene 10 Tropfen.

Spezielle Mittel gegen Asthma:

Asthma-Gastreu R 43 Tropfen (Firma Dr. Reckeweg & Co. GmbH, Bensheim)
Zusammensetzung: Komplexmittel mit verschiedenen homöopathischen Wirkstoffen.

Heilanzeigen: Asthma, asthmaartige Bronchitis.
Dosierung: 3mal 10-15 Tropfen, bei akuten Beschwerden häufiger.

Deasth Tropfen (Firma Pekana GmbH, Kißlegg)
Zusammensetzung: Verschiedene homöopathische und pflanzliche Wirkstoffe.
Heilanzeigen: Asthma, asthmaartige Bronchitis.
Dosierung: Kinder 3-4mal 6-13 Tropfen, Jugendliche 14-17 Tropfen, Erwachsene 20 Tropfen; die Tropfen können auch im Inhalator verwendet werden.

Multiplex Nr. 12 Tropfen (Firma Plantina GmbH, Muggensturm)
Zusammensetzung: Komplexmittel mit verschiedenen homöopathischen Wirkstoffen.
Heilanzeigen: Asthma.
Dosierung: Bei akuten Anfällen bis zur Besserung alle 1-2 Stunden 10-15 Tropfen; zur kurmäßigen Langzeitbehandlung morgens nüchtern und abends vor dem Schlafengehen 15 Tropfen.

Respirogutt Tropfen (Firma Bock GmbH & Co. KG, Gelsenkirchen)
Zusammensetzung: Verschiedene homöopathische und pflanzliche Wirkstoffe.
Heilanzeigen: Asthma, asthmaartige Bronchitis.
Gegenanzeigen: Nicht anwenden bei Bluthochdruck, Herzrhythmusstörungen, schweren organischen Herz- und Gefäßkrankheiten, Grünem Star und Vergrößerung der Vorsteherdrüse.
Dosierung: 3mal 15-25 Tropfen; im akuten Anfall bis zu 40 Tropfen.

Auch wenn die Allergie- oder Asthmabehandlung Monate bis Jahre dauert, muß sie unbedingt konsequent durchgehalten werden, um zu verhindern, daß Folgekrankheiten entstehen. Besonders wichtig ist das bei Heuschnupfen im Kindesalter, weil daraus später relativ oft Asthma entsteht.
Die psychische Behandlung allergischer Krankheiten wird heute oft noch vernachlässigt. Deshalb ist die Selbsthilfe, in erster Linie durch das autogene Training, besonders wichtig.

Andere biologische Arzneimittel für Kinder
Störungen der Lern- und Leistungsfähigkeit, der Konzentration und des Gedächtnisses spielen bei der Schulangst eine wichtige Rolle. Sie können erst zur Schulangst führen, weil die Leistungsschwäche Mißerfolge verursacht, oder sich als Folge der Schulangst entwickeln.
Durch natürliche Stärkungs- und Anregungsmittel, kombiniert mit den weiter vorne beschriebenen Maßnahmen zum Lern- und Leistungstraining, lassen

sich solche Störungen wieder beseitigen. Damit entzieht man der Schulangst oft eine wichtige Grundlage.
Einige zur Langzeitbehandlung gut geeignete leistungssteigernde Naturheilmittel wollen wir jetzt noch vorstellen. Bei Bedarf werden sie mit den weiter vorne vorgestellten biologischen Psychopharmaka kombiniert.

Aufbaupräparat für Schulkinder „Milan" Dragees (Firma Milan, Bad Harzburg)
Zusammensetzung: Verschiedene Vitamine, Mineralsalze und Spurenelemente, Glutaminsäure und Lecithin.
Heilanzeigen: Verbesserung des Hirnstoffwechsels mit Leistungssteigerung und besserer Lernfähigkeit.
Gegenanzeigen: Nicht anwenden bei Stuhlverstopfung, Nierenleiden und Eisenverwertungsstörungen.
Dosierung: Morgens und mittags 1-2 Dragees vor den Mahlzeiten.

Bayrische Reform-40-Pollen-Kur-Kapseln (Firma Alsitan GmbH, Greifenberg)
Zusammensetzung: Bienenpollen, Sojaöl und Sojalecithin; die Pollen gibt es auch als Tonikum, das neben Bienenpollen noch Weizenkeimextrakt, Vitamin E und Kräuterextrakte enthält.
Heilanzeigen: Leistungs-, Konzentrations-, Gedächtnisschwäche, Streß, Unterstützung der körperlichen und geistigen Entwicklung.
Dosierung: Kurmäßig 8-10 Wochen lang; Kapseln in den ersten 10 Tagen 3mal 1 vor den Mahlzeiten, danach 1 vor dem Frühstück; Tonikum morgens und mittags vor den Mahlzeiten je 1/2-1 Meßbecher.

Biofungin Tonikum (Firma DHU, Karlsruhe)
Zusammensetzung: Verschiedene Spurenelemente und Mineralstoffe.
Heilanzeigen: Leistungs-, Konzentrations-, Gedächtnisstörungen, Lernschwäche, Erschöpfung, Blutarmut, Appetitmangel.
Dosierung: Kinder 3mal 1 Teelöffel, Jugendliche und Erwachsene 3mal 1 Eßlöffel vor den Mahlzeiten.

Blütenpollen-Kurkapseln mit Gelee Royale (De-Vau-Ge GmbH, Lüneburg)
Zusammensetzung: Blütenpollen, Gelee Royale und Sojaöl.
Heilanzeigen: Leistungs-, Konzentrations-, Gedächtnis- und Lernschwäche, Streß, Unterstützung der körperlichen und geistigen Entwicklung.
Dosierung: Kurmäßig 8-10 Wochen täglich 2-3 Kapseln vor den Mahlzeiten.

Energetic B-Aspart Plan Kapseln (Firma Dr. Breindl, Konstanz)
Zusammensetzung: Mineralstoffe, Spurenelemente und Vitamine der B-Gruppe.

Heilanzeigen: Erschöpfungszustände, Leistungs-, Konzentrations- und Gedächtnisschwäche, Streß, zur Vorbereitung auf Prüfungen.
Dosierung: 1-2 Kapseln mit Flüssigkeit zu den Mahlzeiten.

Ginsana Kapseln/Lutschtabletten/Tonikum (Firma Weimer GmbH, Rastatt)
Zusammensetzung: Trockenextrakt aus Ginsengwurzel.
Heilanzeigen: Müdigkeit, Leistungsschwäche, Erschöpfung, Konzentrations- und Lernstörungen, zur allgemeinen Vitalisierung.
Dosierung: Kurmäßig 8-12 Wochen; Kapseln – 2 zum Frühstück oder je 1 zum Frühstück und zum Mittagessen; Lutschtabletten – 2-4mal 1 im Mund zergehen lassen; Tonikum – 1 Meßbecher vor oder nach dem Frühstück.
Hinweis: Lutschtabletten und Tonikum enthalten Zuckerstoffe, deshalb sollten Zuckerkranke die Kapseln verwenden.

Ginseng mit Gelee Royale Kapseln (Firma De-Vau-Ge GmbH, Lüneburg)
Zusammensetzung: Ginsengwurzel, Gelee Royale, Distel- und Weizenkeimöl.
Heilanzeigen: Wie Ginsana-Kapseln.
Dosierung: Kurmäßig 8-12 Wochen 2-3mal 1-2 Kapseln.

Ginseng verstärkt Kapseln (Firma De-Vau-Ge GmbH)
Zusammensetzung: Ginsengwurzel, Distel- und Weizenkeimöl.
Heilanzeigen: Wie Ginsana-Kapseln.
Dosierung: Kurmäßig 8-12 Wochen 1-2 Kapseln.

Glutamin-Verla Dragees/Granulat (Firma Verla GmbH, Tutzing)
Zusammensetzung: Glutaminsäure.
Heilanzeigen: Nervöse Erschöpfung, Ermüdung, Konzentrations-, Lern- und Leistungsschwäche, abklingende Depressionen.
Gegenanzeigen: Nicht anwenden bei schweren Affekt- und Triebstörungen.
Nebenwirkungen: In hoher Dosis Unruhe und Schlafstörungen.
Dosierung: Leistungsschwäche und ähnliche Störungen – je nach Alter 2-6 Dragees oder 1 Teelöffel Granulat; abklingende Depressionen – je nach Alter 10-20 Dragees oder 2-4 Teelöffel Granulat; nach fachmännischer Verordnung kann die Tagesdosis bei Bedarf noch erhöht werden.

NEU-regen Saft (Firma Pekana GmbH, Kißlegg)
Zusammensetzung: Verschiedene pflanzliche und homöopathische Wirkstoffe, Vitamin B 1 und Mineralstoffe.
Heilanzeigen: Lern-, Konzentrationsschwäche, nervöse Erschöpfung, ergänzend bei depressiven Verstimmungen.
Dosierung: Morgens und nachmittags je 1-2 Teelöffel unverdünnt einnehmen; bei späterer Einnahme kann das Einschlafen gestört werden.

Sensinerv Roborans Pulver (Firma Redel GmbH & Co., Baden-Baden)
Zusammensetzung: Verschiedene Heilpflanzen, Mineralstoffe, Spurenelemente und andere Wirkstoffe.
Heilanzeigen: Appetitmangel, Erschöpfung, Schwächezustände, Streß, Überforderung, Leistungsschwäche.
Dosierung: 3mal 1-2 Teelöffel in kalter oder heißer Milch.

Taiga-Eleutherokokk-Kapseln (Firma Twardy, Bedburg)
Zusammensetzung: Eleutherokokkusextrakt (Sibirischer Ginseng).
Heilanzeigen: Leistungsschwäche, Erschöpfungszustände, Streß, zur allgemeinen Revitalisierung.
Dosierung: Mindestens 4 Wochen lang 3mal 1 Kapsel mit etwas Flüssigkeit zu den Mahlzeiten.

Obwohl sich alle genannten natürlichen Aufbau- und Stärkungsmittel in der Praxis gut bewährt haben, darf man von ihnen natürlich keine „Wunder" erwarten. Sie können durch Verbesserung der Lern- und Leistungsfähigkeit dazu beitragen, eine wichtige Ursache der Schulangst zu beseitigen, allein bessern sie die Angstzustände aber kaum. Nur wenn auch die anderen Ursachen überwunden werden, gelingt es, die psychischen Störungen vollständig zu beseitigen. Auch hier gilt also – wie bei den Psychopharmaka –, daß es keine bequemen Pillen gibt, die alle Schwierigkeiten mit einem Schlag beseitigen können.

Natürliche Psychopharmaka unterstützen die Psychotherapie

Wir stellten zu Beginn dieses Kapitels ausführlich die verschiedenen biologischen Psychopharmaka vor, die ohne Gefahr von Nebenwirkungen oder suchtartiger Abhängigkeit gegen Angstzustände, Depressionen und andere psychische Folgen der Schulangst wirksam sind. Abgesehen von ihrer Wirkung unmittelbar auf das Seelenleben kommen sie alle auch noch bei psychosomatischen Beschwerden in Frage, also bei den vielfältigen körperlichen Funktionsstörungen, die sich im Grunde aus seelischen Ursachen erklären.

Verdächtig auf psychische Mitbeteiligung sind praktisch alle körperlichen Beschwerden, die auf ansonsten gut bewährte Medikamente nicht oder nicht ausreichend ansprechen, häufig von einem Körpergebiet ins andere wandern und/oder sich bei seelischen Belastungen verschlimmern. Dabei müssen überhaupt keine seelischen Symptome bewußt werden, sie können sich ausschließlich auf die Körperfunktionen beschränken.

Ehe man von solchen psychosomatischen Funktionsstörungen der Organe ausgehen darf, muß aber durch fachmännische Untersuchung eine echte körperliche Krankheit ausgeschlossen werden. Der medizinische Laie kann

eine solche, für die Therapie wichtige Unterscheidung nicht zuverlässig treffen. Diese Vorsichtsmaßnahme ist notwendig, damit keine organischen Krankheiten unnötig verschleppt werden.
Zur Behandlung psychosomatischer Krankheiten eignen sich neben den biologischen Psychopharmaka und speziell gegen die Symptomatik gerichteten anderen Medikamente bei Bedarf im Einzelfall auch verschiedene Heilverfahren der Psychotherapie. Ferner ist das autogene Training mit positiver, gezielter Selbstbeeinflussung sehr zu empfehlen. Erst dadurch, nicht allein durch die bequemen Medikamente, können die Ursachen der seelisch-körperlichen Funktionsstörungen wirklich beseitigt werden. Das mindert nicht den Wert solcher Heilmittel, sondern zeigt nur ihre Grenzen auf.

Wann kommt die „angstfreie" Schule?

– Überlegungen zur Reform des Schulsystems –

Die Schule ist nicht immer – zumindest nicht allein – an der Schulangst schuld. Sie spiegelt im Grunde ja stets die sozialen Verhältnisse wider, die sich heute immer noch im tiefgreifenden Umbruch befinden. Aber während die sozialen Lebensumstände nur im Zuge einer langsamen Entwicklung sinnvoll geändert und (hoffentlich) verbessert werden können, läßt sich die Schule durch politisches Handeln auch rasch verändern. Dazu scheinen die Politiker bisher aber noch keinen Handlungsbedarf zu erkennen. Zwar doktern sie seit Jahrzehnten an der Schule herum, aber keine der Reformen brachte wirklich den erhofften Erfolg – eher wurden die Verhältnisse an den Schulen dadurch noch inhumaner, weil keine Reform die Übel an der Wurzel anpackte.

Worin die Hauptübel bestehen, die Kinder und Jugendliche in Angst, Überanpassung oder Verweigerung, Alkoholismus, Drogensucht, Kriminalität und sogar in den Selbstmord treibt, wurde in diesem Buch weiter vorne ausführlich beschrieben. Die Schule ist mehr als je zuvor zur Bildungsanstalt „verkommen", die sich nicht mehr um die ganzheitliche Förderung der Persönlichkeit kümmert, sondern nur immer noch mehr Wissensballast anhäuft, von dem das meiste später nie wieder benötigt wird. Dadurch hat sie sich zu einer inhumanen Institution unserer Gesellschaft entwickelt, die keine Menschen mehr heranzieht, die sich den Problemen mutig, selbstbewußt und kreativ stellen, sondern – mangels anderer Ideale – den Konsum auf ihre Fahnen geschrieben haben. Diese Menschen werden gewiß nichts dazu beitragen, um die nachindustrielle Gesellschaft weiterzuentwickeln.

Am Anfang der Reform des Schulsystems muß endlich die Einsicht stehen, daß Erziehung und Einflößung von Angst sich nicht miteinander vereinbaren lassen. Erziehung gelingt nur, wenn sie angstfrei in gefühlsmäßiger Geborgenheit geschieht, die heute an den Schulen nicht mehr entstehen kann. An dieser Grundforderung hat sich die neue Schule zu orientieren, wenn eine Reform die Mißstände mit den Wurzeln ausrotten will.

Untrennbar damit verbunden ist die Veränderung der Ziele schulischer Erziehung. Heute steht der Lehrstoff, der innerhalb einer bestimmten Zeit bewältigt werden muß, viel zu stark im Vordergrund, nicht der zu erziehende junge Mensch mit seiner ganzheitlichen Persönlichkeit. Dabei hat Erziehung in einer Demokratie doch stets die Aufgabe, Menschen zu selbstbewußten, mündigen Bürgern zu erziehen, die fähig sind, ein erfülltes, glückliches, individuell gestaltetes Leben zu führen. Das gelingt im Unterricht der staatlichen „Lernfabriken" nicht. Der Verlust an menschlicher Individualität, der damit einhergeht, trifft uns alle, denn er läßt unsere Gesellschaft geistig-ideell verarmen und verkümmern.

Es mag fast revolutionär klingen, wenn man von der Schule verlangt, daß sie Verhältnisse schafft, unter denen Kinder und Jugendliche sich wohlfühlen können. Gehört eine gehörige Portion Angst denn nicht ganz selbstverständlich zur Schule? Litten wir früher nicht auch darunter, ohne Schaden zu nehmen?
Die Tatsache, daß Schüler auch früher schon unter Angst vor der Schule, den Lehrern und Eltern litten, ist sicherlich das schlechteste Argument für das Schulsystem traditioneller Prägung. Wenn ein Fehler jahrhundertelang fortbesteht, wird er dadurch nicht weniger falsch, sondern zeugt nur davon, daß die Strukturen schon viel zu lange verhärtet sind. Und ob wir nicht alle doch mehr oder weniger stark Schaden an der Schule genommen haben, scheint sehr fragwürdig. Manche der sozialen Fehlentwicklungen unserer Gesellschaft stehen mit falschen inneren Einstellungen und Haltungen in Zusammenhang, die sich mit aus den traditionellen Schulstrukturen erklären lassen.
Das Ziel der neuen Schule, die Erziehung zur Mündigkeit und zum Lebensglück, läßt sich leichter verwirklichen, als es auf den ersten Blick scheinen mag. Man muß den Schülern nur die Möglichkeit bieten, sich im Unterricht selbst ganzheitlich einzubringen und zu verwirklichen. Dann sind sie auch in der Lage und motiviert genug, selbst in jenen Fächern angstfrei aktiv mitzuarbeiten, die heute für viele eine ständige Quelle der Angst darstellen. Und dann wird es kein neurotisches Schuleschwänzen mehr geben.
Eine Grundvoraussetzung dafür, von der wir heute noch sehr weit entfernt sind, besteht darin, den Kindern neben dem trocken-theoretischen Buchwissen auch praktische Fähigkeiten zu vermitteln und ihre vernachlässigte, unbequeme Kreativität zu fördern.
Nicht zuletzt gehört zur neuen Schule aber auch noch, daß die Eltern mehr, als das heute die Regel ist, mit in die Schularbeit einbezogen werden, denn schließlich liegt die Hauptverantwortung für die Erziehung ja bei ihnen. Sie können nicht einfach aus einem Lebensbereich, in dem ihre Kinder einen größeren Teil des Tages verbringen und der bis in die Familie hinein wirkt, so wie heute üblich ausgeschlossen werden. Zwar gibt es auch heute schon eine Art Kommunikation zwischen Schule und Elternhaus, aber sie hat meist nur Alibifunktion. Die Teilnahme an Elternabenden, Vorbereitung von Schulfesten oder die jährliche gemeinsame Klassenfahrt, das alles sind schöne Ansätze, aber sie machen die Eltern noch lange nicht zu gleichberechtigten Partnern der Schule. Welcher Lehrer läßt Eltern schon Einblicke in den Lehrplan nehmen, sie gar an dessen Ausarbeitung mitwirken oder über seinen Erziehungsstil diskutieren? Genau das sind aber Grundforderungen an die humane Schule der Zukunft.
Speziell zur Vorbeugung und Behandlung der neurotischen Schulangst kann die Schule gleichfalls viel beitragen. Aber auch das, was dazu erforderlich wäre, läßt sich heute wegen der traditionellen Strukturen des Schul-

systems nicht realisieren. Dazu gehörten unter anderem zwei Forderungen, die kürzlich der Tübinger Kinder- und Jugendpsychiater Professor Lempp erhob:

- Wenn Abc-Schützen bereits unter Schulangst leiden, dann sollten ihre Eltern wenigstens stundenweise die Gelegenheit erhalten, am regulären Unterricht teilzunehmen; dadurch erreicht man, daß die Trennung vom Elternhaus nicht so abrupt erfolgt und das Kind sich – ein intaktes Elternhaus natürlich vorausgesetzt – auch in der Klasse wohl und geborgen fühlt.

- Älteren Kindern und Jugendlichen mit Schulangst sollte die Gelegenheit geboten werden, wenigstens an einigen Unterrichtsstunden, die sie sich selbst aussuchen können, teilzunehmen, damit keine allzu langen Schulunterbrechungen und Lernausfälle auftreten, oder sogar als ,,Gäste" am Unterricht einer anderen Schule teilzunehmen, wo sie sich wohler fühlen können.

Der gleichfalls aus Tübingen stammende Erziehungswissenschaftler Professor Flitener sieht noch weitere Ansätze für die ,,Behandlung" des Schulsystems. Insbesondere kritisiert er, daß Strukturen des Gymnasialunterrichts, die für eine Minderheit von Schülern entwickelt wurden, heute in einer falsch verstandenen Demokratisierungswelle, die Chancengleichheit für alle anstrebte (und verfehlte), auf den größten Teil der Schüler übertragen wurden. Dazu gehört zum Beispiel, daß nicht nur die Lehrer an den Gymnasien, sondern inzwischen auch an Haupt- und Realschulen von Fach zu Fach wechseln, wie wir weiter vorne bereits kritisierten.

Damit sind nur einige der wichtigsten Forderungen aufgestellt, die von der humanen Schule der Zukunft verwirklicht werden müssen, um Kindern und Jugendlichen optimale Startbedingungen ins Leben zu schaffen. Bisher gibt es noch nicht einmal Ansätze für eine Schulreform, die sich daran orientiert. Aber das bedeutet nicht, daß Eltern sich resignierend damit abfinden müßten. Es ist zwar in unserem Land schon so weit gekommen, daß berechtigte Ansprüche der Bürger an die Politiker oft als ,,Druck der Straße" überheblich abgelehnt und ungeprüft verworfen werden, aber die ,,Straße" kann von den Politikern zumindest dann nicht übergangen werden, wenn es um die Stimmen bei der Wahl geht. Hier haben Eltern dann die Möglichkeit, jenen Politikern eine Lektion zu erteilen, die sich nicht mehr denen verpflichtet fühlen, denen sie ihre Karriere zu verdanken haben. Deshalb sollten Eltern kritisch fragen, sich informieren, sich nicht mit Versprechungen und leeren Worthülsen abwimmeln lassen, sondern fordern, was ihren Kindern und unserer Gesellschaft zusteht – und ihre Stimmen als Wähler dann wohlüberlegt den Kandidaten geben, die am meisten Gewähr für die Schulreform zu bieten scheinen. Das erfordert Zivilcourage und selbständiges Denken und fällt sicher vielen Eltern sehr schwer, denn sie erleben dabei an sich selbst, daß die Schule bei ihnen zumindest in dieser Hinsicht versagt hat. Diese Erfahrung, die natürlich auch für andere Lebensbereiche gilt, sollte ein Grund mehr für sie sein, sich für eine humane Schule zu engagieren.

Sachverzeichnis

A
Abendessen 90
Adrenalin 16, 64
Affekthemmungen 110
Aggressivität 42, 49, 53, 79ff, 103, 136
Alkoholmißbrauch 82ff
Allergiemittel, biologische 186ff
Allergische Überreaktionen 68f
Angst 15f, 18, 28, 64, 71f
Angst, neurotische 17f
Angstsymptome, körperliche 64ff
Angstsymptome, seelische 71ff
Appetitmangel 67f, 73, 88f
Arzneimittel, biologische 159
Arzneimittel, chemische 34
Asthmamittel, biologische 186ff
Atemnot 16
Aufmerksamkeit 116ff
Autogenes Training 137f, 142ff, 193
Autorität 96f
Autosuggestion 148ff

B
Baldrian 163f
Basilikum 164
Behaltefähigkeit 109
Behandlung, medizinische 158ff
Belohnen 99ff
Beratungslehrer 28, 154f
Beruhigungsmittel, biologische 177ff
Bettnässen 66, 73, 103, 181ff
Bewegungsmangel 35
Bewegungstraining 90ff
Bildungsanstalt 48
Blutdruck, niedriger 73
Blutzuckerspiegel 16
Bronchialasthma 16, 69f

C
Charakterneurose 18

D
Depressionen 16, 18, 24, 42f, 53, 72ff
Drogenmißbrauch 82ff
Durchfall 16

E
Ehrgeiz, übersteigerter 33f, 42
Elternhaus 21
Entspannungstherapie 136f
Entspannungsübungen 33, 136f
Entwicklungsstörungen 35
Erbrechen 16
Erfolgserlebnisse 27f, 43, 51
Ernährung, falsche 29f, 34
Ernährung, vollwertige 87ff
Erschöpfung 34
Erwartungen, negative 25f
Erziehung 11, 92ff
Erziehung, angstfreie 98f
Erziehung, antiautoritär 96
Erziehungsberatungsstelle 93, 101ff
Erziehungsheim 102, 135, 157f

F
Familientherapie 93, 101, 103f
Fremdneurose 18
Freundschaften 151ff
Frühstück, vollwertiges 88f
Frustrationen 18
Furcht 15

G
Gedächtnisstörungen 110
Gedächtnistests 111f
Gedächtnisübungen 108ff

Gehirn-Jogging 122ff
Gesellschaftlicher Umbruch 58f
Gesundheitsstörungen,
   allgemein 70f
Gruppenkonflikte 38
Gymnasium 26ff

H
Heilmittel, biologische 177ff
Hektik 29
Hemmungen 42ff, 53, 71, 75f
Herzklopfen 16
Herzkrankheit 16
Hilfe bei Schulangst 87ff
Homöopathie 167ff
Hopfen 164f

I
Ideale 59f
Intelligenz, praktische 50f, 94
Intelligenzbewertung 124
Intelligenzförderung 123f
Intelligenzforschung 123
Intelligenzquotient 123f
Intelligenztests 123
Intelligenztraining 122ff
Intelligenzübungen 125ff

J
Johanniskraut 165
Jugendkriminalität 85f

K
Kinderkriminalität 85f, 136, 157f
Kindesmißhandlung 157
Klassenarbeiten 54
Klassenkasper 80f
Konflikte, familiäre 33
Konflikte, soziale 20, 38f, 49
Konkurrenzdenken 38, 41, 49, 60
Konkurrenzdruck 41f
Konsumdenken 60
Kontaktarmut 78
Kontakte, soziale 152

Konversionsneurose 18
Konzentrationsfähigkeit 29, 34f
Konzentrationsstörungen 20, 30
Konzentrationsübungen 116ff
Kopfschmerzen 73
Krampfzustände 66f
Krankheiten 35f, 42, 64ff
Kreativität 50ff, 94, 132ff
Kreativitätsförderung 132ff

L
Lärm 29
Lebensweise, gesunde 87ff
Legasthenie 76
Lehrer 44, 53, 101
Lehrplan 49f
Leidensdruck 161f
Leistungsdruck 20, 26ff, 33, 38, 49
Leistungsfähigkeit, verminderte 35f
Leistungsstreß 28
Leistungsvermögen 27, 29, 34
Leistungsverweigerung 21, 29, 55
Leistungszwang 28f
Lernarten 106f
Lernen 105
Lernen, praktisches 50ff
Lernen, übertriebenes 33f
Lernfaktoren 107f
Lernstörungen 20, 29, 32f, 76f
Lerntheorien 105ff
Lerntherapie 43
Liebesentzug 28, 100f
Logisches Denken 135

M
Märchentechnik 138f
Magen-Darm-Störungen 67f
Magersucht 77
Masochismus 100
Melisse 166
Merkfähigkeit 109
Minderwertigkeitsgefühle 42ff, 53,
   71, 75f

Sachverzeichnis

Mistel 166
Mittagessen 89
Müsli 88f

N
Nabelkoliken 66f
Nachhilfeunterricht 50
Nebenwirkungen von Psychopharmaka 160ff
Nervensystem, vegetatives 64f
Nervosität 42, 65, 177ff
Neurose 18f, 65
Neurose, depressive 19

P
Pausenbrot 89
Persönlichkeitsentfaltung 93ff
Persönlichkeitserziehung 51ff, 60
Phobophobie 17
Probleme, soziale 33, 42f, 97
Psychagogik 156
Psychiatrie 155f
Psychoanalyse 19
Psychodiagnostik 155
Psychologie 155f
Psychopharmaka 20, 158ff
Psychopharmaka, biologische 163
Psychopharmaka, homöopathische 167ff, 192f
Psychopharmaka, pflanzliche 163ff
Psychotherapie 44, 62, 76, 135f, 152, 157, 193
Pubertät 29, 36ff
Pubertätsneurose 37

R
Randneurose 18
Reizüberflutung 29
Reproduktionsfähigkeit 109f
Rohkost 89f

S
Schichtneurose 18
Schlafmittel 177ff
Schlafstörungen 65, 73, 92, 164ff, 177ff
Schulangst 11ff
Schulangst, neurotische 17, 81f
Schulangst, Symptome 15ff
Schulangst, Ursachen 15, 20
Schuldgefühle 24f
Schulpsychologe 28f, 75, 101, 154
Schulreform 194ff
Schulschwänzen 17, 54, 81f
Schulstreß 11, 33
Schulstrukturen 46
Schweißausbruch 16
Selbstheilungskräfte 20, 159
Selbstmord 74f
Selbständigkeit, Erziehung zur 96f
Selbstverwirklichung 49, 62, 156
Spieltherapie 156
Sprachstörungen 76f
Stärkungsmittel 34, 189ff
Stammeln 77
Störungen, sexuelle 37
Stottern 76f
Strafen 99f
Streß, negativer 33
Streßfaktor 32f
Streßmangel 32
Stuhlverstopfung 73
Suchtgefahren 159f

T
Tablettenmißbrauch 34
Tests, psychologische 28
Traumschlaf 17

U
Übelkeit 16
Überanpassung 62f
Überbehütung 23ff, 97

V

Verdauungsstörungen 183ff
Vereinsamung 78, 152
Verhaltensstörungen 18, 76ff, 86, 103
Verwahrlosung 24, 96
Verweigerung 62f, 101
Verweigerung, pubertäre 36f
Vitalstoffmangel 29, 35
Vitamin B 16

W

Wasseranwendungen 92
Weißdorn 167
Wertvorstellungen 59f

Z

Zivilisationskrankheiten 87f
Zukunftsangst 21, 25f, 38, 41, 49, 55, 59, 61f,
Zwischenmahlzeit 90